イーロン・グリーン

村井理子 訳

ラストコール
の殺人鬼

LAST CALL

A True Story of Love, Lust, and Murder in Queer New York

Elon Green

AKISHOBO

ラストコールの殺人鬼

忘れ去られた物語を、綴る勇気を与え続けてくれた祖母へ

読者のみなさんへ

本書はノンフィクションであり、三年に及ぶ調査の結果を基に執筆されています。遺族や友人、多くの法執行者への取材が繰り返し行われました。殺人事件捜査の輪郭を明らかにするために、公判記録も参考にしました。新聞、雑誌から何百もの記事を集め、捜査官のメモを参考にし、寛大にも共有して下さった様々な種類のファイルも参照しています。このような文書と聞き取りを経て、登場人物たちの対話を忠実に再現することができました。名前に関しては一部仮名にしています。匿名性の維持が必要な場合は、名前と場所が変更されています。

目次

クイアの人々は自分らしく成長するのではなく、屈辱や偏見を最小限にするために自分を犠牲にし、自分らしさを演じて成長するのです。大人になったときの大きな課題は、自分のどの部分が真実なのか、どの部分が自分を守ろうとして作り上げたものなのか、解き明かしていくことなのです。

アレクサンダー・レオン

月を見上げたら　そこにいるのはあなた

アーヴィング・カハール

第一章　身元不明

一九九一年五月五日

暖かい日曜の午後二時五十分頃、ランカスター郡にある西行きのペンシルバニア・ターンパイク休憩所で、清掃作業員が緑色の樽を空にしていた。分別するアルミ缶を探してまとめようと、プラスチックのごみ袋を引っ張ったが、重くて持ち上がらない。身長一六七センチの屈強な男がこの仕事に従事して六年、樽を空にできなかったなんてことはそれまで一度もなかった。**持ち上げられないこの袋に、一体なにが入っているのか？**

腹を立てた男は棒を探してきて、袋を破って開けてみた。「袋を破ると、また次の袋が出てくるのさ」と、数年後に男は回想している。

一枚破ると、また袋。もう一枚破ると、別の袋。

鹿の死体ではないか。そう思った。そしてとうとう気がついた。それは背筋の凍るような、何か恐ろしいものだと。

とうとう最後の袋を破って覗いて見たものの――全部で袋は八つあった――それが一体、何であるのか咄嗟に理解できなかった。

「パンのようにも見えましたね」と、彼は証言する。「でも、そばかすが見えたんだ」

急いで無線を手にして上司に連絡を入れ、上司がペンシルバニア州警察に通報した。

この清掃作業員の男は以前、救急救命士として働いた経験があったので、遺体の一部を目撃しても動じることはなかった。しかし後になって、ランカスター郡遺体安置所に遺体を運び終わったとき――これは異例のことだったが、現場の誰もトラックを運転できなかったのだ――エイズ検査を受けるよう伝えられ、思わず身震いした。血液に触れたわけではなかったけれど。

このわずか数年前、産婦人科医のウイリアム・マスターズと性科学者のヴァージニア・ジョンソンが「トイレの便座からエイズは感染する可能性がある」と警告を出していた。理性を失った警告が、声高に叫ばれていた時代だった。この前年には、ペンシルバニア州で一一五六人がこの病気で命を落としていた。二月には、十代の息子ライアンが輸血で感染したことが原因で死亡すると、エイズ活動家のジャンヌ・ホワイトはエリザベスタウン大学で演説した。「エイズという感染症の正体と、その感染経路について誰もが学ぶべきである」と、地元新聞社の編集者は書いた。「エイズは恐ろしい病だ。しかし、教育と啓蒙による予防で、ＨＩＶポジティブの人々をモンスターではなく、本物の人間として扱うことが可能になる」

ペンシルバニア州在住のクイアたちが――明らかに、トランスジェンダーのペンシルバニア人に的を絞っていた――標的だった。エイズはランカスター郡ウェスト・オレンジ通りにある

「タリー・ホー・ターバン」（レストラン&バー）の壁から滴り落ちていると噂されていた。町のクイア専門書店「クロゼット」は、この年の夏、二度爆破された。二度目に至っては——店主が銃撃された後だった——四本のダイナマイトが仕掛けられ、店頭から店内奥の壁まですべて吹き飛ばされた。窓に飾られていたレインボーフラッグが一部焼け落ちたそうだ。

＊＊＊

州警察とは、独自の警察署を持たない管轄区域のことで、緊急性の高い重大事件も、取るに足らない小さな事件も担当する。ラフォ・タウンシップで発生した事件もそうだった。エリート集団と呼ばれる犯罪捜査班が、無邪気な悪さから殺人事件まで、あらゆる事件を扱っている。それはワンストップ・ショップ［ひとつの店舗でありとあらゆる品を購入できるような便利な場所］で発生した。

ジェイ・マサーは、前髪を額で切り揃えた、初々しい表情が印象に残る長身の警察官だった。その日、つまり日曜の午後は非番だった。マイル標265・2の休憩所に到着すると、同僚がすでに任務に就いていた。マサーは州警察官として十年のキャリアがあり、非常勤のSWAT（特別機動隊）でもある。ボスが称賛を惜しまず言う通り、ジェイは交渉などしないタイプの警察官だった。マサーはペンシルバニア州南東部ランカスター郡とチェスター郡を担当する「トゥループJ（J部隊）」のメンバーで、ここは彼のテリトリーだった。人気の無い、忘れ去られた道路。この事件以前に警察の注意を引いたのは、十三年前に起きたミルトン・シャップ知事の速度違反だけだ。知事を乗せた白いリンカーンが制限速度を五十キロオーバーして走行した。運転手は警察官だった。

胸と背中に目立つ傷のある全裸の男性の遺体が、高速道路から九メートルほど離れた場所に設置された、ごみ袋入りの樽から見つかったこの事件は、この地域では重大な出来事だった。

数年前、麦わら帽子をかぶった強盗団の捜査をしたことで、マサーがマスコミに取り上げられたことがあった。AP通信の記事によると、カークウッドと呼ばれる小さな農村に住む中年男性が、二人組の強盗（一人は銃で武装）が彼の家と近隣の親戚の家に押し入り、数百ドルの価値のある帽子を二十個程度盗んだと訴えた。そこで州警察が呼ばれた。帽子が奪われた際に教会のミサに参加していなかったこの男性の自作自演の犯行ではないかと警察は疑った。しかし、その証拠はない。マサーはそこで、男性の宗教観を利用した尋問を行った。

「俺の目を真っ直ぐ見るんだ」と、マサーは男に言った。「そして神に誓って帽子を盗んでいないと言ってみろ。そうしたら信用する」

できない、あるいはそれを望まなかった男は、帽子を盗んだことを白状した。

ランカスター郡のより広い地域で考えてみれば、事件は多かった。一九九〇年、十三件の殺人事件が発生していたのだ。その大部分がランカスター市内で起きた事件だった。しかし、市の境界線から向こう側に行けば、物事は比較的平穏だった。「森と農地しかない土地」とマサーは言う。道路、森林、空以外は何もないマイル標２６５・２で、誰かを殺して死体を遺棄するなんて、奇妙なことだった。「ここはマフィアが死体を捨てるようなニュージャージーとは違う」と州警察官は記している。

　犯罪捜査班所属七年目のマサーは、この遺体以外では、たった一度しか死体を目撃したことがなかった――アーミッシュ〔ペンシルバニア州や中西部、カナダの一部に居住する、人口約三十六万人のドイツ系移民のキリスト教共同体。移民当時の生活様式を保持し、自動車やテレビ、コンピュータなどは使わず、農耕や牧畜によって自給自足生活を送る〕が暮らす地域の道端に捨てられた死産の赤ちゃん、それだけだ。彼は冷静さを保つことに長け、感情を押し殺すことができた。後年になって一度だけ、マサーの息子に似た少年が感謝祭の日に縊死（いし）した姿を見たときは動揺した。この仕事では、悪夢というべき現場だ。

　休憩所のあたりは鬱蒼（うっそう）と茂る森の外れの荒れ地だった。発見現場は身の毛がよだつ状況だった。痩せこけた男性の胸部と背中には傷があり、ペニスが切断され、口に押し込まれていた。あまりにも不条理な状況では、人間は時として馬鹿馬鹿しく陳腐な言葉を並べるものだが、傷を調べていたマサーも例外ではなかった。州警察官マサーは、**あるべき所からなくなっている**、と考えたそうだ。

　この殺人は怨恨による犯行で、故意であり、計画的だとマサーは直感した。突発的ではあり得ない。

　死体に加えられた残忍な行いと、被害者の表情は矛盾していた。彼はほとんど穏やかな表情を浮かべていたのだ。安らかだった。実際のところ、袋から出されて砂利の上に横向きに寝かされた被害者は、左手を握りしめ、胎児の姿勢を取っており、まるで眠っているかのようだった。彼がこのように見えたのは、そこに遺棄されて間もないからだった。遺体は時間が経過すると悪臭を放つものだが、腐敗の形跡がないこの遺体からは、それが感じられなかった。新鮮だったのだ。

午後五時過ぎ、きれいに髭を剃り、髪を整え、無難なスーツに身を包み、胸ポケットには一本のペンを差したハーニッシュ捜査官が現場に現れた。犯罪捜査班の十人の騎馬警官と二人の伍長から成る騎馬警官隊の犯罪捜査班の姿を確認した。仕事以外の時間にはクリスマスツリーを育てている地元生まれのこの男は、用心深く、思慮深かった。州警察官らにはネクタイとジャケットを身につけるよう指示していた。彼は注意深く自分のジャケットを畳み、後部座席に置いてから、ようやく運転席に座るような男だった。習慣に忠実なこの姿勢は警察学校を卒業した一九六五年から続いていた。ハーニッシュ曰く、当時は見た目でも臭いでもマリファナの区別がつかなかった、生真面目で、堅苦しい時代だったそうだ。

死因は謎に包まれたままで、被害者の身元も不明だった。マサーも他の犯罪捜査官たちも、遺体の所持品を見つけることができなかった。

一体、何者なのだ？

ハーニッシュの命令により、緑の樽に入った死体からはすぐに指紋が採取された。身長一六〇センチ程度で体重はわずか四十五キロのこの遺体は、州警察の手を煩わせる存在ではなかった。数ヶ所に死斑、あるいは死後の充血が見られ、それは一回以上、この遺体が移動させられたことを意味していた。死後硬直と呼ばれる硬直が見られないため、発見から三十六時間以内に死亡したと推定される。頭に三ヶ所の痣があり、いずれも発生してから一日は経過していないことがわかる。同じように、疑わしい傷が別の場所にもあった。明らかに大きな痣が前腕（肘から手首）の肘の上辺りにひとつ、そして脛にもあった。

背中には、右肩甲骨内側と背骨の間に刺し傷があって、深かった。しかし最も大きな外傷は腹部にあった。ぱっくりと口を開けた、楕円形の傷は鋭利な何かで切り開かれたように見える。その傷のすぐ上には別の刺し傷があり、一・五センチほどの長さがある。それを見た検死官は「時計で言えば、十一時と五時を指す角度」と分析していた。皮膚、筋肉、腹膜、腸間膜――内臓を体壁に固定する脂肪でできた鞘のようなもの――はすべて穴が開けられていた。これが致命傷だ。もう一つの傷には少量の出血しか確認できず、幸いにもペニスの切断は死後に行われたものだった。

小柄な男性のため、州警察は惑わされることになる。競馬場へ向かったのだ。殺人事件担当記者にハーニッシュ捜査官は「騎手の可能性がある」と伝えていた。死亡した男性が騎手だと本気で考えていたハーニッシュの部下たちは、遺体発見現場から約一・六キロ離れたペン・ナショナル競馬場に問い合わせた。競馬場経営者は四十人いる騎手は誰も行方不明になっていないと報告した。捜査の難関は、これ以外にもあった。ニューヨーク州ボウマンスビル兵舎から応援に駆けつけた騎馬警官は高速道路の料金所やトラックの休憩所に行き、不審者の目撃情報を探した。

一方で、州警察の潜在指紋［肉眼では見えない指紋。検出するために化学物質や光の反射を利用した特殊技術を用いる］鑑識官が八枚のごみ袋を渡されていた。瞬間接着剤として知られるシアノアクリレートの煙を使用し、二十八ヶ所に指紋を、三ヶ所に掌紋を発見した。指紋は州のデータベースで照合にかけられたが、適合するものはなかった。指紋、掌紋はそこからニューヨーク、バージニア、そしてニュージャージーに送られた。全ての州で照合が行われたが、適合する指紋は発見されなかった。

情報提供はいくつかあった。その一部は心痛むものだった。ランカスター在住の女性は、その死亡した男性が、一ヶ月前から行方不明になっている息子ではないかと問い合わせてきた。ニュージャージー州在住の巡査部長は、遺体は十二月から行方不明となっている男性の可能性があるのではと照会してきた。あるいは、ペンシルバニア在住の男性かもしれない。「少し筋肉質で三十代だが、五十代に見える」と、ハーニッシュ捜査官は美しい筆記体で記した。「指にはタトゥー」。この特徴は、例の身元不明男性には当てはまらない。しかし三ヶ月前に忽然と姿を消した三十代の男だったとしたら？　いや、その場合であれば、上の歯が抜けているはずだ。遺体安置所に連絡を入れ確認したところ、発見された遺体の歯は一本も抜けておらず、そのうえ高額の審美治療が施されていることがわかった。

他の手がかりは好奇心をそそる行き止まりと言ったところだった。高速道路を東向きに走っていた女性がバックミラーを覗くと、樽の横を歩く男性の姿が見えた。二十代前半に見え、黒い髪をしていたそうだ。別の電話による情報提供では、ペニスの切断位置から考えると、身元不明男性は組織犯罪の被害者なのではないかという。犯罪組織は、同じようなことを敵に対して行うことで知られている。どんな事件であっても、このように提供される情報の半分以上は役に立たないとハーニッシュ捜査官は考えていた。マサー捜査官自身は、ほとんどの情報が無意味だと考えていた。捜査に一枚噛みたい人間が近寄ってくる場合が多いからだ。

州警察は身元不明男性の似顔絵を印刷したポスターを料金所の壁に掲示した。決定打はあっという間に寄せられた。州兵部隊である第一フィラデルフィア市騎兵隊にとって、見覚えのある顔だったからだ。

集会に参加するためペンシルバニア州国家警備隊訓練センターに向かっていた一団は、発見された遺体は隊員の一人だと考えた。センターに到着した彼らは、その仲間が到着していないことで、事件を確信した。

疑念はすぐに裏付けられた。

五日後、チェスター郡に延びる高速道路のマイル指標303・1の地点で、トラック運転手が二一〇リットルのごみ用コンテナ二つを偶然発見した。中には、ソックスが数足――アーガイル柄とピンクと青――、コーデュロイの帽子、ボクサーショーツ二枚、ブルックス・ブラザーズ社製の茶色いスラックス、茶色いベルト、そして「THE BLACK DOG, MARTHA'S

VINEYARD」と背中に印刷されたTシャツ、五十ドルのトラベラーズチェックが入っていた。

コンテナ内部には、フィラデルフィアで発券された駐車券と、名前と電話番号が書かれた二枚の紙、メロン銀行の十九枚の小切手と多額の預金伝票、そして第一騎兵中隊員であることを示す身分証明書もあった。身の回りの品々は男の人生を紐解くのには有効だろうが、身元を割り出すために不可欠なものではなかった。州兵の歯科記録が一致したのだ。身元不明男性は、ペンシルバニア州フィラデルフィア出身のピーター・スティクニー・アンダーソン、五十四歳だった。

第二章　銀行家

ピーター・アンダーソンの遺体と所持品の検証が行われている最中、警察官が彼のブリーフケースの中から、女性の名前の記されたメモを発見した。この女性は彼が死亡する前の火曜あるいは木曜に、フィラデルフィアのドルリー・レーン通りにあるピアノバー「ブルー・パロット」でピーターと会っていたことが確認されている。その店は、二週間にわたる捜査で、ハーニッシュ捜査官とマサー捜査官が訪問した、多くのクイアが集うバーの中の一店舗だった。ハーニッシュとマサーは、「ラッフルズ」、「ウディーズ」、「２４７」など、センター・シティー界隈に存在するバーの常連客、従業員らに話を聞いた。訪問するたびに、ピーターの交友関係や行動パターンが見えてきた。多くの立ち入り関係先のなかで、ピーターのお気に入りが「ブルー・パロット」であることは明らかだった。

路地裏にひっそりと佇む「ブルー・パロット」は、ピアノバーらしくは見えなかった。ダークウッドの壁、十九世紀後半に描かれたアヒルの絵が飾られた店内は、「紳士が集う狩猟小屋のラウンジといったところ」と、常連客は語った。店内に入ると、壁に沿って左手にバーがある。飲み物は手頃な値段で、バーボン・マンハッタンが五ドルだった。客の四分の三が常連客で、多くが街の劇場関係者だった。

金曜と土曜の目玉は、当時二十代後半の作曲家で作詞家のマイケル・オグボーンの弾き語りだ。アメリカのスタンダード曲をテナーで歌い上げた。「ブルー・パロット」の常連客にとって、オグボーンと共に歌う経験は、教会に通うようなものだった。カレン・カーペンターを含む、亡くなった歌姫たちに捧げる辛辣な称賛が、彼の愛されたステージの特徴だった。カレン・カーペンターの曲の前には、観客たちから声がかかる。**「彼女を掘り起こせ！　掘り起こせ！」**

ピーター・アンダーソンも、そんな常連客のひとりだった。客で一杯になった騒がしい店内でも、彼の堕落した行いは目立っていた。大勢の仲間に囲まれ、浴びるように飲んでいた。「断酒会に行くべき人がマイケル・オグボーンの周囲にはたくさんいた。僕もその一人だ」と、数年後に常連客の一人が苦笑しつつ語っている。

「ブルー・パロット」の客は中年が多く、ありきたりな店の雰囲気はピーターにはぴったりだった。男娼やマッチョな男たちの巣窟ではない。バーテンダー曰く、「ミートマーケット（出会い系）ではなかった」。音楽と仲間との交流を楽しむための場所、そして、もしかしたら誰かとの出会いを期待できる場所だった。ピーターが週に数日、数時間だけであっても、自分らしくいられる場所だったのだ。

ピーターのジャケットから見つかった二つ目の電話番号で、警察官はリッテンハウス・スクエア北西角にあるホーリー・トリニティ教会の人物にたどり着いた。形式に則り、厳かな集会に参加するのは、主に上流階級、上位中流階級の人々だった。毎週日曜日、教会には壮麗な歌声がひびき渡った。そこは乱暴な言葉を吐くような場所ではなかった。その人物はピーターとそこまで親しかったわけではなかったが（夕食を二度共にしたそうだ。ピーターは優しそうな人だが、深く悲しんでいるように見えた）、それでも警察官に対して、被害者の私生活について証言する程度には知っていた――別居中の二番目の妻がいること、そしてメロン銀行で資産管理担当者として働いていたこと。これを知ったハーニッシュ捜査官とマサー捜査官は、この事件を「樽に入った銀行家（バンカー・イン・ザ・バレル）」と呼ぶようになった。

警察はピーターのプロファイルをまとめ続けた。一九三七年三月十四日ウィスコンシン州ミルウォーキーで、ベッツィー・ブルックとセールスマンのジャイルズ・アンダーソンの間に生まれたピーター。母親はウェルズリー大学を卒業し、父親はマサチューセッツ工科大学を卒業した。ピーターが生まれる四年前に両親は結婚し、息子をピッツバーグで育てた。妹が一九四〇年に誕生している。

ピーターは、十八歳で家から八〇〇キロ離れたコネチカット州ハートフォードにあるトリニティ・カレッジに入学。卒業記念アルバムの写真の下には、政治学の学位を取得したと記されている。ジャケットにネクタイ姿で、穏やかで優しそうな青年に見える。アルバムには複数のクラブに加入していたとの記載もある。紳士クラブのカンタベリー、スポーツカー、ヤング・リパブリカン、コリンシアン・ヨットクラブだ。一九五九年五月、スタッフとして参加していた学生新聞ザ・トリニティ・トリポッド紙上に、ヨットレースでハーバード大学に次いで五位になったとの記載がある。「トム・ルドローとハウディ・マクルヴァインが、クルーのピーター・アンダーソン、そしてポール・グッドマンとともに、スキッパーとしてレースに参加した」。

アイゼンハワー政権が終わりを迎えつつあった時代のトリニティ・カレッジは、手に負えないほど荒れていた。フットボールの試合の二日前に、ライバルのアマースト大学のゴールポストを学生が破壊した。アマースト大学の学生新聞は、トリニティ・カレッジを窃盗で告発した。ザ・トリニティ・トリポッド紙は、その疑惑を否定するというよりは、「トリニティの紳士たちは忘我の彼方に向かっている」と、不満を表明した。記名なしの論説には、こう記されている。「トリニティは、東部の荒くれ者が集う大学の一つとして知られている。このような行為を黙認する学生組織に最終責任があり、この悪評を変えようとする姿勢がないのは明らかだ。学生組織も、大学側も、犯罪者を野放しにすべきではない」

ピーターが所属していた社交クラブ「サイ・アップシルトン」は素行が悪かったわけではないが、アカデミックな集まりというわけでもなかった。頭の切れる、運動が苦手な若者たちだが、そのインテリジェンスが勤勉さや優秀な成績に結びつくことはめったになかった。「大学に入ってしまえば、そこからは怠惰に暮らしただけだったよ」と、ピーターと同期で、後にC

ＩＡに採用されたディクソン・ハリス氏は証言する。社交クラブの元メンバーだというとある男性は「優雅な暮らしを送る、私学の男子学生連中の集まりですよ」と言った。ピーターの一学年下で英語を専攻していたＷ・クロフト・ジェニング氏は、社交クラブを『アニマル・ハウス』〔一九七八年製作のコメディ映画。学生たちによる社交クラブ間の競い合いを描いた作品〕のようなものだったと説明した。二人はそれほど仲がよかったわけではないが、「サイ・アップシルトン」の結束は、ピーターがコネチカット州ニューカナーンの長老派教会で執り行われたジェニングス氏の結婚式に、他の元学生らと参加し、新郎の付き添いを務めた程度には固かったようだ。

週末には、スミス大学、マウント・ホリヨーク大学、ヴァッサー大学の女学生がトリニティ・カレッジにやってきた。男子学生たちが階下で大騒ぎを繰り広げるあいだ、ピーターは上の階にある自室で執筆していた。彼がゲイではないかと疑う人間がいなかったのには、それ相当の理由があった。その可能性を誰も想像することができなかったのだ。トリニティでは、そのような思いは容認されない。ピーターが死んでから数十年後、ジェニングス氏は自分がどれだけ彼を好きだったかに気づき、愕然とした。そして、ピーターに出会った人の誰もがそうだったように、ジェニングスはピーターの体格と服装の美しさに着目し、彼を「小粋な男」と描写した。

社交クラブメンバーのガールフレンドだった女性は、ピーターの孤独を記憶していた。「彼は男子たちの一員になりたかっただけじゃないでしょうか。どちらかと言えばマスコット的な存在でしたから」彼の中には深い悲しみと、明白な「好かれたい」という気持ちと同時に、金持ちになりたいという願望があった。「そのように生まれ育ったと思われたかったのでしょう」

＊＊＊

捜査官らがアンダーソンの死に関する捜査を行う過程で、複数の情報提供によって事件の糸口が見つかり、それがトニー・ブルックスという人物に結びついた。二十六歳のブルックスは経営コンサルティング会社の共同経営者で、当時、フィラデルフィア市議会議員に立候補していた。有望な候補者と目されていた――ただし、「ゴールデンタイムが求めるより、少し白髪が少ないようだが」と、フィラデルフィア・デイリー・ニュース紙は書いている。

若かりし日のブルックスは、政治家と聖職者を夢見ていた。しかしゲイであることが発覚するのを恐れ、思いとどまっていた。ブルックスの母親は、なぜ女性と付き合わなくなったのかと彼に聞いたことがあり、母には真実を告げた。これが原因となり、母親との関係が一年にわたって途絶え、ブルックスはそれに打ちのめされた。自分の欲望と折り合いをつけ、社会から求められるままジムに通い、一八七センチメートルほどある体に筋肉をつけ、逞しい男とホモセクシュアルを結びつける人はいないはずと信じた。女性と婚約までした。これらのことを考えると、一九九一年に市議会議員の席を求めて立候補した際、フィラデルフィアでゲイであることを隠していたことは不思議ではない。

ブルックスは警察に対して、五月三日に資金調達の夕食会に出席するため、ピーターとマンハッタンまでドライブをしたと証言した。フィラデルフィアを午後三時に出発し、到着したのは午後五時。知り合いのニューヨーク州下院議員ビル・グリーンが夕食会に出席することも、ピーターが彼と一緒にやってきた理由のひとつだった。ブルックスは捜査官らが考える限り、生きているピーターに会った最後の人物だった。

***

一九九一年五月十一日、ハーニッシュとマサーを含む州警察官の一団が、ウォルナット通り2020に建つ三十二階建てコンドミニアム、通称ワナメーカー・ハウスのピーターの部屋を訪れた。ワナメーカーは数年前に賃貸ビルからコンドミニアムに建て替えられた建物で、鳴り物入りで宣伝が繰り広げられた。フィラデルフィア・インクワイアラー紙は、二十四時間勤務のドアマンとフィットネスクラブ、屋内駐車場は「違いのわかるテナント向け」だと豪語した。寝室が一つの部屋が十万ドル程度で売却された。屋上からは、工業地帯でありゲイバーフッド［ゲイやレズビアンに対して友好的なビジネスの多い地域につけられるニックネーム］として有名なセンター・シティーの景色を楽しむことができた。

ワナメーカーは、アメリカ建国以前から存在するリッテンハウス・スクエア公園から二ブロック離れた場所にあった。一八〇〇年代初頭、公園は豊かな人々にとっては自分たちの所有地のようなものだった。一八四〇年、商人でレンガ製造業者のジェイムス・ハーパー氏が公園北側の1811ウォルナット通りに最初の低層都市型集合住宅(タウンハウス)を建設。そこから九十年の間に、有力者たちがこの地に集まった。アレクサンダー・カサット氏はペンシルバニア鉄道の社長で、国内で最も広い土地を所有する化学薬品会社社長ウィリアム・ウェイトマン氏の妻メアリーの兄だ。街で最初のデパート創業者であるジョン・ワナメーカー氏は、ベンジャミン・ハリソン大統領の下で郵政公社総裁を務めていた。

第二次世界大戦以前から、公園はゲイの男性やレズビアンたちの居場所だった。様々なバックグラウンドを持つ人々が、互いを知ることができる場所だ。リッテンハウスはフィラデルフィア在住のクイアたちが最初にそのコミュニティと出会う場所であり、コミュニティが発展を遂げた場所でもあった。リッテンハウスの常連たちについて、多大な影響力を持つ歴史書『フィラデルフィアのゲイとレズビアン』を書いたマーク・スタインはこのように語っている。「あの人たちに会うということは、カミングアウトすることと同じ意味だった。ゲイとしての暮らしがあると理解することだった」。

一九五〇年代までに、リッテンハウス・スクエア公園は、バーの代わりとなる場所として必要不可欠になっていた。ここ以外の場所では、男性同士がダンスすることや、互いに触れ合う姿を目撃されることはリスクだった。大柄で筋肉質で、後に警察本部長となったフィラデルフィアのフランク・リッツォ氏は軽蔑を隠さなかった。政敵に関して、「十一月以降をお楽しみに。アッティラ・ザ・フン［レイモンド・ケベド。トリニダード・トバゴ生まれで、カリブ海の音楽スタイルのひとつ「カリプソ」を世に知らしめた人物］が、ホモ野郎だと教えてやるから」と発言したこともある。リッツォがクイアにフレンドリーな店舗を襲撃することは、誰もが知っていた。リッツォが警視だった五〇年代後半、コーヒーショップがその標的となった。彼が執拗にこだわったのは、リッテンハウスから数ブロック西のサンソム通りにある「フューモレスク・コーヒーショップ」だった。一九五八年から一九五九年の八ヶ月以上にわたって、リッツォの手下がコーヒーショップを二十五回も破壊した。店主は損害賠償と、リッツォ警視に対して違法行為差し止め命令を求めた。しかし判事は警察に味方し、フューモレスク・コーヒーショップは「社会にとって有害だ」とした。さらに彼は――彼の言葉通りに書けば――店は「ホモセクシュアルたちの集会所」と述べた。

　結果的に、クイアのコミュニティは屋外へと追放された。リッテンハウスは、七エーカーの広さのあるオープンエアーで開放的なクラブで、数百人の客が楽しむことができた。必要があったからこそ、必然的に受け入れられていたこのような出会いの場は、ただ存在するだけでは許されず、正確には誰がその所有権を主張できるのかという主導権争いまで勃発していた。一九六六年、フィラデルフィア・インクワイアラー紙のコラムニストは、この議論を率直にこう記している。「一般の人々は、リッテンハウスを緑豊かで行儀の良い、きちんとした身なりの人たちが暮らす静かな地域にしたいと願っている。若い人たちはそこに出会いを求めている。ホモセクシュアルはドラッグとスイッシュ［男性が女性のように振る舞うこと］を求めるのだ」

＊＊＊

ピーターのアパートの捜索には、捜査官らとともに第一騎兵隊の人間も加わった。寝室が一部屋のアパートの状態は決して良好とは言えなかった。現場を見た隊員の第一印象は、この部屋の持ち主は間違いなく独身というものだったそうだ。「すごく汚れていたというわけではなかったけれど」と、彼は言った。「しかし、もう少し片付けてもいいという印象だった」彼の記憶に強く残ったのは、雑誌で満たされたバスタブだったという。どこでピーターは風呂に入っていたのだろう？　彼はそう考えたそうだ。

捜索は数時間で終わり、結果、つい最近、男性の泊まり客があった証拠が発見された。ベッド脇のナイトスタンドに置かれていた、ジャーに入った潤滑ゼリーを見て、厳格な捜査官たちは驚きを隠すことができなかった。捜査官らはこの泊まり客を割り出し、彼自身がガールフレンドとシェアするアパートまで尾行した。天井には血が飛び散っていたが――ヘロインを打った証拠だ――このカップルが殺害に関与したことを示すものは何もなかった。

二日後、ジェイ・マサー捜査官と同僚は、ピーターの最後の足取りを探ろうとニューヨークへと向かった。地元の警察管区に立ち寄り、次にトニー・ブルックスの政治資金を調達したロビー・ブラウンのアパートに向かった。マンハッタン在住の不動産業者であるブラウンは、最高級住宅を取り扱っており、彼が前年に取引した家のなかには、ジャーナリストのジェラルド・リベラ氏［テレビ司会者としても有名］のペントハウスもあった。ピーターを殺害した人物が誰であろうとも、セントラル・パークを見下ろすアッパーウエストサイドにあるブラウンのアパートに立ち寄った可能性があると考えた。

それはブラウンが主宰した初めての資金調達だったが、アンドーバー大学とイェール大学を卒業し、ベトナムでパイロットとして戦った兄が一九八五年にエイズで命を落としてからは、ブラウンにとってクイア関連の運動は身近なものとなっていた。誰も彼の兄のことなど、気にも留めなかったのだ。ブラウンは思った。**兄が大切な人間でなかったとでも?**

ブラウンは同性愛が歓迎されていないハーバード・ビジネス・スクールに通っていた。だから、彼自身もそのように振る舞った。ボストン・フェニックス紙に個人広告を掲載する際は、バイセクシャルを装っていた。なぜなら「ゲイだなんてとても言えなかったから」。最終的に、ブラウンはボーイフレンドを見つけることができた。しかし、エイズの蔓延はすでに始まっていた。ブラウンは「恐ろしくて、心を閉ざしてしまった」。後に、禁欲したからこそ生き延びることができたと語った。この病がブラウンの交友関係を狭くした。晩年には同年代の友人がいなくなったそうだ。

兄の死にせき立てられるかのように、ブラウンはクイアの人々と交流を重ね、彼らの支援をするようになった。ハンプトンで開かれたパーティーに参加し、友人を作り始めた。偽りの人生を生きることが不可能になるまでに、そう時間はかからなかった。ブラウンはアクティビストとなり、「中傷と戦うゲイ&レズビアン同盟」〔Gay & Lesbian Alliance Against Defamation。バイセクシュアルやトランスジェンダーへの配慮から、後にGLAAD（グラード）と改名された〕の役員を務め、そして政治に関与するようになる。ブラウンはまず、訪れた人が「ゲイのブリガドゥーン〔一〇〇年に一度、一日だけ現れる幻の村〕」になぞらえたファイアーアイランド・パインズ地区に、トニー・ブルックスに会いに行った。パインズ地区は、自分が唯一自由を満喫できた場所で、「ストレートの人たちの生活環境を体感できる場所」と、ブラウンは回想している。

カリスマ的存在で息を飲むほどハンサムな男であるブルックスが、フィラデルフィアの選挙に出馬したいと訴えたときには、ブラウンは感嘆した。そこでマンハッタンでの資金調達を約束したのだ。多くがログ・キャビン・リパブリカン〔共和党の人権団体〕の会員である四十人程度の男女が、美しく着飾り、ブラウンの家に集まった。一九九一年五月三日のことだった。

この日から十年の間に、参加者の半分がエイズの合併症で命を落とした。

参加者が会話を楽しみ、酒に酔いしれている様子を見ながら、ピーター・アンダーソンは入り口近くに立ち、パーティー会場にやってきた人々から寄付を募っていた。そして雑踏のなかに、二十年以上も会っていなかったアンソニー・ホイトを見つけたのだ。

ピーターが何を考えていたのかはわからないが、ホイトは自分の思ったことを記憶している。「なんて……こと……」

＊＊＊

ニューヨークへの出張で、州警察はブラウンとホイトに質問を重ねて、ピーターが生きて確認された最後の夜の情報をつなぎ合わせようとした。ブラウンがごみ袋の提出を命じられたのは、殺人犯は資金調達パーティーに出席し、被害者と一緒に帰った可能性があると捜査官らが睨んだからだった。

二人のうち、注目されていたのはホイトだった。彼は資金調達パーティーをピーターと一緒に抜け出していたからだ。ホイトはポリグラフのテスト［被疑者が質問に回答した際の皮膚電気反射・血圧・脈拍などの生理反応を分析し、回答の真偽を判断する検査。いわゆる「うそ発見器」］を受けて、パスしていた。州警察官が知る限り、ホイトは雑誌社の経営幹部で、数十年前にピーターと同居していたことがある。

これは真実だった。しかし、完全なる真実というわけではなかった。数十年前に何が起きたのか、彼とピーターが互いにとってどれだけ大切な存在であったか、ホイトが口にするまでには長い時間がかかるだろう。

一九六一年頃、トリニティ・カレッジを卒業すると、ピーターはマンハッタンへと引っ越した。背が高く痩せ気味で、身だしなみのよいトニーという名の男と出会ったのは、バーでのことだった。東81番通りにあるアパートが使えるからと、ホイトはピーターに伝えていた。ドアマンのいる建物ではあったが、寝室が二部屋のアパートの住人はホイトを含んだ男性二名で、設備が整っているわけではなかった。住む場所が必要だったピーターは、すぐに転がり込んだ。

ピーターはニューヨーク銀行ですでに金融の仕事をはじめており、ホイトはヒューラー&スミス&ロス広告代理店でエールフランスの担当をしていた。月六〇〇ドルという家賃は、三人できっちり割っていた。

後年、他の記憶がおぼろげになってしまっても、ピーターへの愛を語るホイトの記憶は鮮明だった。「ピーターと僕は恋のようなものをしていた。恋のようなものというよりは……**熱烈なロマンスだった**」。ピーターはチャーミングで優しくて、繊細だった。「本当にいい人だった」と、ホイトは少し寂しげに言うのだった。それに、誰がピーターのスマートな着こなしを忘れることができるだろう? 「いつもボウタイを身につけていたんですよ。あの姿はこれからも僕の心に残り続けるでしょう」

シャワーを浴びているときでさえ、ボウタイを外さないんだと彼は笑いながら言った。

トニーとピーターは夕方になると3番街のバーに行き、時折、アパートでも客をもてなした。ピーターが所属していた社交クラブで兄貴分だったクロフト・ジェニングス氏は、アパートで開かれていたパーティーを記憶していた。夜中になるまで夕食が出されなかったことが理由だった。彼は驚きながら、「ピーターは、自分が何をやっているのかさっぱりわかっていない状態だったよ」

ピーターとホイトは、それまで必死にゲイであるという秘密を守っていた。二人とも、同性とのセックスは未経験だった。それでもすぐに肉体関係を結んだ。そうじゃないふりを止めるには勇気が必要だったから、大量のアルコールを飲んだことは確かだとホイトは語った。十五センチの身長差がありながらも、二人の体はぴったりと合った。「あの時代は」と、ホイトは言う。「今とはまるで違いましたから」そのわずか十年前、ジョセフ・マッカーシー上院議員が安全保障を脅かす存在として、ゲイとレズビアンを国務省から排斥した。数千人もの連邦政府職員が解雇された。しかし、恐怖は単に連邦政府レベルでは終わらなかった。一九二三年に制定された州法によれば、男性が別の男性にセックスをしたいと持ちかけることさえ犯罪とされていたため、一九三〇年代のニューヨーク市警察は、署内で最も見た目のよい警官をゲイバーに潜入させた。ターゲットとなった人物が警官に誘いをかけ、より親密な関係になろうとバーを出た瞬間に逮捕劇が展開される。同性愛活動家がジョン・リンジー市長を説得してこの方法を止めさせる一九六〇年代後半までに、何万人もの男性が罠にかけられた。「今の時代だったら――今のこの社会だったら――僕らはパートナーになれていたかもしれない」とホイトは回想した。「でもあの時代、ゲイだなんてとても言えなかった。許されないことだったんだ」彼とピーターは二人の関係を誰にも言わなかった。それぞれの友人にさえ。

ホイトは一九六〇年代中盤に女性と結婚し、アパートを出た。しかしピーターとは連絡を取り続けた。ある晩、ホイトはマンハッタンに滞在していた。遅い時間で、遠いロングアイランドまで戻りたくなかった。だからピーターに連絡を入れた。来いよ。未婚で、アッパーイーストサイドに住んでいたピーターはそう言ってくれた。その後、ホイトは何度も彼の場所に泊まった。

広告代理店で働いたあと、ホイトはタイム社に営業職で採用された。五年後、すでに離婚していたホイトは、ニューヨーク誌の西海岸営業所を任され、カリフォルニアに引っ越した。雑誌編集者のクレイ・フェルカー氏は、ニューヨーク誌のカリフォルニア版として「ニューウェスト」という雑誌の創刊を手伝ってほしいとホイトに頼んだ。創刊号は一九七六年に発売され、成功を収めた――小説家のジョン・ディディオン、トム・ウルフ、脚本家のジョー・エスターハースが誌面を飾った。しかし、成功は長くは続かなかった。「当時は、大金を投じて読み手を確保しなければならない状態でした。継続する資金がなかった。そういうことです」著名なデザイン・ディレクターのミルトン・グレーサー氏は言う。「トニーはそれなりの人物だったとは思いますが、飛び抜けて優秀というわけでもなかったですね。それなりにやってくれました」

＊＊＊

アパートを出るまでのホイトは熱心なスキーヤーで、ストラットン山スキー場のシーズンパスを持っていたほどだった。そこでマーサズ・ビンヤード誌の寄稿者で、エドガータウンズ・

ヴィンヤード・ガゼット誌のコラムニストのイーディス・〝エディ〟・ブレイク氏に出会った。九十代だが溌剌としたエディも、同じくシーズンパスを持っていた。彼女の住まいはマンハッタンのマディソン・アベニューの外れ、72丁目にあり、十五分の距離に住む彼女とホイトがカーシェアをするのは当然のなりゆきだった。

ホイトがルームメイトを連れてきたことがあったそうだ。エディはピーターのことを「まあまあ面白い人」だと思い、彼をからかった。「私のことを上流階級だとか、重要人物と考えているようだったわ」と、彼女は回想した。学校から戻った娘のイーディス・〝サンディ〟・ブレイクをピーターに紹介したそうだ。

その時から、彼らは一緒にスキーを楽しむようになった。ピーターは、良くも悪くも、彼女の人生の登場人物となっていた。一九六九年のある夜、エディはピーターの家で開催されたパーティーに出席した。招待客の一人が、なぜ彼は結婚していないのかと聞いたそうだ。「セント・ジェームスで結婚式を挙げ、披露宴をコロニー・クラブで開いてくれる女性を待っているだけだよ」と、ピーターは答えた。彼はそう言いながら、年上のエディに目配せし、エディは彼の魂胆を読み取った。**彼は上流階級入りを目論む男で、サンディとの結婚は、ニューヨークでもヴィンヤード島でも、彼にその道を与えるに違いない。**

ピーターは翌日、プロポーズした。

一九七〇年、ピーターとサンディは結婚した。ニューヨーク・タイムズ紙は二人の婚約と、後に行われたセント・ジェームス・イピスコパル教会での結婚式を報じている。紙面に掲載された花嫁の写真には注釈がついている。


アンダーソン夫人はマサチューセッツ州エドガータウン在住のイーディス・G・ブレイクと、ケミカル銀行ニューヨーク信託会社で地方債を担当するロバート・H・ブレイクの娘。夫はコネチカット州グリニッジ在住のガイルス・W・アンダーソン夫妻の息子。父はマイルス・ラボラトリーで労働組合副委員長を務めている。

花嫁はイタリア・フィレンツェのポッジョ・インペリアーレとル・フルロンで学び、ニューポート市にあるヴァーノン・コート短期大学を卒業。F・ゴードン・ブラウン夫人と建築家のフィリップ・グラハム氏、そしてキューナード・ライン社のゼネラルマネージャーだったロバート・H・ブレイクの孫娘にあたる。

投資会社ドレクセル・ハリマン・リプリーに勤務している夫は、トリニティ大学卒。


エディは結婚に反対し、娘にも、何度もそう告げたという。「だって正直な話、彼は昔で言うところの同性愛者（パンジー）だと思っていたから」

結婚式後、ピーターとサンディはボストンから四十五分ほど離れたマサチューセッツ州デダムに居を構えた。ピーターは、レアード、ビセル、そしてミード社の株式仲介人となっていた。

サンディは結婚を後悔しているわけではない。職場に向かい、夕食を作るために帰宅するピーターを覚えている。共通の友人とのつきあいもあった。しかし決して対等な立場だったわけではなく、サンディにはエディが正しかったように思えた――ピーターが自分を利用してのし上がろうとしていると感じたのだ。「彼は私のことを自分の持ち物のように考えていて、それがすべての間違いの始まりだった。彼はアンティークを収集していたけれど、私もそのアンティークの一部だったというわけ」

彼女が知る限り、ピーターは背が低いことにコンプレックスを抱いていたとサンディは回想する。自分の背の高さに満足できたことがなかった。一八〇センチを超える友人が多かったから、自分の身長は八センチ足して答えていた。埋葬されたとき、「見たこともないほど小さな棺で、それがなにより堪えたわ。だってあの人、大きくなりたかったんだから」

結婚生活は十年近くに及んだ。エディは結婚生活が終わったことを歓迎した。「サンディは本物の男に出会ったの。それで終わったというわけ」

離婚後、サンディは知人からピーターの恋愛対象は男性だと聞かされた。「ピーター、あなたゲイなんですってね」と、元夫に彼女は言ったそうだ。

ピーターは何も言わず、ただ見つめ返しただけだった。離婚、そしてサンディの再婚の後でも、ピーターはエディを訪れていた。ヴィンヤード島を愛していたのだ。波止場に立ち、船を出す元義母の写真を撮影している。

一九七九年、ピーターは再婚した。相手はシンシア・リードで、彼女にとっても二回目の結婚だった。二人の間には息子が生まれた。二人は、表面上は伝統的な社会生活を送っているように見えた。パーティーに参加した。クラブに所属した。しかしある意味、二人は異なる人生を生きていた。ピーターはゲイではないかと疑われていたが、友人がそれを口にしたことはなかった。「浮気している男の話なんて、しないものだからね」と、ある人物は言った。

一九七五年にピーターは、フィラデルフィアのジラード・トラスト・カンパニーに雇われたと、友人が刑事に証言している（マサチューセッツからペンシルバニア州に居を移した理由は明らかになっていない）。

一八一一年、南3番通りにジラード銀行として創設されたこの銀行は、一八一二年に起きた米英戦争に必要だった費用の多くを負担し――なんと八〇〇万ドルもの大金だ――二年にわたって政府の支払いを肩代わりした。ジラード銀行は信頼される民間組織となった。しかし一九八三年、長期間にわたる繁栄の後、ピッツバーグの巨大企業メロン銀行に吸収されることとなった。

ピッツバーグで栄華を極めたメロン銀行は、フィラデルフィアの人々が大挙して押し寄せ、店舗の前で列を成し、口座を開設するだろうと期待していた。しかし、そうはならなかった。多くの行員と顧客が嫌悪感を抱いてメロン銀行を離れた。しかし愛想がよくチャーミングなピーターは、職場に留まり才能を開花させた。一九八五年、彼はフィラデルフィア証券業協会の理事に選出された。

ピーターは、少なくともフィラデルフィア・インクワイアラー紙の社交欄で話題になる程度には、注目される人物だった。彼とトニー・ブルックスが、『真夏の夜の夢』上演に先立ち、シェイクスピア友の会のために開催された「プレオープニングナイトのカクテルパーティー」に登場したと報道されたのだ。彼とブルックスには共通点が多くあった。同じ教会に通っていた。共和党穏健派であり、周囲にはゲイであることを隠していた。キャリアを失うことを恐れ、セクシュアリティについて互いに打ち明け合うことはなかった。「彼は正統派のジェントルマンだった」とブルックスは記者に語り、フィラデルフィア郊外の上品さを湛えるピーターが、資産家であることを示した。「あの世代や、社交界で生きるのは大変だったと思いますよ」

ブルックスはピーターと同じく、第一フィラデルフィア市騎兵隊の隊員だった。一九九一年、十年以上の所属を経てピーターは二等軍曹になった。入隊直後は、食堂に配属されたそうだ。彼は材料にアルコールを振りかけるのが好きだった。「歓迎している隊員も多かったでしょう。全員とは言いませんが」と、ピーターの上官は証言している。

第一フィラデルフィア市騎兵隊は一七七四年に民兵組織として設立された州兵の部隊で、毎月一週間程度、そして夏には数週間の訓練を行っていた。部隊は当時まだ冷戦モードにあり、万が一、国外に派兵された場合を考え、時には武器を使い、戦車に乗って訓練することもあった。

歴史に傾倒していたピーターは第一騎兵隊に魅力を感じていた。独立戦争やそれ以前から、先祖代々、部隊に所属している隊員もいた。ピーターが祖先を辿ってみると、大陸軍の兵士アサ・スティックニーに辿りついたという。

とある夏の日のことだった。部隊はバージニア州フォートピケット基地で訓練をし、週末にバージニアビーチを訪れた。町で過ごす初めての夜、同胞らには不適切で「派手」と見えた服をピーターが着たらしい。彼は暴行された。入院するほど酷いものではなかったが、目の周りが内出血を起こした。

ピーターには軍に対する確固とした信念があった。亡くなる一年前、彼はピープル誌に掲載された、前線で活躍するアメリカ軍女性兵士に関する記事を読んだ。女性が戦闘に参加するという考えよりも彼を苛立たせたのは、女性兵士の写真だった。編集部に宛てた手紙に彼はこう書いている。

ピープル誌には、戦闘部隊に女性を参加させる風潮を後押しする権利があるでしょう。一方で、E-4のシェリル・パーディーは、重要な銃器訓練における根本的な教訓に反したとして、国内の資料室に閉じ込めておくべきではないでしょうか。アイスクリームを手にしたパナマの少女にM16を向けて、彼女は何をしようとしていたのですか? 今にも事故が起きそうな写真ではないでしょうか。

第一騎兵隊の同胞たちはピーターのウィットと知性に畏怖の念を抱くことが多かったそうだ。夜中まで酒を飲んだ翌日でも、何ごともなかったかのようにしゃんとして歩く強さを誰もが知っていた。「小柄な男でしたが、まるで野戦の兵士みたいに飲みましたよ」と、ある人物が証言した。ピーターは「ちゃんと機能するアルコール依存症だった」と、より的確に言い表した人もいた。

ピーターのアルコール依存が悪化したのは、異性愛への幻想が崩れ始めた頃だった。週末、馬のショーを見るためニューヨークに出かけていた妻が、家に戻り誰かが滞在した痕跡を発見した。「性的な目的で来ており、それは女性ではなかった」。結婚して十年が過ぎた頃、ピーターのブリーフケースに「ホモセクシュアル専門誌」が入っているのを彼女は目にしていた。

この隠された暮らしがピーターに与えた影響は明らかだった。一九八七年、フィラデルフィア・インクワイアラー紙は、252号線を乱暴に運転していた「フィラデルフィア在住ピーター・S・アンダーソンが飲酒運転で逮捕され、起訴された」と報じた。彼は釈放されたが、その年の終わりにメロン銀行を解雇され、家を出た。

シンシアとピーターは別居状態だったものの、関係は良好だった。「離婚する気などありませんでしたし、婚姻関係は維持したままでした」と彼女は証言する。ピーターから入院したと連絡があったときも、驚かなかったという。ピーターはあまりにも痩せ細っていた――結婚式の日から十八キロも体重は減っていたらしい——シンシアは「その状態はピーターがＨＩＶのポジティブだという完璧な証拠だと私には思えました」と言った。

一九九一年までには、ピーターの人生はどん底に落ちていた。叔母から四十万ドルを相続したが、七万五〇〇〇ドルを残してすべて浪費してしまった。残りも半年で底をつくと彼は見積もっていた。健康上の問題があるのにもかかわらず（少なくとも一人の友人が、年末までにピーターは死ぬだろうと考えていた）、ピーターは第一騎兵隊のイベントに参加し、ジョージ・ワシントンを追悼する集会に出向いていた。あまり食べなかったが、浴びるように飲んでいた。友人らはそんなピーターを恥じた。昼食会にフラスコ瓶を持って現れ、トマトジュースに混ぜて飲む。クリスマス・パーティーの席で、意識を失ったピーターにデコレーションが施されたこともあった。

数ヶ月後の五月一日、ピーターは、その夜最後のピアノ演奏が始まった「ブルー・パロット」に姿を現した。彼の格子柄のジャケットと蝶ネクタイを記憶していた店主の目に、ピーターの姿は印象的だった。彼はいつも通り、マティーニかスコッチを飲み干していたという。

ピーターとシンシアが最後に会話したのは、五月二日の午後のことだった。ピーターはニューヨークに向かうと言い、二人は彼の旅程について話しあったという。滞在先を彼女に告げ、いつ戻るかも伝えた。ピーターは二つの約束事をした。妻には、金曜の夜にフィラデルフィアに戻ること、そして息子には、日曜日に野球の試合を一緒に見に行くこと。フィラデルフィア・フィリーズと対戦するため、ロサンゼルス・ドジャースが町にやってくる予定だった。

＊＊＊

ロビー・ブラウンのアパートでは、州警察官らが五月三日の資金調達パーティーの席上、ピーターに何が起きたのか、そしてパーティーを退席した後に何が起きたのかをぼんやりと把握しはじめていた。ピーターは明らかに泥酔状態だった。あるいは、ブラウンが言うように、「役立たず」の状態だった。

九時頃ブルックスが帰り、イベントは終わりに近づいていった。ホイトとピーターは、それでも夜を終わりにしたくなかったから、一時間後、二人でカクテルを飲もうと決めた。ピーターはちょうどいい場所を知っていた。東28丁目にある、「タウンハウス」だ。

十時頃到着したピーターとトニーは、ピアノ奏者がブロードウェイのスタンダード曲を静かに弾いている店の奥に入っていった。ホイトにとっては、店を訪問することは昔の気持ちを呼び起こす行為だったが、精神的にも肉体的にも衰弱している友人の姿に、その感情を抑え込むしかなかった。資金調達パーティーを辞した時すでに酔っていたピーターは、気前よく注いでくれると評判の「タウンハウス」では、具合が悪そうだった。

この日の夜遅くに、バーテンダーは丁寧に、しかしきっぱりと、ピーターに飲み過ぎですと指摘した。二人で別の店に行ってくださいピーターはホイトのアパートへ退散するのはどうかと尋ねた。そんなことをしたらどうなるか、十分理解できるほど素面だったホイトは嘘をついた。客人がいるとピーターに伝えたのだ。そしてウォルドーフ・アストリアホテルに電話をし、大切な友人のために部屋を取った。優雅で居心地の良いピアノバーからピーターをエスコートし、店の外で拾ったタクシーに乗せ、運転手には九ブロック南に行き、大通りを三つ西に進んでくれと頼んだ。

ウォルドーフに到着すると、警備主任がピーターをタクシーから担ぎ出して、ガーメントバッグを持ち、フロントに案内した。ピーターは蝶ネクタイ姿で、クレジットカードを探していたと彼は回想している。直後にピーターは興奮しはじめ、警備主任の尻を触ろうと手を伸ばした。そのような行為に慣れていなかった警備主任は、ピーターに対して、宿泊客としては歓迎するが、「部屋にスタッフは付いていませんよ」と言った。

なぜピーターは上階に行って、眠らなかったのだろうか? それは誰にもわからない。彼はチェックインしなかったのだ。「ペンシルバニア駅だ」とピーターは言い、そしてホテルの外に連れ出された。ポケットベルが鳴ったため、警備主任はガーメントバッグを抱えたピーターをレキシントン通りに残した。

数十年後にホイトは、「タウンハウス」を追い出されたことを単純に忘れてしまったピーターが、次の場所を目指したに違いないと語った。

＊＊＊

五月十四日、捜査は納得できない結末に辿りつこうとしていた。まず、ピーターの妻から電話連絡が入った。直接遺体の確認をすることを辞退したいという内容だった。ピーターのアパートの捜索に参加した第一騎兵隊のメンバーが、彼女の代わりに遺体安置所に赴くことになった。翌日、検死官がピーターの遺体の検死を終えた。カール・ハーニッシュ捜査官がジェイ・マサー捜死官に事件を引き継いだ。

一週間後、フィラデルフィアの中心地から数十キロ離れた郊外のブリンマーで葬儀が執り行われた。「あれだけ優秀で才能のあった男が、なぜこのような恥ずべき死を迎えなければならなかったのだろう？」と牧師が問いかけた。「このような日は、静寂が叫びのように聞こえる」

一九九二年にマサー捜査官が定年退職を迎えると、ピーター殺害に関する捜査は未解決事件という煉獄に送られることとなった。手がかりは失われていた。ホイトにもブルックスにもアリバイがあった。ある程度の憶測はあったにせよ、ウォルドーフを去ったあとのピーターの足取りは摑めていなかった。最終的に容疑者は発見できず、疑問だけが残る形となった。バッグに付着していたのは誰の指紋だったのか？　なぜピーターの遺体はランカスター郡の休憩所に遺棄されたのか？　ホテルを去った後、彼に何が起きたのか？

一九九二年後半、ニュージャージー州警察から捜査官らに連絡が入るまで、事件は静寂を保っていた。

州警察はとある殺害事件を捜査していた。犯罪に関する情報収集のためのＶｉＣＡＰ［ＦＢＩ暴力犯罪者逮捕プログラム］から、ＦＢＩに調査表が送られ、容疑者、あるいは関係する事件がないか捜査が行われていたのだ。ＶｉＣＡＰは、性的暴行と殺害が含まれる事件に関する情報を収集する、当時結成されて十年に満たないＦＢＩの団体の通称だった。似たような犯罪が別の管轄区域で起きていないか調べるため、刑事はＶｉＣＡＰの質問状に頻繁に答えていた。

そして、類似する事件が見つかったというわけだ。

ニュージャージー州の刑事らはピーターの事件を発見して驚愕した。同じく彼らも、樽の中に遺棄された遺体を発見していたのだ。犠牲者はごみ袋に詰められていた。死亡する数日前に「タウンハウス」で目撃されていた人物だった。

数年後、ニュージャージー州の刑事が、酷似する事件を見つけたときの気持ちを問われた際の回答はこうだった。「非常に危険な人物が野放しの状態だ。我々が止めなければならない」

第三章　良い人物

一九九二年七月十日

ウェイン・ルーカーとセオドア・〝ピーウィー〟・ドイルはニュージャージー州運輸局の職員で、午前七時三十分から午後四時までのシフト勤務だった。二人は黄色い小型のダンプカーに乗って、民家もまばらで森林の多いサウサンプトン郡区中を走っていた。マンハッタンから南に二時間ほどの距離だった。

燦々と太陽の光が降り注ぐ暖かい一日は、いつもと同じように始まった。郡区の外れを西から東に横断する70号線から作業をスタートし、ルーカーとドイルはバーズミルの休憩所を目指して車を走らせていた。二人はごみ箱をいくつか目にした――二〇〇リットルサイズのドラム缶で小麦色のポリ袋がセットしてある。通常だと、多くがランチ後のごみで、空になったソーダの缶や、食べ残しのサンドイッチなどが入っている。二人はごみ袋をまとめ、口を縛ってトラックの荷台に積みこんだ。

ルーカーは70号線を南へ、次の休憩所のアプトンにトラックを走らせた。その場所でも、同じように何もかもが通常通りだった。70号線を左折して72号線を進むと、レバノン・ステイト・フォレスト内にあるバトラー・プレイス休憩所に到着する。何かおかしいとルーカーが感じたのはこの場所だった。小麦色のごみ袋もあったが、ごみ箱の周辺に積み上げられていた袋があったのだ。そのうちのひとつは白い袋で、普通のごみのような重さではなかった。72号線を東に進み、そして少しだけ南下し、ペン・ステイト・フォレストを右方向に走り、フォークト・リバー・マウンテン野生動物保護区を左に行くと、マッドシティ、そしてヘブン・ウェストといった海岸沿いの町に辿りつく。このルートは釣りを楽しむ人たちがよく利用していたので、ごみ箱には彼らの旅の途中で出たごみが入れられることもあった。ルーカーは白い袋を手にして考えた。カボチャでも入っているのだろうか。なんて重いんだ。

複数のごみ袋から血が滴っていることにルーカーが気づいたのは、この時点だった。それは珍しいことではなかったが、ルーカーは、一応、ドイルに伝えておくべきだと考えた。「死んだ魚だよ」とドイルは答え、「心配するな」と言った。

ごみ袋はすべてトラックの荷台に投げ入れられた。

ごみ処理場に戻ったルーカーとドイルは、トラックの荷台からごみ袋を下ろすと、えび茶色の大型ごみ容器に投げ入れ始めた。異様に重かった白いごみ袋がピンク色に染まっていることにルーカーが気づいたのは、その瞬間だった。待て。おかしいぞ。「普通のごみじゃない」と感じたと彼は証言している。好奇心に駆られてルーカーは袋を開けてみた。

「おい、ピーウィー」と、ルーカーは言った。「人間の頭が入ってる」

ルーカーが州警察に通報した。


数時間後、二人の清掃作業員がニュージャージー州を縦断する景観整備道路ガーデン・ステート・パークウェイにある別の休憩所で、同様の作業を行っていた。上司がトラックに座っている間に、若い男がごみ箱を空にしていた。二人は数日前に同じ場所に来ていたが、今回は黒いごみ袋がいくつもあった。ごみ箱はとにかく重くて持ち上がらなかった。年上の男が「仕方ない。ごみをまとめて、別の袋に入れよう」と言った。男が最初のごみ袋を二〇〇リットルのごみ箱から引っぱり上げた時だった。袋が破れ、脚が出てきた。見たところ、人間の脚のようだった。

「やべえ」と、彼は上司に言った。

＊＊＊

殺人事件捜査を率いるニュージャージー州警察重大犯罪課のマシュー・キューン刑事に連絡が入った。八年の経歴を持つキューンは、巡査部長から兵舎まで呼び出しを受けた金曜日は非番だった。**レッド・ライオンに向かえ。**レッド・ライオンとは、州の多くの管轄区域を担当するC部隊の一部で、南部のオーシャン郡もそれに含まれている。キューンは規則を守る男と評判で、見せかけの手がかりに惑わされる人物ではないと目されていた。しっかりとした顎にウサギのような鼻をした彼は、二人の娘とニュートン湖の静かな環境で、アヒルやカモメに餌をあげることに喜びを感じるような男だった。騒がしい男ではない。同僚は「冗談さえ言わない男だ」と説明した。

キューンの部下がごみ袋の中身を調べた。最初に見つかったのは頭だった――ぼさぼさのモップのような白髪が散らばったような状態だった――第四頸椎のあたりで声帯を含め完全に切断されていた。脊髄が見えた。切断された声帯、脊柱管、脊髄が通る脊椎骨。二つ目の白い袋には赤い引き紐がついていて、中には肩の関節で外され、バラバラにされた両腕と、十センチ角の皮膚片が入っていた。三つ目の袋には、体内から引き出された状態の腸と、血糊の付いたストライプのシャワーカーテンが入っていた。血液の付着した手術用手袋、キングサイズのベッドシーツはリズ・クレイボーン社の製品で、黒い直毛が四本残っていた。四つ目の黄色い引き紐つきの茶色いごみ袋には――胸部、胴体上部、そして腹腔の一部――へそのすぐ上で切断された上半身が入っていた。次の五つ目のごみ袋には下腹部、骨盤が入っていた。六つ目のごみ袋には、大腿骨で切断された両脚が入っていた。

バラバラにされた遺体の他に、「お買い上げありがとうございます」と印刷された茶色いポリ袋を刑事は見つけた。前の週の日曜日に発行されたニューヨーク・タイムズ紙のニュージャージー面、ニューヨークのタブロイド紙、ポストとデイリー・ニュース紙が吸い取り紙として切断面に当てられていた。刑事の一人は考えた。**どっちも読むって、一体どんなやつなんだ?**

キューンにとっては、まったく驚きではなかった。三年前、女性の頭部がニュージャージー州にあるゴルフコースの七番ホールで見つかったことがあるからだ。両足は八十キロ北の川で発見された。ロングアイランド出身のシリアル・キラー、ジョエル・リフキンの最初の犠牲者だった。

今回の犠牲者の解剖は、ニューアークの少し肌寒い部屋で行われた。普通のキッチンとは違い、広く、必要最低限のものしか置かれておらず、何台もの鉄製のキャビネット、鉗子、手術用メス、ハサミ、ステンレス製の定規、そして臓器を洗浄するための水切りボウルがあった。検死官には、六つの小さな袋の入った、プラスチック製の遺体袋が渡されていた。中身をすべて取り出すと、それが一人分の遺体となる。

検死は頭部から始まった。検死官はうなじ部分の皮膚の欠損を観察した。欠損した皮膚片は別の袋に入っており、噛み跡のように見えた。下へ進み、胴体部分を調べる――残りの遺体と同じく、光る金属製のテーブルの上に注意深く並べられていた――彼女は傷を調べていった。左の乳首下に一ヶ所、十センチの深さで心臓まで達する傷。二ヶ所目の傷は腹腔に達していた。左腹部に三ヶ所目の傷があった。すべて刺し傷だった。周囲の軟部組織の内出血状況から、死亡前の外傷と判断できた。被害者は刺された時点では生きていたのだ。

肩から肘に繋がる上腕骨の上部が残っていた。腕は注意深く関節から外されていた。乱暴に切り刻まれたわけではない。こんなふうに腕を外すのは、非常に器用な人間にしかできないことを彼女は知っていた。多くの靱帯と繊維を切断し、上腕部を肩にしっかりと固定する分厚いカプセルを切断するのは、骨を切断するよりずっと困難だ。誰かは知らないが、これをやってのけた人物は強靱な肉体と自信、そして解剖学の知識があるはずだった。

手首にはロープあるいはひもで拘束された跡が残っていて、比較的新しい皮下出血があった。これは男性が拘束されていた証拠だ。これも、彼が生存している時に行われた。検死官は、被害者の死因は、心臓、肺、腸間膜、そして胃に到達する胸部と腹腔への刺し傷だと結論づけた。心臓に到達した刺し傷は不整脈を即座に引き起こし、心臓を内包する心膜に出血を起こして、結果として即死を招いた。

一週間後に出た薬物検査の結果によれば――アルコールやドラッグの使用を調べるもの――遺体のアルコール血中濃度は〇・二三〇パーセントで、法定基準値の〇・一〇パーセントをはるかに上回る数値だった。

ごみ処理場で発見された男性の氏名は疑いようもなかった。二つの白いごみ袋を開封した際に刑事たちが、挽回(ひきまわし)ノコだけではなく、マサチューセッツ州サドベリー在住トーマス・リチャード・マルケイヒー(五十七歳)のブリーフケースと財布を発見したからだ。

検死が行われる前の段階ですでに、刑事たちはトーマス・マルケイヒーの死因と遺棄について、事件の核心に迫る仮説を立てることができていた。キューンはトムの手首、足首、そして膝に残された索痕に気づいていた（検死官の女性は両脚の太腿にも索痕を認めていた）。男性はまるで「家畜のように」拘束されていたのではとキューンは後に推測することとなる。関節を切り離す際の傷跡から、刑事たちはある意味、性差別的な仮説を立てた。加害者はたぶん男性で――なぜなら関節離断術には相当の力が必要だから――医学的知識を有しているはずだ。関節の離断にはそれ相応の技巧が必要になる。体の一部が二重に袋に入れられていたこと、結び目が二重になっていたことからも、この見解は現実味を帯びた。

関節離断術は事件発生現場について別のかすかな手がかりも与えていた。関節から骨を切り離すには数時間かかり、そのような施術には隔離された場所が必要だ。これは二人の刑事がニューヨーク州コムストックにある重警備刑務所に行き、母をロシア人の売春婦呼ばわりした男性を撃ち殺した犯人に取り調べを行った際に判明している。男は死体をバスルームまで引きずっていき、そこで解体作業をした。ピザを食べるために数回の休憩を挟みつつ、合計六時間かかったと男は話したのだ。

明らかに加害者は、あるいは加害者たちは、順序だった作業を行っている。遺体の部位は切断され、洗浄され、二重に袋に詰められていた。整然と行われた作業だと刑事たちは思った。遺体には倒錯的処理が施されていたからだ。数年後、「紙コップ一杯分の血も残っていなかった」と刑事が言ったほど、完璧なまでの血抜きが行われていたのだ。ベテラン刑事はその正確さに衝撃を受けた。今まで一度も見たことがないような作業だった。「切断面がとてもきれいだった。ギザギザな部分など一切なかったんだから」

この男性がどこで殺害されたにせよ、休憩所ではなかったはずだ。そこは第二の犯罪現場だ。もっと雑に言えば、ごみ置き場だ。第一の犯罪現場がわからないことが、捜査官たちにとっては捜査の障壁となった。このような現場からは、タッチDNA〔触れたりした後の物体に残っている皮膚細胞や足跡など、非常に小さなサンプルから採取されるDNA〕、髪の毛、そして精液といった体液や唾液が採取される。それらのすべてが容疑者へと繋がっていく。実際、このような殺害の証拠の不足が殺人者にある種の自信を与えているのではとキューンは考えていた。加害者は自信たっぷりだ。それを示すように、被害者の身分証明書を捨てることさえしなかった。「トーマス・マルケイヒーとの接点など、決して自分に繋がらないと犯人が考えていたふしがありました」と、数年後にキューンはインタビュアーに語っている。

加害者の潔癖さが、血の凍るような別の推測を導き出していた。この行いをした者は、過去にも同じことをしている可能性が高いということだった。

＊＊＊

マーガレット・マルケイヒーは不安だった。七月九日木曜日で、結婚して三十年になる夫は夕食の時間までに帰宅するはずだった。最後に二人が会話したのは二日前のことだった。不安を抱いてはいたものの、彼女は待ち続けた。しかし十一時頃になって、心配が募り、我慢ができなくなって、「バービゾン」に電話をした。東63丁目にあるネオ・ゴシック建築のホテルで、マンハッタンに滞在する際にトムが利用していた。彼が大好きなラジオシティ・ミュージックホールとレインボー・ルームまで徒歩十五分という便利な場所にあった。彼女はホテルの従業員にトムの部屋を見てきてくれないかと頼み、従業員はそうしたが、彼の衣類しかなかった。チェックインはしているが、チェックアウトはしていないと従業員は告げた。次に彼女はトムの同僚に連絡を入れた。トムがサドベリーに戻ってきていないと聞いた同僚は驚いた。最終的にマーガレットはニューヨーク市警察に電話を入れ、地元の警察に行方不明者として届け出をするよう言われたのだった。

翌日、ますます不安を募らせたマーガレットはサドベリー警察署に車を走らせた。出張に出ていた夫が戻るはずの日に戻らなかった。すぐに報告書が作成されることはなく、マーガレットは、待つよう指示された。「理解できませんでした」とマーガレットは証言した。「なぜ待たねばならないのって」

この数分前にサドベリー警察署にニュージャージーから一本の電話がかかってきていた。トムは実際のところ、行方不明になってはいなかった。あと二週間で五十八歳の誕生日を迎えるはずだった夫が殺害され、高速道路脇に遺棄されていたとマーガレットが知ったのは、こういった経緯だった。

マルケイヒー一家がトムの死を知った数時間後、十八歳の娘トレイシーは理解しがたい行動に出た。父が撃たれて命を落としていますようにと祈ったのだ。「理由はわからないけれど、それが最も短時間に、痛みがなく命を落とす方法だと思えたからです」と彼女は言った。「より人間らしいって思ったから。まるで殺人が人間らしい行いかのように」。トムの身元が確認され、遺体が切断されていたと刑事がマーガレットに告げたのは、数日後のことだった。トレイシーは詳細を地元紙の報道で知った。

マーガレットは悲しみに暮れながら葬儀の準備を進め、刑事たちは手がかりを探すためにトムの人生を洗いざらい調べはじめた。彼のビジネス記録や必要経費の詳細などを入手した。過去五年間で彼が訪ねたニューヨークの場所に、すべて足を運んだ。トムが訪れた場所で、刑事たちは彼の写真を見せた。

最初は彼の仕事に焦点を当てていた。それが彼の人生のほとんどすべてだったからだ。マサチューセッツ州ビレリカのコンピュータ会社「ブル・HN・インフォメーション・システム」に一九六〇年から勤務していた。同社の前身であるミネアポリス・ハニーウェル社に雇用されたトムは出世街道を歩んでいた。一九六八年発行の大学のニュースレターには、彼が国際部門のトップに昇進したと記されている。過去十五年は、国外での販売に力を入れ、パリのグローバル拠点を含む遠方への出張も多かった。

「彼は、すべてが偉大で、すべてが素晴らしいという人生観を持っていましたね。典型的な、前向きなタイプのアメリカ人でした」と、訪ねてきた刑事から彼の死を告げられた欧州人の同僚は言った。「悪口なんて言いませんでした。欧州出身の私からすれば、誰かを批判するなんて日常茶飯事だけれど、彼はまったく逆のタイプでしたよ」

トムとマーガレットは結婚して三十年で、子どもが四人いた。トムは、どう考えても、成功者だった。よき父であり、隣人や同僚と仲がよかった。子どもたちに対してはあっさりとした態度だったが、温かく、愛情深い父親だった。親として、彼はしつけにあまり興味がなかったようだ。マルケイヒー一家の近所に住む男性は彼について「普通の隣人だった」と証言した。その年の春、「庭にたくさんの一年草を植えていますね」と、トムに声をかけたことがあったそうだ。

刑事たちはアイルランド系カトリック教徒のトムが、男性を好むことを突き止めていた。出張に出るときは、余分に一日滞在して、ゲイバーやクラブを訪問していたのだ。これについては、マーガレットには驚きではなかった。一年前、彼の衣類をクリーニングに出そうとしたマーガレットは、ポケットのなかにあったゲイバーの広告を見つけていたのだ。これは二人が結婚生活についてのカウンセリングに赴いた際の話題となっていた。

数年後、トムの死を取り巻く状況が、彼に対する自分の気持ちを変えたかどうか、娘のトレイシーは考えてみたそうだ。彼は幸せな人だったと断言できる。ありふれた人ではなかった。

友達の父親たちと比べても、彼は桁外れに国際的だった。諸外国を飛び回り、楽しんでいた。父にとって出張は、別の人生を生きるようなものだったのではないか。酒を飲み、パーティーを楽しむ。「父は、表に出せない人生の一部を生きることができたのだと思います」

トレイシーが小学生の頃のトムとマーガレットは、夜ごと数杯のワインを楽しむような生活を送っていた。しかし、トムに一線を引いたのはマーガレットだった。彼はアルコール依存症だと告げたのだ。トムはアルコール依存症者更生会に行き、マーガレットは、アルコール依存症患者の家族や友人を支援する、匿名アルコール依存症者の家族の会に出席した。成長したトレイシーは、父がウイスキーが好きで、飲み過ぎて、酔って帰宅していることに気づくようになった。

マーガレットにとって、家庭を上手に切り盛りしていくことが徐々に難しくなっていった。一九九二年までに、トムの飲酒は問題となっていた。そのうえ、男性への興味も明らかになった。両親が何らかの問題を抱えていることに、子どもたちも気づいた。トムに罪悪感を抱かせているのはマーガレットだと子どもたちは感じていたが、その理由はわからなかった。問題全体を理解することができなかった子どもたちは、母親を一方的に批判した。トレイシーには「母が父を惨めな気持ちにさせているように思えたんです。でも背景にある理由はわからなかった」。

トムが発見されると、マーガレットはニュージャージー州の刑事たちに直接会いたいと申し出た。ローガンからフィラデルフィア国際空港までやってきて、州警察がゲートで彼女を出迎えた。マーガレットは空港近くの兵舎で、二人の結婚生活の問題について刑事らに語った。トムは出張に出ると頻繁にゲイの集まる店に立ち寄っていたと彼女は証言した。そして彼の友人数名と、仲間の名前を告げた。「捜査の助けになるなら、どんなことでも伝えようとしてくれていました」と、キューン刑事は回想している。

＊＊＊

トムの母親のメアリーは一九二〇年にアイルランドからボストンに移民としてやってきた。二十三歳だった。一九三四年七月二十四日、当時三十代だった彼女が授かった一人息子が、トーマス・リチャード・マルケイヒーだった。生まれたのは、ボストン北西部に位置する労働階級者の居住地域ブライトンだ。同じくトーマスという名の夫は息子が三歳の誕生日を迎える前に肺炎で死亡した。メアリーは教育を受けたことがなく、他の移民と同じく、単純労働に従事していた。ボストン郵便局の床磨きだった。一九三七年に彼女が提出した帰化申請書には、職業欄に「奉公人」とある。

一人でトムを育てながら、家から家、家族から家族へと渡り歩くような生活だった。ハイドパーク、マッタパン、ウェスト・ロックスベリー、ロスリンデールといった、地理的にも、そして強い意志により、俗世間から離れたアイルランド人居住区に暮らしていた。

金銭には困っていたが、メアリーは教育を優先した。アイルランド人の子どもにとって最高の教育を受けられる場所はボストン・カレッジ高校だった。ロスリンデールからサウスエンドまで、五セントを払って延々とバスで通う。現在では四十エーカーもの敷地にある本校だが、一九四八年当時、教室は治安の悪い地域のアパート内にあり、そこで授業が行われていた。この年の一月に、パトリック・キャンティという名の老人が、走行中の車から放り出され、死亡するという事件が発生している。四月には、十七歳のアーサー・マクギバリーがコーニング通りにある自宅アパート内でドロシー・ブレナンを口論の末、刺殺した。アーサーは彼女の死体をフォートポイント運河に遺棄した。「路上生活者の多い地域でしたね」と、トムの同級生は証言した。「金を無心する気の毒な人たち、そしてアルコール依存症者です」

一九五〇年、サウスエンドから抜け出そうと、学校は未開発エリアにあるドーチェスターの建物に移転した。神父はその地を「荒涼とした場所」だと説明した。数年前、授業料が百五十ドルに値上げされ、ほとんどの親は、メアリーを含め、支払いに苦労した。しかしそんな状況でも、学費は価値のある投資と考えられていた。生徒には厳しい教育が約束されていたからだ。退学させようと目論む黒いローブを羽織った神父に、ラテン語、ギリシャ語、そして英文学を叩き込まれ、それに耐えた同窓生たちは固い絆で結ばれた。ボストン・カレッジ高校を描いた小説のなかで、とある教師は「イエズス会による教育の現場に、心の弱い人間の居場所はない」と綴っている。

習慣によるものなのか、それとも自衛本能なのか、教室の外にもすさまじい学問への意欲は広がり、フットボールの試合中にスタンドに座りながらも生徒たちは宿題をしていた。結果、生徒の中から司教、大学の学長、判事、アメリカ軍最高司令官まで輩出するようになった。

しかしこのように極端な教室内部では、立ちこめる暗雲もまた目を見張るようなものだった。一九五二年のクラスは、カトリック教会史のなかで最も重大なスキャンダルを引き起こすこととなる。明るい目の色をした笑顔の少年が写る写真の横には「クラスの中で最も明るいジムは、忌憚ない物言いと誠実さで誰からも知られる存在だ」とある。そして、

ミンストレル・ショー［黒人に扮した白人による大衆演劇。アメリカで十九世紀中頃に盛んだったが、世紀末には衰えた］愛好家。ニューヨークとコネチカットにおいて、自らのチームで野球に打ち込む。次は博士号だ。

「ジム」とは、ジェイムス・ポーターのことで、一九五九年に司祭として叙階、翌年、マサチューセッツ州ノースアトルボロにある聖メアリー教会に赴くこととなった。グローブ紙によると、ポーターはここで「多くの少年と少女の体を触り、暴行し、ソドマイズ［オーラルセックスや肛門性交など］した」。十年後の、時すでに遅しという段階になってようやく彼はパウロ六世に手紙をしたためた。「わたくしは小教区の少年の一部と同性愛の関係にありました」と告白し、還俗［聖職者がその権利

を剥奪され、俗人となること」を願い出たのだ。

一九九三年にポーターに対して懲役刑が言い渡された。ボストン・カレッジの彼の同窓生が枢機卿バーナード・ロウを訪ねると、彼は不祥事を起こしたポーターを「異常者」と呼んだ。確かに彼は異常者だったが、それでは足りなかった。

ジョン・ブレンダン・マコーマックも同じく一九五二年の卒業生で、ロウ枢機卿のもとで人事担当長官として勤めていた。その職にあった際、マコーマックは性的不正行為を行ったと告発された神父のことは耳にしていた。そのうちの一人が、悪名高きジョン・ゲーガンだった。多くの証言によると、マコーマックはこの訴えを深刻に受け止めなかった。一九九四年、ボストン大司教区では「神父たちが数百人もの子どもに性的虐待を加えたとして、苦情が殺到している」と、グローブ紙が伝えた。マコーマックは告発された一〇〇名以上の神父達の身元を教区民から隠匿した。

この出来事はやがて国を揺るがす大スキャンダルとなったが、最初は地元の恥というだけだった。ボストン地区のカトリック信者は教会の無為に震え上がり、最後の手段として「ヴォイス・オブ・ザ・ピープル」と呼ばれるグループを立ち上げ、教会が自らを正すことを促そうと各教区が一致団結した。サドベリー教区グループの委員長は、とあるミーティングでマーガレット・マルケイヒー（ケイシー）に出会うまで教会に嫌気が差して離れていたトムとは、ボストン・カレッジの同級生だった。

いいやつだったという以外、トムは同級生たちの記憶に鮮明に残るタイプの人物ではない。サウスボストンにあるアパートの三階からボストン・カレッジに通学していたウィリアム・マイケル・バルジャーの記憶には、トムは残っている。卒業アルバムには、彼の政治家としての資質が見える。クラスメイトのバルジャーは、トムについて「クラスと教師を必ず笑わせる男」と書いている。集合写真の撮影では、ほとんどの男子生徒が撮影者の肩の向こうにあるものを見つめている。それなのにバルジャーは、わずかに頭を傾け、カメラを真っ直ぐ見つめている。

一九六〇年代後半、バルジャーと妻のメアリは、ケイプコッドのマシュピーにある、マルケイヒー家の近くに家を借りた。バルジャー自身はマサチューセッツ州の下院議員を約十年にわたり務めたが、一方で兄はボストンギャングの大物だった。

「トムは本当にいい人ですよ。好意的に思っています」と、二〇一八年十月、兄が刑務所で暴行を受け死亡する一週間前にバルジャーは語っている。「その逆を言う人が出るはずがない」

それが総意だった。トムは打ち解けない人でもなく、個人主義者というわけでもなかった。彼の優しい青年だったが、友情が育まれるとされるスポーツや課外の活動には無関心だった。彼の卒業アルバムには、からかい混じりでこう書かれている。「毎朝、野球、フットボール、そして水泳を楽しむ。得意科目はラテン語」。どれも真実だったとは思えない。授業が終わると、トムは真っ直ぐ家に戻っていたからだ。

同級生の誰一人としてトムがゲイではないかと疑っていなかった。その言葉の意味すら理解していなかったからだ。キャンパス内では同性愛の認識が一切なかったと彼らは証言している。「誰かが……なんて言ったらいいかわからないけれど、ホモっぽく見えるときってありますよね」とバルジャーは言った。「それには気づきますよ。ただ、そこから先、何かに結びつけることはなかったと思います」。同性愛の話題は教室内で積極的に取り上げられることもなかった。神父らが同性愛について取り扱ったとしても、それはその議論を避けるためにそうしたというまでのことだろう。

子どもたちが家庭内でクイアの生き方について学ぶ機会はなかったし、両親、あるいは地元の雑誌などからその知識を得ることもなかった。マッタパン、ウェスト・ロックスベリー、そしてロスリンデールでゲイやレズビアンであることは、孤独に生きるということだった。バーやクラブといった施設はなく、十二、三キロ先のベイヴィレッジやビーコン・ヒルまで出かけ、「ナポレオン・クラブ」、「プレイランド」、「パンチ・ボウル」、そして「ジャック」といった場所に行くしかなかった。絶望の末、地下鉄のトイレさえ彼らの行き場となった。一九六〇年代中盤まで、公衆トイレは「地下鉄野郎共」と呼ばれた彼らにとって、出会いの場所だった。トイレ内部に入り、ドア横の棚に五セントを置けば、セックスの相手ができるというサインだった。

このようなやり方は必要だった。プライベートなパーティーであっても安全ではなかった。一九四五年三月、バックベイで行われていたハウスパーティーに警察が駆けつけた。それほど騒々しかったのだ。「みんな踊り狂っていたし、体を寄せ合って、キスしてたんです」と、参加者が証言している。私服警官がパーティーに潜入し、大騒ぎしていた数十人が、チャールズ・ストリート刑務所に連行された。裁判が行われ、道徳に関する罪に問われ有罪となった彼らは、すべてを表沙汰にされた。結果として、街のゲイたちはハウスパーティーを派手にできなくなった。

真に安全な場所などなかった。ボストンのゲイバーやクラブはゲイの避難所になるどころか、頻繁に警察に踏み込まれた。[*1] プライバシーなど考慮されなかった。ストレートのフレデリック・シブリーによって発行されたサウスエンドのタブロイド紙ミッド・タウン・ジャーナルは、キスをしただけのトランスジェンダーの逮捕について報じている（ヘッドラインは「ブッチの狂乱が警察を混乱」）。特筆すべきは、シブリーが機会均等の敵対者だったことだ。ボストン・カトリック教会は、このタブロイド紙を廃刊に追い込もうとし、失敗している。

ミッド・タウン・ジャーナルは、逮捕されたクイアの人々の名前を、悪意を持って掲載していた。一九五三年、十九歳のジョージ・マンスールがベイヴィレッジで開かれたパーティーに行った。彼が船乗りにオーラルセックスをしていたまさにその時、警察が踏み込んだ。後に有名な映画番組編成者となるマンスールは、十代の早い時期から自分がゲイだと認識しており、ドアの横の棚に五セントを置いてセックスパートナーを探し、男性とセックスをするようになっていた。姉の夫もその相手だった。太った子どもだった彼は、「マッシュポテトよりちんぽを食べたほうがいい」と決意し、体重を減らした。シブリーによるスキャンダル紙には、このパーティーの事実と異なる模様が記載されていた。卒業生総代だったマンスールは、ボストン大学に入学が決まっていた。新入生が不道徳な行いで有罪判決を受けたと知った大学は、マンスールの入学を取り消した。

＊＊＊

ジョージ・マンスールとは違い、トムは学業優秀というわけではなかった。最高学年では、英語とラテン語の作文で八十点から九十点を取ることもあったが、成績自体は下降した。結局、クラスの下位四分の一の成績に甘んじることになった。それでも、イエズス会による教育を継続することを望む生徒が集結するボストン大学に、トムは入学を果たしたのだ。

注1：ボストン市内のマフィアが街のゲイバーに金銭的利害関係を求めているという根強い噂が存在しているが、『ブラック・スキャンダル』の共同著者であるディック・レイアは「申し訳ないが、君が探している証拠は見つけられなかったよ」とメールをくれた。

緑に囲まれたチェスナット・ヒルのキャンパスで過ごした四年間、トムは心理学を専攻した。スペイン語アカデミー、心理学クラブ、弁論部に参加するなど、課外活動に入れ込んだ。

心理学クラブのモデレーターはジョセフ・コーテラ博士だった。医療現場における同性愛者の受け入れ、対処という観点で言えば、彼は暗黒の時代に医療に携わっていた人物だ。

トムが高校を卒業した年、アメリカ精神医学界は『精神疾患の診断・統計マニュアル』第一版を出版し、その中で同性愛を「反社会性パーソナリティー障害」と定義した。一九六八年に出版された第二版では、同性愛を「性的逸脱」と再定義した。同性愛が障害だと定義されると、心理学者らは自然にその治療を行うことを希望し、多くのケースで転向療法が行われた。コーテラ博士がこの療法の提唱者だった。一九六七年、彼は「潜在的感作」という論文を発表し、その中で転向療法を「不適切な接近に対する新療法」だと約束した。この不適切な行いには、飲酒、盗難、そして同性愛が含まれていた。コーテラ博士はゲイの人々の治療にあたるセラピストたちに、とある台本を患者に受け入れさせるよう促した。「体中がかさぶたに覆われ体液がにじみ出た、悪臭を放つ裸の男性」と一緒の部屋にいると想像せよという内容だった。患者は、同性愛を悪臭や傷と関連づけるよう条件付けされ、それとなく、異性愛は「とてもきれいな空気」やシャワーと同等のものとほのめかされた。[*2]

自分のセクシュアリティに気づいていたとしても、トムは誰にも打ち明けなかっただろう。同性愛は、「あの時代、とんでもない汚名でしたよ」と、トムの同級生は証言する（実際のところ、その十年後、街のゲイの男性たちは、後にアルバート・デザルボが犯人とされた悪名高き絞殺事件への反応として、理由もなく標的にされたのだ）。ボストン大学でのゲイの暮らしは、ひた隠しにされていたに違いない。どのようにしてトムがその状況に対処したのか、誰も知らない。しかし、トムの人生の大半を知る同級生がヒントを与えてくれた。「僕らは全員、ボストン大学で飲んだくれていましたよ。飲酒は国技みたいなものだった。マルケイヒーは最高の仲間と飲んでいたんです」

＊＊＊

トムとマーガレット・メアリー・ケイシーがボストン公共図書館で出会ったのは、一九五〇年代中盤のことだった。マーガレットはラドクリフ大学の学位を持つ教師で、十代の頃から図書室で働いていたトムは非常勤の下級助手だった。しかし、時給七十セントの安定した仕事で、大学に進学してからも継続して働いていた。出会ってすぐに二人は交際をはじめた。

大学卒業後、トムはブロンクスにあるフォーダム大学で心理学の研究を継続させた。キャンパスから数ブロックの場所に居を構えた彼は、空き時間に映画俳優やショーガールたちが常連

注２：コーテラのゲイに対するこの信念が学内に広められていたのかははっきりしない。

として通うナイトスポット、「ストーク・クラブ」で働いた。クラブにとって、激動の時代と言える時期だった。オーナーのシャーマン・ブリングスレーは、反ユダヤ主義者で、以前は酒の密造をしていた人物だった。一九五七年、商売を始めて三十年ほどが経過した時点で、労働組合が従業員を組織化しようとした。十年前にも同じ取り組みをして失敗したが、今回は事情が違っていた。労働組合のない「ストーク・クラブ」は同業の中でも孤立した存在だった。オーナーは意地を張ったが、多くの従業員が店を去った。

　クラブにとって大ダメージだったことが、トムにとっては好都合だった。ブリングスレーは部下をフォーダム大学に出向かせ、代わりとなる従業員をスカウトさせた。大学院生だったトムは、ウェイターとして雇われたのだ。ロイ・コーン〔反共主義者として知られる弁護士。トランプなど大物を顧客にもつ〕やガボール三姉妹〔元祖ハリウッドセレブとも言われる女優姉妹〕といった有力者たちをもてなすための「ストーク・クラブ」の特別室「カブ・ルーム」で、白いジャケットに黒いボウタイを身につけ、週に六日働いた。そして大金を稼いで家に戻った。「本当にいいやつだった」と、店の同僚は証言している。あまり積極的な性格ではなかったけれど、人々はトムに惹きつけられた。社交的で紳士的で、特に女性とはうまが合った。「とにかく女性はマルケイヒーに夢中だったよ」

　この間も、トムは頻繁にボストンにフェリーで戻り、マーガレットに会っていた。一九五八年十月十一日、付き合って数年後に二人は結婚した。ボストン・グローブ紙の社会欄が、この日、二人が結婚式を挙げ、バージン諸島へのハネムーンに旅立つ予定だと報じた。新婚の二人はハネムーンから戻ったら、国道128号から車で十五分の距離にあるマサチューセッツ州コンコードに住む予定にしていた。

一九五〇年代終盤、ボストンの一一〇キロに渡る高速道路である国道128号沿いは、急成長を遂げるコンピュータ関連企業がひしめくエリアだった。「魔法の半円（マジック・セミサークル）」とビジネスウィーク誌が呼んだこのエリアは、成長し続け、最終的に四車線から六車線に拡大された。一九五七年までには、国道沿いに九十九社がひしめき合い、何千人もの従業員が働いていた。そんな会社のひとつがハニーウェル社だった。レイセオン社との提携後は、大型コンピュータを専門に扱う企業となる。ボストン大卒の学生を歓迎していたハニーウェル社は、一九六〇年、トムを雇った。[*3]

＊＊＊

刑事たちは、ウィリアム・オブライエンのおかげで、トムの職歴をある程度は知っていただろう。オブライエンは、三十二年後にブル・HN・インフォーメーション・システムズと名称

注3：報道により、トムが採用された年は、一九六〇年、あるいは一九六一年かで分かれている。どの記事も彼の職務の詳細には触れていない。

を変えたこの会社を退職したばかりだった。マシュー・キューン刑事がトムの最期の日々を理解できるよう協力してくれたのだ。

一九九二年七月八日水曜日の朝、トムとオブライエンは、ワールド・トレード・センター第一ビル九十二階のデロイト・トウシュ社オフィスで、二十人の社員を相手にセールス・プレゼンテーションを行っていた。十年来の友人であるオブライエンに参加してもらったのは、トムのはからいだった。ブル社におけるオブライエンの主要な取引先は巨大な会計事務所で、その役員たちが新しいテクノロジーを求めてトスカナから来ていたのだ。彼らは、トムだけでなく、地元の企業やその代表者たちと順番に会合を開いていた。「お願いがあってね」と、トムはオブライエンに言った。「ニューヨークに来て、僕のためにプレゼンをしてくれないか」。オブライエンはニュージャージーからニューヨークにやってきた。

プレゼンテーションは午前中いっぱいかかったが、結果は上々だったので、トムとオブライエンは一ブロック歩いて「エドワード・モラン・バー&グリル」に行き、三時間かけてランチを楽しんだ。「いつも通りでしたよ」と、オブライエンは証言した。いつもの通りとは、普段通りの、明るく、楽天的な様子に変わりなかったという意味だ。海老のプラッターを分け合い、ビールをたらふく飲んだ。オブライエンが刑事に言った通り、二人は「へべれけに酔っ払った」そうだ。

午後三時、トムは友人に感謝を伝え、これからも連絡を取り合うことを約束した。オブライエンは帰宅し、トムは次のバーへと向かった。

＊＊＊

刑事たちはすでに「タウンハウス」に目をつけていた。ピーター・アンダーソン殺害事件の捜査で浮上していたからだ。事情聴取を行うために刑事たちがバーに赴くと、常連客らは身構え、話をしようとはしなかった。「ホモセクシュアルのコミュニティは、私生活を語ることを避けていましたね」と、キューンは回想する。

そんな状況をものともせず、刑事はダグラス・ギブソンを探し当てた。ブロンドの髪と青い瞳。ブルックス・ブラザーズのスーツを着こなす二十代のギブソンは、ペンゾイル社の広告担当だった。「タウンハウス」には、一九八九年のオープン当初から通い詰める常連だ。ドレスコード、豪華なソファー、油絵が飾られたその場所を、彼は鼻持ちならない店だと思っていた。決して気に入っていたわけではないのだが、同じブロック内にアパートを所有していた。それに、彼が長年抱いてきた年上の男への憧れに、火をつけたのがこの店だった。彼の好みは、中西部出身で、平凡な白髪の六十代男性だった。最高の筋書きでいけば、司会者でコメディアンのジョニー・カーソンだろう。しかし実際のところ、この誠実でリベラルな民主党支持者であるギブソンは、「絶対に相容れない」はずの共和党支持者にばかり惹かれたのだった。

トムとギブソンはこの日の夜に共通の友人によって引き合わされた。十時三十分頃のことだ。三人は少し話をした。そして、まさしくトムのような男性に惹かれるギブソンのために気を利かせて、友人は席を外したのだった。ピアノがメロディーを奏で始めると、ごった返す常連客たちに囲まれながら、二人はニューヨークについて、ボストンについて、レッドソックスについて、そしてヤンキースについて語り続けた。既婚者、離婚経験者、あるいは妻と死別した男性を好むギブソンは、既婚者のトムに強く惹かれた。彼はニューヨーク在住ではなかったが、建前上は、いつでもビジネスのために来ることができる。付き合わなくていい。ましてや、誓約なんて必要ない。完璧だ。ギブソンは、きっとその夜、トムを家に連れ帰るだろうと考えた。

まったく対照的な二人だった。三歳からゲイであることを隠さなかったギブソンは、空軍基地に住んでいた子どもの頃から男性と寝ていたが、一方でトムは自分がゲイであることを隠して生きてきた。二人の境遇に違いはあるにせよ、バーで立ち話をしている限りは、互いに惹かれ合っているとギブソンには思えた。しかし会話が進むにつれ、トムが自分の肩越しに誰かを盗み見ていることにギブソンは気づく。ピアノの側に立つ男性がいた。ギブソンはその人物を五年前から目撃していたが、話をしたことは一度もなかった。一七八センチぐらい、濃い茶色の髪をした、平凡な男だった。

もちろん落胆はしたが、理不尽なことではない。「ニューヨークには一晩しかいられないんだ」とトムは言った。

前にもこんなことがあったし、今回もそうなのだろうとギブソンは自分を納得させた。思いやりのある立ち去り方をした。もし誰も見つからなかったら、また戻ってくればいい。ギブソンは「僕は『お人好しクラブの会長』だって責められるんだよ」と言う。「僕以上の男なんて見つかりっこないよ」と彼はトムに言い、「さあ、遠慮せずに行きなよ」と付け加えた。ギブソンはスピーカーから現代音楽が流れる下の階のバーまで歩いていった。一杯だけ飲んだ。たぶん二十分。ギブソンが上の階に戻ると、トムと例の男性が会話していた。ギブソンは二人をまじまじと見つめ、トムは小太りでずんぐりとした男が好きなのだと記憶した。

ギブソンは次の一杯を飲みに下の階へ。再び上の階に戻ったときには、二人は消えていた。二日後の早朝六時に、第十七管区の刑事たちがギブソンの自宅ドアをノックした。トムと最後に一緒にいた人物である彼は、第一容疑者だった。刑事が彼を署まで連行した。「殺人」の容疑だ。ギブソンはトムが死んだと聞き、呆然とした。しかし、刑事が誰について話をしているのか、最初はわからなかった。なぜなら、彼は社交的な男だったからだ。一体、**どの男の話？**

彼を救ったのは、トムが店を出てから閉店時間まで、自分が店にいたことを「タウンハウス」のバーテンダーたちが証明してくれたからではないかと推測した。ギブソンが車を所有しておらず、ニュージャージー州まで車で戻ることが不可能だった状況も、ギブソンに味方した。

殺人事件の後、ギブソンはトムに対して最初に抱いた印象を思い起こしていた。生き残った者の罪悪感というわけではないが、**俺がもう少し粘っていればよかった、**と。

＊＊＊

警察がトムの殺人について捜査を開始したとき、マーガレットは、遅かれ早かれ、子どもたちが父の秘密に気づくだろうと考えた。彼女は、つい最近出会ったばかりのセラピストのもとに子どもたちを向かわせた。子どもたちは父親が男性に惹かれていたという事実を知った。

トレイシーの反応は、「**それは理解したわ。だから殺されたの？**」というものだった。彼女自身が新聞で読んだ記事よりも、納得できる理由に思えたからだ。例えば、ギャンブルについての話だ。トムがアトランティック・シティーに行った可能性があると刑事はある記者に話した。ギャンブルの借金が理由でトムが殺されたと刑事らは推理したのだ。しかし、トムの遺体が五十キロも離れた場所で見つかる理由とは言えなかった。いずれにせよ、刑事らはすぐさまその線を捨てて、グローブ紙に対してアトランティック・シティーでトムがギャンブルをした記録はないこと、「彼の財政状態には全く問題はなかった」と語った。

トレイシーは、父には少しおかしなところがあったと考えはじめた。突然、父のことが理解できるようになった。彼は古き良きハリウッドと『ラ・カージュ・オ・フォール』［一九七三年作のフランスの舞台劇］が大好きだった。ショーで演奏される楽曲が好きで、特に『コーラスライン』はお気に入りだった（ボストンで上演された『シアーマッドネス』［ゲイのヘアドレッサーと殺人事件に関するミュージカル］を彼が観たことを同僚が記憶していた）。トレイシーは父がスタイリッシュだったこと、普通の父親というよりは、トムという一人の男性が、そのスタイルを作り上げていたことに気づいた。「今の時代だったら、メトロセクシュアル［ファッションやスキンケアに熱心に取り組む、洗練された都会の男性］だってことでしょうね」

　事件捜査が本格的にスタートした七月十六日、マルケイヒー家による葬儀が執り行われた。友人、親族、そして同僚ら四〇〇人が、サドベリーにあるファティマ聖母教会に集まった。トレイシーは弔問客に語りかけた。「愛にあふれた人が、憎しみを抱えた誰かに命を奪われるなんて」。そして父の死を知らされた数時間後に書いた手紙を読み上げた。トレイシーの兄は「都市の暴力の犠牲」となった父に祈りを捧げてくださいとスピーチした。トムの友人が世界中から届いたお悔やみの電報を読み上げた。弔問客らは「オール・アイ・アスク・オブ・ユー」を含む賛美歌を歌った。

　　私たちの人生に現れ、影が薄れ、消えて行く人
　　あなたを愛していたことを、決して忘れないで
　　あなたを愛していたことを、決して忘れないで

弔問客の葬列がトムを墓地まで導き、ハナミズキの枝の下に彼は埋葬された。

刑事らは、犯行現場も、犯行可能な容疑者の特定にも至っていなかった。想定しうる動機も不明なままだった。「まったく、わけがわからなかったんだ」と、マシュー・キューン刑事は回想する。「死体がばらばらにされていたこともあって、犯人を怒らせた可能性は感じていたけれど」

指紋が検出されるだろうと考えたごみ袋だけが手がかりだったというのに、プラスチックなどに付着した指紋を浮き上がらせ、採取するためのプロセス「シアノアクリレート法」は、理想的な環境で行われていなかった。州の犯罪科学捜査研究所ではなく、移動式のユニット内で行われたのだ。気密性を高く保つはずの部屋はそうではなかったし、浮き上がらせるはずの指紋も浮き上がることはなかった（現在に至っても、なぜ州警察が直接ごみ袋の再処理をしなかったのかは不明）。結果、ごみ処理場のごみ袋から指紋は採取されなかった。それでも刑事たちは、ゴム手袋からDNAを抽出し、有罪判決を受けた犯罪者から採取された指紋のサンプルが登録されたFBI統合DNA照合システムで一致する指紋を探した。これも、結果を得ることはできなかった。

＊＊＊

キューンと同僚は、ベッドシーツとシャワーカーテンの生産地を調べた。ベッドシーツはベージュ色のキングサイズで、一九八四年から一九八五年の八ヶ月にわたって「Ｊ・Ｃ・ペニー」や「メイシーズ」といった店舗で販売されていた。シャワーカーテンはサタデーナイト社製で、一九九二年一月に製造され、十四ドル九十九セントで販売されていた。Ｋマートなどの小売店でも販売されていた。この物品から、家、ホテル、あるいはモーテルなどを割り出すことはできなかった。

刑事たちは驚き、そして落胆した。しかし重要な情報も摑んでいた。鍵穴ノコとゴム手袋の出所がわかったのだ。手袋が入っていたバッグに添付されたＳＫＵ番号［ストックキーピングユニット番号。商品に付属する番号］が、とあるドラッグストアのスタテン島支店に繋がった。ノコギリに張られたステッカーは、ホームセンターのペルガメント社に行き着いた。ペルガメントはニューヨークとニュージャージー州に三十二店舗あり、スタテン島には二店舗ある。そのうち一店舗は、手袋が購入されたドラッグストアの向かい側にあった。

犯人はスタテン島在住、あるいはそこで就労している可能性が高いと刑事らは考えた。トムの遺体が発見された直後に、刑事らはＶｉＣＡＰフォームの記入を終え、類似事件を探し始めた。一年前に発生した殺人事件に類似点が多いことに驚いた。ピーター・アンダーソンが遺体を切断され、二〇〇リットルのごみ箱に捨てられた事件。トムと同じく、ニューヨークの「タウンハウス」で、この世で最後の夜を過ごしていた。

「この時点で、シリアル・キラーの可能性を考えました」と、キューンは語っている。

第四章　リック

一九八〇年　夏

　ピアニストのリック・ウンターバーグは、セント・マーチン島でわずかな聴衆に向けて演奏していた。ピーター・アンダーソンとトーマス・マルケイヒー殺人犯に「タウンハウス」でピアノを弾いて聴かせるようになる何年も前のことだ。リックはカリブ海にあるこの島に住んでいたが、孤立した場所であるため、常に蚊帳の外に置かれた気持ちを抱いていたという。アメリカの最新ニュースや最先端の文化については、ニューヨーク・タイムズ日曜版と、ラジオDJケイシー・ケイサムによる「トップ40」、作家ハーマン・ウォークの『ドント・ストップ・ザ・カーニヴァル』やロバート・ラドラムの冒険小説を売る観光客向けの店からの情報に限られていた。

　リックは二十一歳で、カリブ海のセント・マーチン島のリゾートとアイスクリームパーラーでピアノの演奏をしながら数ヶ月滞在していた。住んでいたのはプライベートビーチつきの家だ。最高の暮らしだった。恋だってしていた。島の南側のキューピコイ・ビーチを歩いていると、崖の上に中年男性が立っているのが見えた。ハンサムというわけではなかったけれど、リックは興味をそそられた。二人は語り合った。彼の名前は、ジャスパー。二人は年上の男性の家に戻った。

別の日、ジャスパーとリックは海辺に立っていた。ジャスパーは恥ずかしそうにリックの手を握った。それはとても優しい時間だった。

ジャスパーはリックとミュージシャン数名を自宅に招待した。ジャスパーが調理してくれたアミガサタケは、リックにとっては初めての味だった。美術のコースを受け、ジャスパー・ジョーンズの作品を知っているミュージシャンたちは、畏敬の念を抱いていた。数ヶ月後、ホイットニー美術館が彼の絵画を一〇〇万ドルで購入し、それは存命の画家の絵としては最高額での買い取りとなった。

二人はベッドを共にした。ジャスパーのベッドは蚊帳で覆われ、近くにはルネ・マグリットの原画とジャニス・ジョップリンのレコードが置いてあった。リックによれば、セックスはそれほど記憶に残るものではなく、ジャスパーは常に遠慮がちだったそうだ。ある日、リックとジャスパーが車に乗っていたときのことだ。「出会ったとき、あなたが何者か、まったくわからなかった」と、リックが言ったことがあった。「今となっては、あなたが誰かはわかるけど、それでもまだあなたのことがわからない」

ジャスパーは何も言わず、車を運転し続けた。

別の日のことだ。リックはジャスパーの家でランチをすることになっていた。しかし画家は時間より早く現れると、「ルイーズ・ネヴェルソンとランチで会うことになった。誰か知ってるかい？」と言った。

「まあね」と、気難しい彫刻家を、女優のロイス・ネットルトンと勘違いしたリックは答えた。

二時間後、ジャスパーが現れ、リックは車の後部座席に滑り込むようにして座った。ネヴェルソンは摂氏三十五度の暑さのなか、つけまつげをつけて、毛皮のコートを着ていた。「オイスター・ポンド」に行き、ランチを楽しんだ。食べている間じゅう、ネヴェルソンのアシスタントが写真を撮影していた。「今だったらわかる」とリックは言う。「何年か後には、ジャスパー・ジョーンズ、ルイーズ・ネヴェルソン、そして名も無き小僧ってなる写真だよ」

八月に、リックは故郷のニューヨークに戻り、兄の結婚式に参列した。セント・マーチン島の家の家賃は一ヶ月余分に支払うことで、新婚の二人がハネムーンで過ごせるようにした。[*1]

＊＊＊

リックは理解していなかったが、彼は大混乱のニューヨークに戻ってきていた。

一九八一年一月十五日、ある男性が病院のベッドで眠る恋人を見守っていた。何ヶ月も病の床に伏せ、心臓発作を起こし、今は鼻の穴や耳の穴から泡が溢れだしていた。別れを告げる時が来たのだ。栄養管が外された。五ヶ月あまり後になって、米国疾病管理予防センターは、毎週報告する感染症情報「疫病率・死亡率週報（MMWR）」において、五例（うち二例が死亡）のカリニ肺炎の発生を報告した。これが後にHIV、あるいはエイズと呼ばれるようになる症例の、初めての科学的報告となった。しかしリックがこれを真剣に受け止めるまで、そこから数年を要する。「突然、僕ら全員がコンドームをつけはじめたわけじゃないから」

痩身でマリオネットのような肉体的優美さを持つリックは、マンハッタンでフルタイムの仕事についた。グリニッジ大通りにあるストレートな客向けのバーだった。

誰かの代わりの仕事というだけだったが、ここから数年は彼の停滞期となった。才能のある人には珍しいことではない――常に自分の指先に炎はあると考えてしまうのだ。そう考えない理由などあるだろうか？　リックはイリノイ州ドルトンに住んでいた小学校一年生の頃からピアノを弾いていた。彼の家族にとって現代音楽は受け入れがたいものだったから、リックはレコードで聞いたジプシーや『サウンド・オブ・ミュージック』の曲を弾いた。努力など必要なかった。ニューイングランド音楽院に入学してからも、めったに練習をしなかったそうだ。兄は、リックが注目されることに腹を立てた。七四年のユール・コンサート出演、七五年秋の『毒

注1：二〇一九年十二月一日、ジャスパー・ジョーンズは著者に手紙をくれた。「ルイーズ・ネヴェルソンが当時島にいたことは記憶しているが、リック・ウンターバーグとのランチも、その日付も記憶していない」とあった。

薬と老嬢』製作、七六年の声楽賞など（リックの声はか細かったというのに）、毎年リックの活躍は地元紙に掲載されていた。

一九八三年のある日、クルーズ船で働いているバーの同僚が仕事を紹介してくれた。リックは海にロマンチックな期待をしてはいなかった。彼の心配はいつもの通り、それが安定した仕事を捨てるほど価値があるかということだけだった。六週間の試用期間を経て、リックはプレミア・クルーズラインに採用された。リックはやがてこの会社を「バハマ諸島のスタテン島フェリー社のようなもの」と考えるようになった。タキシードとカマーバンドを着用して、三日から四日程度の短いバケーションを楽しみたい中年のアメリカ人向けの演奏を、五年にわたって担当した。リックは人気者だった。スパンコールが縫い付けられたバタフライトップを着た女性たちに連れられ、演奏会場を歩き回っていたそうだ。

一九八八年一月、ポート・カナヴェラルに停泊していたスターシップ・アトランティック号のプライベートツアーに従業員たちが駆り出された。「ブルー・リバン・パブ」はプールデッキにある居心地の良いラウンジで、ジャンカヌー・バーと、ビッグ・ディッパー・アイスクリーム・パーラーに囲まれていた。リックのために、特別に白いピアノが設置されていた。それは祝うべきことだった。なんて立派なんだ！　しかし、リックはスターシップ・アトランティック号が最後の船になるだろうと考えていた。このクルーズ客船はＨＩＶ検査を義務づけたばかりだったからだ。リックは、法的に問題はないのかと疑った。

それまで検査を受けたことはなかったが、結果は、悲観的なものだと覚悟していた。「あなたは違うわよ。違うに決まってる」と客船の看護師が言ってくれた。リックが検査結果とともに陸から戻ると、彼女は泣いた。リックはＨＩＶ検査で陽性だったのだ。

次のクルーズが始まると、クルーズ会社の人間が乗船した。「君を失いたくはないが、解雇せざるをえない」とリックに告げた。アメリカ国内全域で保険会社は契約者にエイズの検査を義務づけることができたし、その結果次第で補償を拒否することができた。リックはそのような人たちのなかの一人だった。プレミア・クルーズラインは、当時の状況を考えればリックに対して手厚く、彼を「岸辺のエンターテイメント・コーディネーター」として雇用した。それから半年の間、リックには毎週給料が支払われ、十八ヶ月の間、保険資格を保有することができ、一日たりとも働く必要がなかったそうだ。

船からはもう一人陽性者が出た。「最悪なことに」と、三十年後にリックは言った。「この男性が僕に感染させたのか、それとも僕が彼に感染させたのか、わからないんだ」

＊＊＊

マンハッタンの東58丁目にある「リージェント・イースト」は、ファッションデザイナーといったプロフェッショナルな人たち御用達のバーだった。きらびやかな場所ではなかった。入り口は階段を降りた場所にあり、ワンルームで、食事の提供もなかった。バーが閉店して何年も経ってから、常連客は「ハンティングの絵が飾られ、クラブチェアが設置され」そして「葬儀場で死人の顔色を自然に見せるために使われるピンク色の電球がライト代わりだった」と記憶していた。

一九八八年初頭、このバーはピアニストを探し始めた。ニューヨークに戻っていたリックはそれまで一度もゲイバーで演奏をしたことはなかったが、オーディションを受け、仕事を得た。演奏した最初の夜、バーの奥まった場所にあるピアノに座った彼は、調子が上がらないままだった。長年にわたってストレートの客らに向けて演奏してきたために、新しい客にとって自分のレパートリーが十分ではないかもしれないと恐れていたのだ。船に乗っていたため、歌手のバリー・マニロウは知っていたが、子どもの時に演奏して以来、ショーのための曲は演奏したことがなかった。昔、聞いていたレコードの曲を思い出していた。「『メイム』［一九六四年製作のブロードウェイ・ミュージカル］の曲なら弾けるかもしれない」。ピアノの前に座るやいなや、客の一人がやってきた。「『メイム』は勘弁してくれよ」と彼は言った。

有能な演奏者にファンは付くものだ。「ブルー・パロット」のマイケル・オグボーンに信奉者がいたように、リックも「リージェント・イースト」にやって来る常連客（リックは彼らをグルーピーだと思っていたが）との親交を深めた。酒を飲もうとやって来るのではない。『ウィルコメン』［ミュージカル『キャバレー』の曲］をピアノに合わせて歌いに来る客たちだった。

熱心な客のなかに、テッド、フィル、そしてリチャードという名の看護師がいた。「リージェント・イースト」にとっては不運なことに、三人は忠実だった。新しいバーが東58丁目に誕生して、その経営陣がリックを引き抜いたとき、グルーピーたちは彼を追いかけて店を離れたのだった。

「タウンハウス」は、セントラル・パークとイーストリバーのちょうど中間地点、ミッドタウンの広大な敷地内にあった。「リージェント・イースト」のドアマンが、あろうことかミュージシャン兼ブティックオーナーのポール・ガルッチオを鼻であしらったことがきっかけで、この店は誕生した。ガルッチォは、ただの腹いせに近所にピアノバーを作ったというわけだ。

赤い壁紙、革製の椅子、油絵のある静かで上品な「タウンハウス」は、すべてが揃う店といつも評された。年配の紳士が若い男を追いかけ、その逆もあった。秘密を明らかにしていない、街の外からやってくるビジネスマンにとって、表向きはヘテロセクシュアルの居住地域に囲まれたこのバーは居心地がよかっただろう。

開店直後は、入店にブレザー着用を義務づけたため、ろくでもない客の排除に成功していた。優雅な装飾品を揃えたにもかかわらず、この店は密かに街娼を誘う最高の場所となった。*2

注2：「タウンハウス」以外にも、このような場所は多かった。50番通り2番街のあたりは、地域の店舗の半分以上に出入りする筋肉質の遊び人を見つけられるスポットとして知られていた。

彼らはセクシーで、金持ちにはぴったりの相手だった。通りから店に出入りする、姑息な手を使う中年の街娼は歓迎されていなかった。

風通しのよい「タウンハウス」の、奥まった場所。部屋の隅に腰掛けたリックは、木曜から日曜まで演奏し、高いバリトンの声で楽しそうに歌った。ブロードウェイの曲を一〇〇〇曲ほど覚え、六時間で一〇〇曲以上を演奏できるようになっていた。

日曜は、深夜のシフトを担当した。その日店はそう混雑してはいなかったが、単に出勤日だった。彼が知る限り、アンダーソンとマルケイヒー殺害事件がビジネスに影響を与えている事実はなかった。そもそも、死んでしまった男たちは店の常連ではなかったのだ。冷たい言い方かもしれないが、旅行者の失踪は珍しくない。ニューヨークの新聞が事件をあまり報道しなかったことも追い風になっただろう。年末までには二〇〇〇件以上の殺人事件が発生し、犯罪率は歴史的なまでに高くなっていた。この時代に発行されていたクイア専門雑誌に数多く寄稿していた調査ジャーナリストのダンカン・オズボーンは、「犯罪被害者となり、それを記事にしてもらいたい場合、白人でなければならないし、セントラル・パークで殺害されなければ無視されるだけ」と書いている。

常連客の多くがエイズで命を落とし、リックはそんな男たちへの追悼を頻繁に依頼されるようになった。数年のうちに、ピアニスト二人とバーテンダーがこの世を去った。死は絶え間なく訪れた。一九九二年には、ニューヨーク市内で一万八百人がエイズと診断された。タイタニック号からの生存者の治療を経験した由緒ある聖ヴィンセント病院では、ストレッチャーが壁沿いに隙間無く並んでいた。患者がそこに長居することはない。肺炎、あるいはトキソプラズマの症状で運ばれてきた患者は、あっという間に命を落とした。リックは自分を死神だと考えるようになった。

　リックの演奏が中盤に入ると、何時間も酒を飲んでいた常連客には酔いが回っていた。ある夜、「リージェント・イースト」の常連が店にやってきて、ピアノに近づいた。リックは彼のことを知りすぎるほど、知っていた。いつものように、中肉中背で目立たない男は感じが良かった。いつものように冷たいスコッチを注文すると、ピアノから離れ、音楽に耳を傾けた。

＊＊＊

　一九八九年に開店した日から、「タウンハウス」は時代に逆行していた。内装がそう見せていた。率直に言えば、その内装だから魅力的だったのだ。一方で、「リージェント・イースト」は本物のピアノバーとして、それまで何年も営業を続けていたが、ストーンウォールの反乱〔一九六九年、ゲイバー「ストーンウォール・イン」に警察が踏み込み、客が立ち向かい暴動となった事件〕以降誕生した「ドレスコードのあるバー」の流行の波に乗った店だった――「タウンハウス」はその完璧なレプリカだったのだ。一九九〇年代初旬のゲイのナイトライフの流れから言えば、それは対極にあった。地域的に見れば、「タウンハウス」

は騒音や汚れや安いセックスワーカーたちからそう遠くない場所にあった。その気になれば徒歩で行ける距離だ。しかし、温かく、人を歓迎する雰囲気のある奥まった部屋で、優雅な衣装を身につけた男性が弾くピアノから少し離れてカクテルを飲めば、まるで別の国にいるような気持ちになれた。

　寄せ集めのようなサブカルチャー、フェティッシュ、事件が密集する活気あるこの街で、ピアノバーは変化に対する小さな防波堤のような存在だった。多くは、「タウンハウス」とは違ってダウンタウンにあり、ウェスト・ヴィレッジ全域に点在していた。ヴィレッジ・ヴォイスの厚かましいコラムニストであるマイケル・ムストーはこの地域を「ショービズを狙うやつらのバミューダトライアングル」と呼んだ。有名な「ストーンウォール・イン」の近隣には、「アーサーズ」、「デュプレックス」、「ファイブ・オークス」、そして地元バーの経営者たちが「最もゲイらしい」と評した「マリーズ・クライシス」などがあった。マリーズは、独立戦争前まで遡る驚くべきルーツを持つ店だった。店舗は一八〇九年にトマス・ペイン［イギリス出身の哲学者、政治活動家］が没した場所に建っていた。建物は一度取り壊され、再び建てられ、一八五〇年までには売春宿となった。一八九〇年代には「地下のクラブは、ゲイの男性のための、まさに〝アンダーグラウンドな〟バーとなっていた」と歴史家は書いている。一九七〇年、ピアノバーとして開店し、二十世紀初旬にグリニッジ・ヴィレッジでレストランを経営していたロマニー・マリーとトマス・ペインの有名な論説にちなんで名付けられた。

バーは隠れ家だった。店を畳むときになって、バーがどれだけ必要なものだったかを悟ったと経営者は語った。「私たちの店は、安全で、そして健全な選択だったんですよ」。薄汚れた桟橋、セントラル・パーク――パーク内の「ランブル」［三十六エーカーの自然散策エリア］は、かつてゲイが痛めつけられたことがある――そして病気が蔓延する浴場がバーの代わりとなったが、大部分は保健当局によってすでに閉鎖されていた。当時、浴場は人気があり、普通の男性だけでなく、トルーマン・カポーティやバレエダンサーのルドルフ・ヌレエフ両名も西58丁目の店に通い詰めていた。それもエイズがすべて終わらせた。浴場が閉鎖される前であっても、設備の致命的な不備の歴史はあった。一九七七年、上階の窓が密閉され、スプリンクラーが作動しなかったことが原因で九人の男性が「エヴェラード・バス」で焼死した。

グローブ通り49番地にあった「ファイブ・オークス」は「マリーズ」から三十メートルほどの距離にあった。半分がピアノバーで、残りがレストランのオークスは、常連客曰く、一九五〇年代終わり頃からあったそうだ。ブリーカー通りに繋がる秘密のドアがキッチン内にあり、禁酒時代にはもぐりの酒場だったとの噂があった。通りと歩道の間に十三段の階段があり、住宅地に囲まれた静かな場所だった。天井の低さと暗闇に慣れつつ歩いて店に入ると、右側に十三席が設置された馬蹄型のバーが見える。左には十台以上のテーブルが並ぶダイニングがあった。その間の、女性用トイレの入り口近くで、黒人女性がピアノを弾いていた。

マリー・ブレイクは「ファイブ・オークス」の頼みの綱で、人々を魅了し続けていた。クラシックの訓練を受けており、ハスキーな歌声とスキャットが特徴。頭を軽く揺らしながら演奏をする。その彼女の右側には、美しく着飾った男たちがマイクに向かって囁くように優しく歌っていた。カーネギーホールではなく、グローブ通りにある小さなバーで彼女が歌っていた理由は謎に包まれている。客が彼女に楽譜を持って行くと、彼女は躊躇せずに読譜した。「歌うときは、演技も必要。聴く人たちに届けるためにね」と彼女は語った。「体のなかに曲を感じなくちゃ」

ブロードウェイの人たちにとって、「ファイブ・オークス」は長年にわたって行きつけのバーだった。ライザ・ミネリ、シャーリー・マクレーンが訪れ、『コーラスライン』で高い評価を得た照明デザイナーのタロン・マッサーは足繁く通うほどだった。毎週日曜日、早めのディナーに妻を連れてやってくるのは演出家のハロルド・プリンス。作曲家のスティーブン・ソンドハイムは「ファイブ・オークス」を「ヴィレッジになくてはならない場所」だと回想している。ジュディ・ガーランドのお気に入りのバーでもあった。飲み過ぎて正体をなくしたジュディーを、経営者が抱えて階段を上り、タクシーに乗せたこともある。

「ファイブ・オークス」は暴力からの避難所となったが、猛威を振るうエイズの流行からは逃げられなかった。バーテンダーのリサ・ホールは「二五〇人以上は数えるのをやめたわ」と言った。「バーに来て、座るじゃない？　ＡＺＴ［エイズ治療薬アジドチミジン］のアラームを鳴らす客ばかりよ。カポシ肉腫が顔にあるとか、痩せ細っていくとか、わかるでしょ？　親にどう説明したらいいんだろう、なんて相談されてさ」。リサのセラピストは、ゲイの世話を焼き続けるのであれば、別のセラピストを探してくれと言ったそうだ。「アルバムを見ると、ほとんどが亡くなっているの。ピアニストが六人も死んだんだから」

「ファイブ・オークス」はグリニッジ・ヴィレッジにある数あるバーのひとつに過ぎないが、街で最も有名な店だった。「アンクル・チャーリーズ」は最もメインストリームな雰囲気を持つバーだと言われていた。広めで照明が明るく、流行の音楽が聴ける行儀の良い店だった。この店が、ゲイで白人で裕福な学生を惹きつけた。数回訪れたことのある作家オーガステン・バロウズは「名前の通りの胸くそ悪い場所だ」と書いた。

ウェスト・ヴィレッジは多くの観光客を惹きつける場所で、彼らは書店やカードショップで長い時間を過ごした。その多くがゲイライフを求めながらも同性愛者であることを隠した男性だった。一九二〇年代と三〇年代から、シェリダン・スクエアは――グローブ通り、西4丁目、7番街の両側――ゲイのための店が集中していた。シェリダン・スクエアから徒歩一分の場所にあるクリストファー通りには、あらゆるテイストの店が集まっていた。西部から来た観光客には「ブーツ&サドル」があったし、より年配の観光客の集団には、老舗のゲイバー「ジュリウス」があり、かつてマタシン協会が「シップイン」を行ったこともある〔一九六〇年代前半、ニューヨーク州酒類管理局は同性愛者へのアルコールの提供を禁じ、違反する店舗に営業許可の取り消しを行っていた。同性愛者の権利団体のメンバー三名はジュリウスで、同性愛者であることを公表した上で酒の提供を求め、拒否すれば酒類管理局を告訴すると予告し、三度目の来店で酒の提供を受けた〕。「ケラーズ」はクリストファー通りの外れにあったが、特定の常連らの需要を満たした。革製品を愛する黒人男性だ。

しかし十五分ほどアップタウンを歩いて西に向かうと、そこには別世界があった。チェルシー地区だ。一八二三年に作家クレメント・クラーク・ムーアによって書かれた詩『クリスマスのまえのよる』は最も有名な作品だが、彼の屋敷があったというこの帯状の地域がコロニーを形成したのは、一九七〇年代中盤だったという。ゲイのパイオニアと呼ばれていた彼らは、何もない状態からこの場所を築き上げた。住人によれば、わずか数軒の食堂とカードショップがあるばかりで、街灯は点いては消え、ろくに歩道もないような場所だった。ヴィレッジに近く便利だが、ずっと安く暮らすことができた。そして暴力が横行していた。

住民は暗黙のルールに従っていたとチェルシー生まれの人は言う。「日没から日の出までの間は、8番街より西を歩かない。9番街は可能であれば避ける。十代のギャングがうろうろしているから。イーグルやスパイクに徒歩で行くなら、ウェスト通りを目指して北上するか、23番通りを12番街まで歩いて、それから南へ行っていた」

パイオニアたちの間にはヴィレッジは手に負えないほど高級化してしまったという感覚があった。ブリーカー通りは大通りになってしまったし、特にウィリアム・ゴットリーブという開発者が通りをめちゃくちゃにして、商売をする店舗を追い出してしまった。ゴットリーブは、桁外れに感じの悪い家主として記憶され、嫌われている。サラ・ジェシカ・パーカー曰く、「あいつは私の小切手でできたマットレスの上で寝たのよ！」

ヴィレッジでアパートを購入する金額で、チェルシーではタウンハウスを購入して、修復することができた。まずは若い世代が移住し、そしてビジネスが後を追った。それはある意味、決別だった。「年配者は様々な理由でヴィレッジに留まった。その理由のひとつが、単純に**動けなかった**んだ」と、一九八三年にチェルシーに移住した男性は言った。「年配者」の多くはエイズで体調を崩し、公的医療扶助（メディエイド）の世話になっていたから、近隣から出て行く資金が確保できなかった。

移住した若い世代の男たちは、ブラウンストーンの建物の改造や修復をはじめた。一九八〇年代中盤には、九〇〇〇ドルでスタジオを借りることができたし、十二万五〇〇〇ドルほど払えば8番街と9番街の間にある23番通りにコンドミニアムを購入することができた。昔の8番街といえば防弾ガラスで守られた酒屋や、リサイクルショップが多かったが、今となっては最初のゲイ向けレストラン「ロジャー&バーベロ」もオープンしていた。同名の夫婦が経営していた店だ。新しい住民の流入、建物の取り壊しと再建築などが重なったものの、チェルシーの年配者たちは我慢を重ねて、賃貸アパートにしがみつくようにして暮らしていた。共同住宅への入居を申し込んだとしても、十年以上待つことになるかもしれなかった。

＊＊＊

チェルシー地区の礎となったのは、重厚な雰囲気を持つレザーバー［革製の衣類を身につけたゲイの集う店］の存在だ。川沿いはそんな店が集まる場所で、西21丁目には「イーグルス」、一ブロック南には「スパイク」があった。「イーグルス」は一九七〇年から営業しており、当時すでに老舗と考えられていた（六平方ブロックほど南に位置する食肉加工地域には、「バッドランズ」、「ラムロッド」、そして「マインシャフト」といった店舗があった）。より東の8番街には、小規模で親しみやすいバーが多かった。16番通りにあった「チェルシー・トランスファー」は肉付きのよい男性を好む年配の客を惹きつけていたし、23番通り近くの「ブレイク」は、裏庭で行われるバーベキューが坊ちゃん育ち（プレッピー）たちに人気だった。

一九九一年に開店した「スプラッシュ」はランドマークとなった。「九〇年代最初の本物のゲイバー」と、影響力のあるバー関連雑誌の共同発行者で編集者のマシュー・バンクは語る。夜中の二時であっても、時代の最先端を行くバーの雰囲気があった。まるで彫刻のように姿形の良いバーテンダー、鏡だらけの店内。潤滑油やコンドームが準備されていた。ステージ上ではスプラッシュ・ダンサーズと呼ばれる筋肉質の美しい男たちが、まるでシャワーを浴びるように水を浴びていた。彼らは近隣のスポーツジム好きの間でセレブリティのように扱われた。ある常連客はその広々としたバーの店内と、多種多様なビデオ、そして「裸の胸を見せながら、小さすぎる、とっても目立つブリーフを履いて歩く筋肉質のバーテンダーたちを眺める店だ」と回想した。一歩店内に入れば、外の世界は消え失せる。「スプラッシュ」が閉店したとき、

「ニューヨーク・タイムズ」――何年にもわたってゲイの生き方とエイズについて記事にしてこなかった――が、この店の斬新なスタイルについてこう書いた。「半透明のシャワー室で、筋肉質でほぼ裸の男性が踊っていた」そして称賛とともに、そのようなバーの形式はニューヨークからパリ、そしてミコノス島へと伝承されていったと書いた。

マンハッタンのアッパーウェストサイドは、都市の周縁的な場所だった。この地域のゲイ人口を考慮するには少なくとも一九五〇年代まで遡ることになる。小説『もう一つの国』を出版する直前のジェイムス・ボールドウィンがテラスハウスを西71番通りに購入した。しかし、ゲイ雑誌編集者のバンクによれば、「八〇年代に開店したバーはなかった」そうだ。特に人気があったのは72番通りの「コーククラブ」、そして10番街（アムステルダム・アベニュー）にあった「415バー」。「415バー」については、とある常連客が「ローカルの面々がバーテンダーと会話している様子を見て、場違いだなって思ってしまう。でも店の奥にある何の変哲もないドアを開けて階段を降りると、そこは洞窟のような地下室になっていて、何百人ものゲイがひしめき合い、踊り、笑い、相手を探し、キスをし、酒を飲み、トイレで気絶していた」と書いている。

年配の紳士であれば、コロンバス大通り81丁目にある「ザ・ワークス」が不快感を与えないという意味では妥当な選択だろう。このバーには上品さがあった。しかしこの地域のお勧めは西75丁目の「キャンドル・バー」だ。店に入ると、左側にバーカウンターがあり、右側にはジュークボックス、そして「狭い場所には騒がしすぎるし、煩わしい」と思われていたシャフルボードのゲーム台があった。赤いクロスで覆われたテーブルが店内の雰囲気を引き締めていた。バーはこの地域に何十年も前からあった。開店当初は「キャンドルライト・ラウンジ」として知られていた。一九五九年、「同性愛的な活動」があったとして、ニューヨーク州酒類管理局が一時的にバーを閉鎖した。

全てを考慮してみると、こういったバーは鎮痛剤程度のものだった。しかし、ウェスト・サイドに行けば、気概のあるバーで喜びに耽ることができた。ヘルズキッチン［チェルシー地区より北に位置するマンハッタンの区域］は、驚くほど淫らなバーが集まる地域だった。「クレオのナインス・アヴェニュー・サルーン」はミュージカル好きが集まる店で、コカインを手に入れやすい場所だった。近隣には「サリーズ」や「エーデルワイス」といったドラァグバーがあった。「エーデルワイス」は、ヴィレッジ・ヴォイスのコラムニストであるマイケル・ムストー曰く、「トランス女性や異性装者にとっては魅力的な場所で、ニューヨークをきらきらさせる、あらゆるタイプのジェンダーが集っていた」。

もっとも荒々しいバーは、ヘルズキッチンのすぐ東側にある劇場街にあったそうだ。とある年代記編者によると、「派手な『妖精たち（多くは厚化粧）』が、それぞれ華やかな文化を創り出していた」し、それは第二次世界大戦後からずっとそうだった。意味深な名前の「トリックス」［いたずらの意味］、そして時代によっては「サヴォイ」とも呼ばれていた「オンブレス」は、41番通りのポート・オーソリティ・バスターミナルの裏手にあり、安い男娼たちが通い詰めていた。

ＳＦ作家のサミュエル・ディレイニーは、「オンブレス」の常連客の一人だった。九〇年代半ばにニューヨーク・タイムズ紙の記者が、赤いルーズリーフのノートを持ったディレイニーが店内で走り書きしている様子を見たことがあるそうだ。彼はここがお気に入りで、映画鑑賞やマサチューセッツ州にある大学に通勤するためにタイムズ・スクエアまでやって来ると、必ず立ち寄っていた。二〇一七年にディレイニーは、勤務中のセックスワーカーがバーの下でペニスを露出し、営業していたと回想している。「ときどき、そんなことがあったよ」と彼は語った。「注意を引こうとしてるのさ」。二十ドルは相対的にたいした金額ではなく、ディレイニーにとって許容範囲内だった。

バーは時として危険でもあった。客の一人は、「なんて恐ろしいんだ。あそこは悪の巣窟だった」と書いた。「相手を見つけるというよりは、強盗に遭う確率が高かった」。一九九二年の大晦日にバーをはしごしたと語る別の常連は、「オンブレス」を「本当に、本当に最悪の場所」と感じたそうだ。

誰も「タウンハウス」を危険だとは思わなかった。しかし、最も温厚で目立たない常連客が殺人者だということを誰も知らなかった。

第五章　エディー・マレーロのトライアウト

一九九三年五月十日

午前七時三十分、ドナルド・ギバーソンはニュージャージー州ホワイティングのラングルブルック通りで友人を待っていた。六十五歳のギバーソンは、この通りが未舗装だった頃を記憶しているほど、この地域に長く住んでいた。時計を確認した。車で少し走った辺りに住む友人は、三十分後まで来ることはない。ギバーソンは二キロ半ほど車を走らせクロウの丘へと向かった。森を抜ける未舗装の一本道で、かつては荷馬車の通路だった。この地域では大型の飛行船が飛んでいると聞いていたので、見てみたいと考えたのだ。

車を走らせ坂を登る途中、ギバーソンは鹿の死骸のようなものの横を通り過ぎた。奇妙なことではなかった。なにせこの場所は、枯れ葉やごみ袋、その他の物を捨てる場所として知られていたからだと、彼は後に証言した。丘の頂上に辿りついたギバーソンは辺りを見回したが、飛行船はどこにも浮かんでいなかった。帰り道、死骸の横を通り過ぎようとした時、車の窓を開けてみた。人間の指を見たのはその時だった。ギバーソンは吐き気を催した。自宅まで車を一キロ半走らせ、マンチェスター警察に通報した。

警察はギバーソンにクロウの丘に戻るよう伝えた。「到着すると、ギバーソン氏は私のところまでやってきて、体の一部がこの先にあると証言した」と、パトロールの警官が事故報告書に記載している。

体の一部がどの場所にあるか、正確に示してくれるようギバーソン氏に依頼すると、彼は未舗装の道路を歩きはじめた。私はパトロール車両に乗って後を追った。彼は気が変わったようで、その場所までは遠すぎると言い、パトロール車両に乗った。一五〇メートルほど走ったところで、ギバーソン氏が腕のようなものを指さした。

三十分以内に、オーシャン郡検察庁の刑事たちが現場に駆けつけた。マイケル・モー、トーマス・ヘイズ、そして捜査幹部のマーク・ウッドフィールドだった。

モーは大柄で口ひげを生やしていた。まるで警察バッジを持つグリズリーで、殺害事件捜査は過去に七十五件担当し、犯人から自白を引き出す才能があるとされた。ニュージャージー州レイクウッドの伝統的なユダヤ人家庭で育ち、警察官になるまで死体を見たことはなかった。三人のなかで最も若手のヘイズは、一九八九年に殺人課に配属されたばかり。経験は浅かったが、大量の血液などを目撃しても怯むことがなかった。なぜなら、それが仕事だから。定年間近になってはじめて、死に動揺するようになったそうだ。オーシャン郡育ちのウッドフィールドは、口ひげ以外はきれいに顔を剃っていた。一九八〇年から殺人課に所属。フロリダ州ブロワード郡で、七〇年代初頭から警察官として働いていた。マイアミで潜入捜査官として一年間勤務したあと故郷に戻り、検察庁で職を得た。三人組は年に十件以上の殺人事件を担当していた。

血まみれで、汚れた左腕が道路に遺棄された状態だった。手にはビニール袋が握られているように見えた。アライグマのような動物がバッグから腕を引きずり出したのだろうと刑事は判断した。バッグの下には物干し用のロープがあり、一メートルほど離れた場所にもう片方の腕が落ちていた。

以前の事件と同様、ごみ袋があった。一一〇リットル用の深緑色のごみ袋だ。全部で六袋あり、すべてに遺体の一部が入っていた。前回の事件と同様に、遺体は七つに切断されていた。脚が二本、腕が二本、腹部を水平に切断し二分割された胴体、そして頸椎の後ろから切断された頭部だった。

被害者の顔に残っていたのは柔らかい組織だけだった。眼球はほとんど残っていなかった。濃い眉毛が斜めに崩れ、濃い口ひげのある口元は大きく開いていて、まるで質問に答えている最中に、何者かによって暴力的に遮られた状態のように見えた。背中には複数の小さな刺し傷があり、足首にははっきりとした索痕があった。この、切断され、遺棄された男性は運転免許証を所持していなかった。名刺も、パスポートも。身元をいち早く確認できるものを、一切所持していなかったのだ。

オーシャン郡監察医事務所には冷凍庫がなかったため、破れていなかったごみ袋はトムズリバーの葬儀会社に運び込まれた。頭部はスーパーマーケットのアクメ社の袋に入っていて、袋には『PRESIDENT'S CHOICE and MADE WITH PRIDE BY BOB H. AND JERRY H.』と印刷されていた。胴体上部は白いごみ袋に入れられ、更に、三枚の深緑色のごみ袋のなかに入れられていた。胴体下部と両脚も同じようにして包まれていた。

オーシャン郡保安官事務所の犯罪現場捜査官が切断された腕を調べ、指紋を採取した。死体は洗浄されたようで、袋にはほとんど血液が残っていない。数ヶ所あったタトゥーの写真を撮影。右手の人差し指から親指にＬＩＮＤＡ、左脚には細い筆記体でＦＡＳＴ ＥＤＤＩＥとタトゥーが入れられていた。

指紋を入手した犯罪現場捜査官は、それを持ってウェスト・トレントンの郡警察身元確認事務局に向かった。捜査官は指紋を指紋自動識別システム（AFIS）に登録した。ヒットしなかった。次にフィラデルフィア、ニューヨーク、そしてＦＢＩにも指紋を送った。その日の夕方、返信が来た。エディ・ラモスという男性の指紋と一致したというのだ。

数時間以内に、刑事たちはフィラデルフィア警察、ニューヨーク市警察、そしてＦＢＩから返信を得た。被害者には逮捕歴があったのだ。一九九〇年に撮影されたマグショットに写る男性は無表情で、黒くて太い髪が後退しはじめており、濃い口ひげを生やしていた。そう若くはなかったが、とてもハンサムだった。ニューヨークではエディ・ラモスとして知られていた彼は、フィラデルフィアでは別の名前を使っていた。アンソニー・エドワード・マレーロだった。

アンソニーの居住地についての情報は、最初から錯綜していた。遺体発見翌日の五月十一日に開かれた記者会見でオーシャン郡検事は彼をフィラデルフィア在住と発表した。しかし、検事は曖昧に「マンモス郡も関係しているかもしれない」とも述べた。検事は警察がエディ・ラモスの身元を迅速に割り出したことを誇りに思っていた。遺体の解体に何が使用されたのかは明らかではなかったが、検察官は「儀式の類いではない」と確信していた。

検察庁のスポークスマンはアンソニーの私生活の情報が限られていると強調するのに苦心していた。「ほとんど何もわかっていないのです」と、彼はAP通信に語っている。この状況は変わらないだろうと地元紙の記者は書いた。「マレーロが行方不明になっていると警察に通報した人物はいなかった……そして遺体発見後も、彼を知っていると名乗り出る者がいない」

アンソニーの私生活について何も知らないとの刑事たちの主張は、容疑者を騙すための策略ではなかった。本当に情報がなかったのだ。捜査開始直後に、彼が一九四九年五月二日にプエルトリコで生まれたことはわかった。一九六九年から一九八三年まで、フィラデルフィアを転々としていたことも明らかになった。マンハッタンに引っ越す前のことだ。しかし、それだけだった。アズベリー・パーク・プレス紙は、友人や家族が警察に非協力的なのだと報じた。

マーガレット・マルケイヒーのように、飛行機に搭乗してまで捜査に協力しようという人間はいなかったのだ。

結果として、簡単に集められるはずだったアンソニーの私生活に関する情報は——育った地域の住民や通った学校の友人、過去に雇用されていた会社などから——なかなか集まらなかった。数十年経過してしまえば、彼の家族関係や、一九八〇年代から九〇年代の逮捕歴についても立証することは難しくなる。彼の名前が公文書に登場したのは、たった一度だけ。ニュージャージー州の死亡指数だ。彼の名前はスペルが間違えて記載され、社会保障番号は一年後に誕生した女性のものだった。

モーとヘイズにとって、友人や家族からの協力を迅速に得られないという状況である以上、スタート地点は逮捕歴だった。港湾局の刑事がニュージャージー州の同僚に、タイムズ・スクエア西側にある薄汚れた六ブロックの巨大な建物を調べろと助言してくれた。そこで明らかになったのは、アンソニーがニューヨークのポート・オーソリティ・バスターミナル付近で十年以上もセックスワーカーをしており、売春、徘徊、勧誘などを繰り返し、逮捕されていたことだった。

モーとヘイズはバッヂと銃をこれ見よがしに携帯し、ターミナル周辺を歩いた。その状況でも、モーは誘われた。だらしのない格好をした若い女性が、フェラチオをしてほしいかと聞いてきたのだ。「そうだね」と、彼は笑いながら答えた。「君は嫌だけど」

十代の頃、ニュージャージーを訪れた際にこのバスターミナル近くを通った経験のあるヘイズは驚かなかった。少なくとも一九六〇年は、この場所は様々なセックスワークの中心地だったのだ。二〇〇四年、ニューヨーク・タイムズ紙はこの場所を下品にも、「売春婦を集める磁石」と呼んだ。確かに、ターミナルと、そこから十ブロックほど北進した地域は「ミネソタ・ストリップ」として知られていた。ブロードウェイで成功することができなかった中西部出身の女性たちが売春していた8番街の暗喩である。

この地域の虜になってしまった人間の一人が、十六歳で売春をはじめたデイビット・ウォジナロビッチだった。才能豊かな画家でパフォーマンス・アーティストのウォジナロビッチは日記のなかで、はじめて男女がセックスするのを観察したのは、45番通りのホテルだったと書いた。

ポート・オーソリティで見かけたことのある売春婦がスペイン人の男と入ってきて、服を脱ぎ捨てた。男はベッドに飛び乗り、女が男の上に股がって、数秒ごとに体位を変えながら男が射精するまで楽しんでいた。

これは特異なことではなく、あの地域で行われていたセックスワークの豊かな歴史の、ひとつの波のようなものだ。一八八〇年から三十年にわたり、マンハッタンのミッドタウン西側は歓楽街としての役割を果たしていた。一九〇〇年代初頭、男性による売春は珍しいことではなかった。ジョージ・チョーンシーは著書『ゲイ・ニューヨーク』のなかで、一九二七年にニュースタンドの店主が「艦隊が街にやってくると、舐められたい水兵がタイムズ・スクエアに大挙して押し寄せてきやがる」と愚痴をこぼしていたと記している。売春にも波はあったが、決して無くなることはなかった。一九八〇年代後半は、世間の関心が家出した子どもたちに向けられた時期だ。デイリー・ニュース紙は少年たちが「ファーストフードでの食事や、温かいベッド、あるいは豆粒ほど小さなクラックの三ドルのために体を売っている」と書いた。新聞が苦々しく「関係（リエゾン）」と表現したレイプは、小児性愛者の自宅で起きることだが、同じぐらい、尿や汚物にまみれたターミナルの階段で発生していた。一九九〇年代初頭、湾岸署の刑事たちは「違法な同性愛的行為」を重点的に取り締まっていた。

　湾岸局の上層部にとってセックスワークの蔓延は新しいニュースではなかった。彼らはそれを知っていただけではなく——その情報を個人的な利益のために利用した可能性もある。定年退職したニューヨーク市警察の元上層部の人間は、刑事たちが悪党の尻尾を掴み、彼らの犯罪の上前をはねていたと回想している。「あの時代、ニューヨーク市警察のやつらにとって、実際に逮捕して起訴するよりは、泳がせた方が都合がよかった」と彼は言う。「脅迫という言葉は使いたくないが、まあ、そんな感じだ」

　バスターミナルの二階にはトイレがあった。アンソニーがわずか十ドルで売春（トリック）をしていたのはここだと、モーとヘイズは教えられた。情報を提供したのは、8番街と9番街を結ぶ西40番通りに住んでいるアンソニーの友達で、カルロス・サンティアゴだった。建物の前の歩道から見上げると、ポート・オーソリティが通りの向こうに見えた。アンソニーのテリトリーは「普通のバー」で、チェルシー地区のレザーバー「ローハイド」も入っていた。サンティアゴ曰く、その店は誘われるのを待つ「ブルーカラーのビジネスタイプ」を惹きつけていた。そこが彼の友人の主な収入源だった。サンティアゴは「トリックス」というヘルズキッチン西48番通りにあるバーでも働いていた。

殺害されたピーター・アンダーソンとトーマス・マルケイヒーが滞在した「タウンハウス」に関しては、アンソニーが行くとはサンティアゴには思えなかった。しかしサンティアゴは後になって、「タウンハウス」から徒歩九分の53番通りとレキシントン大通りでアンソニーが精力的に働いていたと証言している。その辺りにはゲイバーがないので、勘違いかもしれない。しかし東に二ブロック進み、303東53丁目に行けば、「ラウンズ」があった――そこは年配の男性が若い男を、少なくとも年下の男娼を探す店として知られていた。ゲイ雑誌「HXマガジン」は「若い起業家が年配の投資家に出会う店」と書いている。ピアノの演奏者は、店に溢れる裕福なニューヨーカーや国外からの旅行客を眺めながら、「フロアの売り上げはどうだい？」と聞いたものだった。ハンサムなアンソニーは、身なりをきれいにしてさえいれば、「ラウンズ」の客に馴染むことができていただろう。

「ラウンズ」のセックスワーカーは便利な存在でもあった。デールという名の「ケプト・ボーイ［裕福な男性の愛人である若い男性］」は、マンハッタンで有名な室内装飾家と関係を持ちつつ、常連客の中から別の誰かを探していた。取引には暗黙のルールがあり、デールは「売る側の男たちはバーの横に待機して、買う側の男たちはバーにいた。まるで市場だよ」と語った。「ラウンズ」前の歩道も同じく集会所のような役割を果たしていた。それはストリート・トレードと呼ばれていて、店内に比べれば年齢が高く、社会経済的には下層にいる男たちのための場所だった。バーは「タウンハウス」から徒歩七分。

一九九三年五月五日、アンソニーはサンティアゴの家に宿泊していた。二人は友人として六年の付き合いがあり、サンティアゴの家の前で知り合ったそうだ。当時アンソニーには定住していた場所がなく、度々、宿泊していたそうだ。夜遅くまで飲み、マリファナを吸った。サンティアゴ曰く、彼がマリファナを吸うと「目がすごく小さくなるんだ」。朝七時にサンティアゴは一瞬、目を覚ました。昼、ようやく起き出して、まだぼんやりしている友人と、ポート・オーソリティで鉢合わせした。アンソニーはヴィレッジに仕事に行くと言っていた。三日後、サンティアゴは二十六歳の誕生日を祝っていた。アンソニーは招待されていたものの、姿を現さなかった。その後、サンティアゴは二度とアンソニーに会うことはなかった。

＊＊＊

モーとヘイズ刑事はまだアンソニーの客たちにあたってはいなかったが、避けては通れない存在だった──アンソニーを最も良く知る男たちだからだ。サンティアゴからの情報提供を受け、二人はブロードウェイで俳優をしている夫婦をマンハッタンに訪ねた。二人は売れっ子というわけではなかった。男性は純白の髪をハリネズミのように立たせていた──アルビノではなさそうだとモーは考えた──彼はアンソニーに対価を支払いセックスしていた。妻の耳に入らないように、家の外で事情を聞こうと気を遣ったのだが、「ああ、彼女は知っていますよ」と言った。男性はアンソニーの私物を入れたバッグを持っていて、モーとヘイズにコネチカット州ハムデンに住む男性がアンソニーと頻繁に会っていたと証言した。キャデラックに乗るこの男性は、アンソニーを一週間ほど独占していたそうだ。これは有力な情報に思えたが、コネチカットの男性は六十代半ばで虚弱体質だった。アンソニーを殺害したとしても、彼を切断する力はないはずだ。この男性は協力的でも友好的でもなかったが、なにより、哀れな男だった。寝たきりの兄との二人暮らし。ヘイズがクロゼットを開けたときに感じた死臭のような悪臭は、実際のところ、汚れた布きれが放っていた。

一週間にわたるニューヨークでの捜査を終えると、モーとヘイズはフィラデルフィアに行き、警察の報告書の精査を行った。ピーター・アンダーソンが住んでいたウォルナッツ通りから二キロ半ほど離れた場所にある、ラウンドハウスと呼ばれる拠点に立ち寄った。二人はアンソニーのかつてのホームグラウンドを案内された。二人はアンソニーの写真を見せて回り、先へと進んだ。新たな情報はなく、日が暮れる前にその場を離れた。

マンチェスター在住の刑事マーク・ウッドフィールドもフィラデルフィアを訪れていた。目的はいくつかあった。まず、アンソニーが街に住んでいたのかどうかはっきりさせること。なぜならニューヨークではアンソニーの住所を特定できていなかったからだ。二つ目の理由は、報告するためだった。刑事たちはアンソニーの兄のルイスを、狭い一戸建て住宅に訪ねた。彼の弟が殺害されたと報せるためだった。

事前準備が足りないことが失敗を招くと、ウッドフィールドは部下の刑事たちに言った。容疑者か目撃者か、それとも親類かにかかわらず、会話を始める前にできるだけその人物を知ることが大切だ。特徴を摑んでおくこと。共感すること。なんとかして会話を引き出すこと。ウッドフィールドの経験上、当日の日付さえ口にしないタイプの人間はいる。しかし、ルイスはそんなタイプではなかった。弟の身に起きたことを聞いた彼は落胆し、恥じ入っていた。被害者家族は精神的にボロボロになったり、否定することで痛みを和らげたりするものだ。しかしルイスは違った。メモを取るウッドフィールドに、自分が知っていることをすべて話していった。アンソニーは時折フィラデルフィアにふらりと戻ってきては、去っていくことを繰り返したという。アンソニーがどうやって生計を立てていたか、家族が知らないわけではなかった。いつかはドアがノックされ、彼の人生の終わりが告げられることを予測していたのだろうとウッドフィールドは考えた。

＊＊＊

アンソニーの遺体が発見されてから数日後、ニュージャージー州の検死官助手ギータ・ナタラジャン――刑事たちは親しみを込めてドクター・ナットと呼んでいた――が検死を担当した。ナタラジャンは、腕が立ち、行動が早く、死体は語ると信じていた。一度記者に対して、「死体は雄弁よ」と発言している。

気温の低い減圧室で、トーマス・ヘイズ刑事が手順を観察するなか、解剖が行われ、彼女はアンソニーが発見日の五日前に殺害されたと推定した。頭部は頸椎部分で切断されていた。両腕は上腕骨の真ん中で、両脚は大腿骨の真ん中で切断されていた。胴体は臍の十三センチ上で切断されていた。遺体の解体は死後行われ、切断面は鋭利で、皮膚を切れ味のよい刃物で切ったように見えた。骨の切断はノコギリが使われた可能性があり、直接の死因は体の前側と背中側にある複数の刺し傷だとナタラジャンは推定した。両足首には死後発生したと考えられる索痕がある。続いて薬物中毒のスクリーニング検査では、マリファナに陽性反応が出た。性的暴行や性行為は確認されなかった。

その晩家に戻ったヘイズ刑事は、妻に臭いを感じさせないように、ガレージでスーツを脱いだそうだ。

＊＊＊

トーマス・マルケイヒー殺害事件に状況が酷似していることから、アンソニーを殺した犯人が素人ではないことに、モーも、ヘイズも、ウッドフィールドも気づいていた。マレーロ事件の捜査が始まって数週間後、ウッドフィールドはニュージャージー州警察の人間とともに「レッド・ライオン（C部隊）」に行った。両者は情報交換をした。「同じやつに決まってる」と、ウッドフィールドは断言した。アンソニーの遺体から二十九キロ離れた場所で発見されたマルケイヒー事件との類似点は無視できないものだった。ごみ袋は二重、あるいは三重にされていて、結び目が二重結びになっていた。どちらの遺体も七分割されていた。どちらの男性もミッドタウンのゲイバーに出入りしていた。トムは客として、アンソニーは男娼として（刑事らは捜査の初期段階で二人が顔見知りである可能性を考えたが、直接的な繋がりは確認できなかった）。二人の事件に相違点はあったが、それはわずかだった。アンソニーの遺体は関節部分で解体されていたというよりは、バラバラにされていた。これは、犯人が骨を直接切断することで、正確さより速さを優先したということだ。そして、被害者の人物像にも一貫性がなかった。一人がホワイトカラーで、もう一人はセックスワーカーだ。

トムの事件を捜査していた州警察は、犯人はスタテン島在住ではないかと睨んだ。アンソニーの頭部が入っていたアクメ社の袋の出所を追跡した担当刑事たちも、間もなく同じ結論に達した。刑事らはアクメ社の担当部署に連絡を入れ、『MADE WITH PRIDE BY BOB H. AND JERRY H.』と印刷された袋がいつ、どこで使用されたのかを確認してもらった。担当部署の人間は、そのバッグは宣伝用ツールであり、作成した人物のイニシャルをそれぞれ印刷したと答えた。そのため、アクメ社はジェリーとボブの袋がどこで配布されたのかを正確に答えることができた。リストは長かった。ペンシルバニア州ウェストタウン、ペンシルバニア州オックスフォード、ニューヨーク州バス、ニュージャージー州マンチュア、ペンシルバニア州ランスフォード、ペンシルバニア州カレッジビル、ニュージャージー州ユニオンシティ、ニュージャージー州ライトスタウン、ニュージャージー州タッカートンだった。

とある場所が際だった。ニューヨーク州スタテン島である。刑事らはニューヨークシティの最南端区に集結すると、捜査を展開した。アンソニーの友人から聞きつけた噂を追ったのだ。マンハッタン区のブリル・ビルディングにある伝説的レコードショップ「コロニー・レコーズ」の経営者に頼まれ、アンソニーはヒスパニック系セックスワーカーをスカウトしていたという噂があった。その男性はイタリア系の名前で、スタテン島に住んでいた。後に、この手がかりは大部分が間違っていることがわかった。アンソニーの頭部が入っていたアクメ社の袋には、指紋が二ヶ所、掌紋が一ヶ所残されていたが、「コロニー・レコーズ」の従業員たちの指紋とは一致しなかった。蓋を開けてみれば、このイタリア系の男性自身が、スタテン島の自宅から男娼を斡旋していたことがわかった。アンソニーはその中には含まれていなかった。

指紋は、指紋自動識別システムでも、それ以外でも一致しなかった。ウッドフィールドは怒りに震えた。「シリアル・キラーがいるというのに、一度も逮捕されていないのか？　そんなことが許されるのか」

＊＊＊

一九九三年八月、ニューヨーク・タイムズ紙が連の殺人事件について報道し、その大部分がアンソニー事件について記載されたものだった。今にして思えば、それは驚きだった。ピーターとトムの殺害後、有力なフィラデルフィア・インクワイアラー紙やボストン・グローブ紙を含む地元の新聞が、事件の詳細を報道していた。しかしアンソニーの死については、ニューヨークのメディアの大半が無視したし、フィラデルフィア・インクワイアラー紙、アズベリー・パーク・プレス紙、そしてクーリエ・ポスト紙が短い記事を数回掲載しただけだった。

アンソニーの人生については、ニューヨーク・タイムズ紙の記事で紹介された内容が知られている程度だった。兄のルイスが、薬物中毒、破綻した結婚生活、そして生活全般の乱れについて語っていた。

ハンサムで鍛えた肉体を持つマレーロ氏は、家族にとっては謎多き人物で、長年姿を消しては戻り、幸せな話をたくさんしたり、金の無心をしたりした。一九八〇年、男性との関係を求めたことが原因で結婚が破綻し、それがマレーロ氏の人生を変えたのだろうと兄は語る。

「旅に出るようになったんです」と兄は言う。それでもマレーロ氏は、女性との交際も続けていたと兄は付け加えた。「一つのところに落ち着くことはありませんでした。母親に会うためにワシントンからカリフォルニアに行っていました。ニューヨークに行き、戻ってきたこともありました。どこにいるかわからない時期もありました」

ルイスは弟の人生の頂点について詳細に語った。フィラデルフィア・フィリーズで投手になるという夢を抱いた時期もある。一日がかりのトライアウトに呼ばれたこともあったそうだ。残念ながら戻ってこいとは言われなかった。「それでもトライアウトの招待状は見せてくれました」とルイスは記者に語った。「とても誇りに思っていたようです[*1]」

ニューヨークに越したのは、アンソニーが三十代中頃の一九八五年あたりだったという。一九九〇年には用務員として八ヶ月ほど働いた。売春に手を染めたのがいつ頃なのか、明らかではない。

アンソニーの遺体発見から数週間後、刑事らは積極的にこの事件を捜査することをやめた。モーとヘイズは別の殺人事件の捜査を任され、この年の夏に数件の事件を解決に導いた。「とにかく遺体を調べていたよ」とモーは言う。オーシャン郡検察当局には複数の機関から似たような事件の情報がテレタイプで送られてきた。しかし、そのどれも事件捜査を進展させるものではなかった。

一方、チェルシーにあるニューヨーク市アンチ・バイオレント・プロジェクト（AVP）――警察の無関心に対抗するため、十年以上前に設立された組織――の小さな事務所では、スタッフが怒りに震えていた。クイアのコミュニティにとって、街はますます暴力的な場所となっていた。中心的なメンバーのビー・ハンソン氏は、一年前に遺体が発見された直後、トーマス・マルケイヒー殺害事件についてニューヨーク市警察に問い合わせをしていた。アンソニー・マレーロの遺体が発見されると、彼女は再び連絡を入れた。

「返答は一切ありませんでした」と、彼女はアドボケート誌に語った。

注1：フィリーズの代理人によると、アンソニーのトライアウトの記録はないとのこと。

第六章　ぶん殴られていいはずがない

　一九八五年二月二十三日、ファッションを専攻していた学生のエイジル・ダグ・ヴェスティがライフルで頭部を二発銃撃された。チェルシーの有名なクラブ「ライムライト」でその日の夜は始まっていた。オープニングナイトはアンディ・ウォーホルが主宰するパーティーだ。夜が終わりを迎えたのは、ニューヨークのストーニー・ポイントにある燻製場だった――ヴェスティの遺体は黒焦げの状態で、多数の銃弾が撃ちこまれ、顔は黒革のマスクで覆われていた。

　国連職員の息子で二十三歳のバーナード・レゲロスがヴェスティを撃ったことを認めたが、それはマンハッタン在住アート・ディーラーのアンドリュー・クリスポという小太りで巻き毛の男の影響だったと証言した。レゲロスはクリスポのボディーガード兼運転手だった。クリスポのギャラリーで殺害に使用された武器が発見された。クイア・コミュニティ内でサディストとして知られていたクリスポは、殺害容疑での起訴は免れたものの、翌年には脱税の罪で刑務所に送られることになった。

クリスポを永遠にストリートから排除したいと考えたマンハッタン地方検事ロバート・モーゲンソウにとって、これでは十分ではなかった。助けを得るため、結成間もない組織「ニューヨーク市アンチ・バイオレンス・プロジェクト（ＡＶＰ）」に出向いた。クリスポの暴力性を証明できる人物に心当たりはないか尋ねたのだ。答えは、イエスだった。カナダ人大学院生がギャラリーのオーナーであるクリスポと過ごしたことがあり、彼を恐れていた。不安を抱えた若者は、地方検事補リンダ・フェアスタインに紹介されることになった。彼女はセントラル・パーク・ファイブとして知られる五人の黒人の若者を、強姦罪で起訴した免罪事件で有名だ。十年以上にわたって性犯罪捜査チームを率いた経験がある。大学院生が彼女に証言したことによると、四年前、クリスポの命令を受けたレゲロスら男性四人に暴行を加えられ、スナッフフィルム〔実際の殺人を撮影したフィルム〕を撮影するため、殺害できる人間の名前を言えと強要された。彼が拒むと、男が彼の頭を便器に突っ込み、「ハッピーバースデー」を歌うよう脅した。すでに脱税で服役していたクリスポは、誘拐の容疑で起訴された。裁判で大学院生の証言が行われたにもかかわらず、この時もクリスポは無罪を言い渡された。

　ＡＶＰにとっては、無罪だったにもかかわらず、クリスポのケースは成功だったと言えた。偏見に基づく犯罪に対する司法当局の反応の鈍さに、クイアのニューヨーカーたちの期待感は低かったからだ。初期のＡＶＰメンバーの一人は、「私たちにとっての成功とは、誰かが事件を真面目に取り上げてくれることだったから」と語った。実際に、裁判が行われたこと自体、

ＡＶＰの実地調査の賜物であり、それは司法当局の力量の及ばない場所にまで広げられていた。

ＡＶＰの活動は、本質的にはクイアの生き方に対する制度的無関心への反応として、エイズ蔓延の幕開けと同時に始まった。

一九八〇年三月、チェルシー在住の三人の男性が白人の子どもたちにバットで襲われた。男性の一人は歯を二本失った。もう一人は額を三十六針縫う怪我をして、眼球を傷つけられたうえに、鼻骨を骨折した。この事件も、地元紙では報道されなかった。ゲイの男性に対する暴力行為は日常茶飯事だったし、この事件も、最初はそんな事件のひとつだった。何ヶ月にもわたって、男たちはニュージャージー、ロングアイランド、ニューヨークの外側の区域から車でやってきては、ヴィレッジやチェルシーに住むクイアと思われる人々に瓶を投げつけていた。襲撃者は時には車から降りて彼らを殴打した。そういった暴力を警察に通報することは無駄だと思われていて、実際に助けを求めて頼ることができる場所などなかった。この年の十二月にとある活動家がデイリー・ニュース紙に対して、「裁判になったとしても、ゲイだとバレたら、弁護士なんて敵になる」と語っている。

こうした理由から、この時期のニューヨーク市で発生したクイアに対する暴力事件数を正確に把握することは難しい。一九八〇年、ニューヨーク市警察は、統計は取らないと宣言した。デイリー・ニュースのコラムニスト、ピート・ハミルは、この前年に、サスペンス映画『クルージング』への抗議者たちについて書き、その状況を簡潔に描写している。

このような暴力は長年にわたって行われてきた。新聞で報道されることは滅多にないし、警察に通報されることさえない(なぜなら、多くの同性愛者はそれをひた隠しにしているからだ)。このような暴力は単に都市生活の一部であり、すべての市民が直面している危険だとされる。しかし、このような暴力の一部は、明らかに、同性愛者に向けられたものなのだ。

公式な統計数は不明とはいえ、明確な軌跡は見て取ることができる。一九八五年から一九八九年のあいだに、地元団体によるクイアを狙った事件の報告数は、二〇四二件から七〇三一件にまで増えている。これが現実の発生数より下回っているのは明白だ。クイアを標的とする暴力事件の特徴は、この時代の最初に執筆されたある論文に詳しい。ゲイ男性の殺害事件は制御できない怒りが特徴で、ほとんどすべての事件で、そういった怒りが確認できるとされる。「このタイプの殺害事件の大多数に存在する顕著な特徴は、陰惨で、凶暴な性質である」「同性愛者の被害者が、単に銃撃されることはほとんどない」と続く。「刺され、切断され、絞殺される傾向にある。銃撃による致命傷を与えられたあとでさえ、刺され、切断されるケースが少なくない」

一九八〇年三月に発生した事件が人々の記憶に残り、引用され続けた理由は、事件による影響が実際にあったからだ。被害者は近隣の第十警察管区に運び込まれた。チェルシー・ゲイ・アソシエーション（CGA）のメンバーが付き添っていた。一九七七年に結成されたCGAは、活動家組織としてスタートしたわけではなかったが、チェルシーに越してきたばかりのクイアたちが出会い、コミュニティを作る手段としての役割を果たしていた。実際には、メンバーは数百人のゲイ男性と数人のバイセクシャルの女性に限定されていた。

最終的に、状況は切迫していた。殴打事件が典型的だが、チェルシーでは法と秩序は存在しないかのようだった。CGAの代表者は第十警察管区に対して、夏前に確実に数が増える暴力事件に対する追加のパトロールを要求した。管区を統括する指揮官は「その必要はない」と拒否した。言い換えれば、**自分の身は自分で守れ**ということだ。

六週間後、十以上のグループからの支援を受け、CGAは聖使徒教会の教区信徒会館二階で緊急フォーラムを開催した。『チェルシー区で発生する暴力事件への解決法を見いだすため、近隣住民が共に考えます』とチラシに印刷された。

参加者のなかには市議会議員や活動家が含まれていた。当時はニューヨーク・ネイティブ紙に掲載する広告販売をしており、後に州上院議員となるトーマス・デュエインも参加していた。フォーラムで語られた内容について正確な記録は残っていないが、集会は望ましい効果を生み出した。急成長を遂げる選挙区を代表する参加者の力を示すことができたのだ。アーサー・カーンの『ゲイの多くの顔』に記されたように、数日、あるいは数週間以内に、複数の活動家がマンハッタン区地方検事、警察署長、ニューヨーク市住宅公団のトップと会合を重ねた。数ヶ月以内に、CGAから分離独立したチェルシー区ゲイ協会AVPが結成された。

活動はラッセル・ナッターとジェイ・ワトキンスのアパートから始まった。友人曰く、二人は「献身的で、あらゆる意味においてカップル」だった。数週間でクイアに対する攻撃の情報がホットラインから寄せられた。二人は肩肘張らないカウンセリングを提供し、被害者が犯罪被害者支援センターや官僚的組織と交わすやりとりの支援も行った。CGAの役員の一人は「ボランティアのなかには、州や市の組織に詳しくなったメンバーもいて、一部は警察や地方検事、政府機関の職員によく知られる存在になったのです」と数年後に書いている。

ホットラインからのニュースが広がると、ありとあらゆる暴力に関する情報が市内各所から寄せられるようになった。これは痛みを伴う成功だった。増え続ける求めに応えるため、ナッターとワトキンスは活動規模を拡大し、四十人のボランティアを確保し、ゲイが所有する不動産会社から又貸しされた場所に事務所を構えた。二人はボランティアをまとめ、資金を集め、ホットラインのモニタリングを続けた。とても骨の折れる作業で、ナッターもワトキンスも、疲れ果てた。

一九八二年九月、ホットラインに過大な負荷がかかっているため、新たなボランティアが必要だとネイティブ誌が報じた。ジェイコブ・リース公園内の公共浴場において、警察がおとり捜査を行っていることが報告されていた。この年の夏だけで、一二〇〇名の逮捕者が出たとナッターは見積もった。ホットラインのボランティアは、被害者と週に数時間の会話が可能な人物が望まれ、「欠かせないのは、忍耐力と理解力」だとネイティブ誌は記した。

この年、州上院議員デュエインの支援のもと、チェルシー区ゲイ協会ＡＶＰはニューヨーク州犯罪被害者補償委員会から六〇〇〇ドルの助成金を得た。プレスリリースでは、新しい名称と次なる野望が発表された。新しい名称は「ニューヨーク市ゲイとレズビアンのＡＶＰ」だった。プレスリリースでは、五つの行政区で発生するクイアを狙った暴力事件のすべてを記録し、暴力事件の被害者とともに警察へ向かうためのボランティアを派遣し、マンハッタン、ブルックリン、クイーンズの地方検事局とともに活動していることを報告していた。ほどなくして、ボランティアは週に十件以上のクイアに対する暴力事件の報告を受けるようになった。

新たな資金を獲得し、独立したＡＶＰには事務局長の就任が不可欠で、マンハッタンのユニオン神学校を卒業したばかりのレベッカ・ポーパーがその人に選ばれた。彼女は、資金調達、組織の知名度を上げること、反クイア犯罪に注目を集めること、地区検察局、警察、市長執務室を含む政府関連機関との調整役を務めた。ちなみにポーパーによれば、ＡＶＰの役員の多くが役人たちから敵対視されていたらしい。「怒鳴りつける以外に、やり方を知らなかったんでしょう」

警察への働きかけは警察管区レベルからスタートしたが、それは最初の段階からＣＧＡの戦略の一つだった。当時、このようなセッションは「感受性トレーニング」と呼ばれており、護身術インストラクターのランス・ブラッドリーが警察に対して、反クイア暴力についてのガイダンスを行った。AVPは徐々にこうしたサービスを、ジャクソン・ハイツ、クイーンズ、パーク・スロープ、そしてブルックリンといった収入の低いクイアが集まるコミュニティに拡大させた。しかしそもそもの焦点は、いわゆるゲイの居住区（ゲットー）――チェルシーの第十地区と、ウエスト・ヴィレッジの第六地区である。

朝の出席確認が終わると、ブラッドリーが自身の近隣で発生した犯罪についての議論を進めた。彼は警察官らにクイア市民がなぜ警察を恐れるのか、その恐怖を払拭するために何ができるのかを伝えた。この訓練は、警察には歓迎されていなかった。ブラッドリーも前任者も嘲笑されただけだ。クイアを標的とする暴力の議論の最中に、最前列に座っていた警察官が、女性用下着を取り出して、指で触ったことがあったそうだ。

数十年後、ポーパーは自分が行ったトレーニングについて、その効力は限定的だったと振返った。警察とAVP間の亀裂は深く、成功は約束されてはいないと彼女は感じていた。「当時、警察はゲイから教わりたいとは考えていませんでした。エイズを恐れることはありませんでしたが、とにかくゲイが嫌いだったんです。とにかく、私の戦略はわかりやすく伝えることで、**『みなさん。ようこそ街に来てくださいました。あなたのために、たっぷり税金を支払っています。トレーニングもしています。あなたが着ている制服だって、私たちのお金です。ア**

メリカ国内で最も手厚い医療サービスも提供しています。そのお返しとして、あなた方にしていただきたいのは、ゲイに対してあなたが感じていることの全てを思い出し、それを捨てることです。ゲイの男性、レズビアンと、人間として接してほしいのです。制服を脱いで家に戻ったら、何をしたって自由です。でもニューヨーク市にいる時は、肝に銘じてほしいのです』こう言えば、彼らは幾分リラックスしてくれます。先入観を覆そうとしていたわけではないですから」

何年もの間、警官たちはグリニッジ・ヴィレッジの第六区を「ブルースの砦」と呼んでいた。「ゲイ・コミュニティを皮肉ってそう呼んでいたのです。ブルースにはゲイという意味合いがあるから」と、現役を退いた警察官が証言している。より深刻で非人間的だったのは、警察がエイズを頑なに「ゲイの病気」と主張し続けたこと、そしてエイズの疑いがある人を扱うときには、頑なに手袋を外そうとしなかったことだ。これはエイズに対する恐怖心だけでなく、クイアであるニューヨーカーに対する、警察全体からの不信感も表していた。

チェルシー地区の第十分署はマンハッタン西側の14丁目から43丁目までの地域を統括していたが、同じように問題を抱えていた。汚職は、当然のようにはびこっていた。警察官らの多くが、バー、クラブ、売春宿から賄賂を受け取っていると告発されていたのだ。クイアに関連する犯罪が起きると、第十分署は「何をやってこうなった？」との態度を崩さなかった。警察官たちは、家庭内の争いに対応する時と同じような方法をとった。単なる調停だ。ネイティブ誌の記事によると、逮捕の代替手段として、起訴を望む反クイア犯罪被害者は「調停・紛争解決センターへ加害者を出頭させるため、召喚状を発する」必要に迫られたのだ。

このような侮辱にもかかわらず、AVPは警察を敵対視するのではなく、第六分署と第十分署との間にパートナーシップを築き上げ、彼らの良心に訴えることのほうがより生産的だと考えた。**我々はあなたたちの力を必要としているニューヨーク市民なのです**、と警察に訴えた。**私たちが私たちであることで、被害を受けているのです。**そう伝えたのだ。

一九八五年一月、表面上はコミュニティとの関係を良好なものとする努力として、エドワード・コッチ市長事務所は、レズビアンとゲイ問題対策審議会を立ち上げた。トップを務めたのはロバート・ジョンストン氏だった。大柄なアイルランド人で、ある程度は寛容な人物だと言われていた。彼は正しいことを言い、情の深い人のように聞こえたが、ウォール・ストリートのトリニティー教会前で行われた製薬会社の不当利益行為に対するACT UPの初めての抗議行動では、部下にメンバー十七人を逮捕させた。ACT UPが目指したのは、警察が群衆を排除するか、逮捕する前に、報道関係者が撮影できるだけの時間、抗議行動を続けることだった。ニューヨーク市警と唯一、有益な協力関係を築いていたクイア組織であるAVPが、両者の仲介役となった。ジョンストンに対して、これから先、デモに参加する人たちに警察が猶予を与えるよう訴えたのだ。警察がそうする場合もあったという。

AVP、鉄道警察官、地方検事局、そしてコッチ市長によるゲイとレズビアンの連絡会が、六週間ごとにマンハッタンのワンポリス・プラザにあるニューヨーク市警本部で会合を持った。個別の事件について論じ合うのではなく、ジョンストンは警察管区レベルのトレーニング、エイズ危機、そしてヘイトクライムについて指揮官たちと話し合った。実際にこのような取り組みをしてみてわかったのは、これは民間人というよりは、警察に利益があることだった。ジョンストンが求めていたのは、クイアのコミュニティをなだめること。なにせ、コッチ市長のご機嫌を取り続けたかったのだ。同僚は「ジョンストンが最も避けたかったのは、誰かが市長執務室に電話をかけて、エド・コッチに対して『ジョンストンって男を知ってるか？あいつはやっかいだ』と言われることだった」と証言した。

コッチ市長の代理人は連絡会、市とクイア・コミュニティ間のパイプ役として位置づけられた、連絡調整役の一人だった。モーゲンソウ地方検事が再選を目指した選挙運動をきっかけに、地方検事局にもそのような役割を担う人物が置かれるようになった。若い女性のジャクリーン・シーファーはゲイ・メンズ・ヘルス・クライシス、そしてAVPといった組織に働きかけ、ゲイの被害者の取り扱いの改善策について地方検事補を指導し、法執行に関する問題についてすりあわせを行い、そして、少なくとも活動を始めた頃は、被害者とともに警察管区に赴き、犯罪を報告していた。年に五〇〇件以上の性犯罪を取り扱う事務所を統括する地方検事補リンダ・フェアスタインによって、シーファーは採用された。「刑事裁判に呼ばれた目撃者に対する取り扱いが不適切なケースが多かった」とフェアスタインは振り返った。地方検事からすれば、クイア・コミュニティとの連携は、**私たちはあなたの仲間です、あなたの話を聞きます**と伝えるチャンスだった。

評議会、連絡会に対しては、クイアの人々のニーズに制度上対応できていないという否定的な意見もあった。クイアの代表として市長や地方検事と交渉を行うのが調整役だとニューヨーク在住のクイアたちは考えていたが、とある活動家によると「実際は正反対だった。調整役は市長や地方検事の代理人で、本質的にあちら側の謝罪係として存在していた。彼らの仕事はコミュニティから寄せられる異議を抑えこみ、権力者に対して要求を出すコミュニティをなだめることだった」

ポーパー在任中に、モーゲンソー地方検事局がAVPに対して、クイアを標的とする暴力事件の起訴をめぐって弁護士と協力するよう依頼した。司法当局はこのような犯罪に真剣に取り組み始めたばかりであり、問題は山積していた。新しい種類の犯罪で、効果的に起訴するためには新たな戦略が必要だったのだ。

この時代に一般的だった弁護スタイルは「ゲイ・パニック・ディフェンス」と呼ばれていた。クイア殺人や暴行事件の容疑者は、被害者に罪をなすりつけることで刑期を短縮したり、完全に罪を免れることさえ可能だった。この弁護スタイルは何十年にもわたって一般的に行われており、始まりは一九六〇年代とされる。弁護理論には三つのパターンがあり、どれか一つが選ばれる傾向にあった。被害者の性的志向を発見したことが、加害者を殺人に駆り立てるに十分だとする挑発型。被害者の同性愛の発覚が、差し迫った、重大な身体的危険になると加害者が信じるに十分だったと主張する正当防衛型。そして最後に、被害者の性的志向を知ったことで、短期間のうちに精神的なバランスを失い、殺人を起こしたと主張する心神耗弱、精神疾患型。

九十九歳でモーゲンソウが亡くなる数ヶ月前、彼はゲイ・パニック・ディフェンスについて「下らない言い訳」だと切り捨てていた。

＊＊＊

警察、活動家、そして検察にとって、エイズの到来は過剰なパニック・ディフェンスの横行を予感させた。クイアはウイルスの原因と糾弾されていたのだ。一九八〇年代に五人を殺害したロサンゼルスの男は、捜査官らに「あんたらなんにもわかっちゃいねえ。やられるまえにやるんだよ。あいつらはエイズをばらまいてるんだから」と吐き捨てた。初めて地方検事補のフェアスタインがゲイ・パニック・ディフェンスを経験したのがいつなのかは定かではないが、「確実に八〇年代だったし、私のなかではエイズ流行の時期と重なっている」と彼女は言った。

ありきたりの表現であり、率直ではあるが、事件が表沙汰になってしまうことへの分別ある配慮が、このような事件を起訴し、そして抗弁を打ち破ることを難しくしていた。すでに司法制度に不信感を抱いている被害者は、検察官に対して暴行の内容を明らかにすることに消極的だった。ゲイであることさえ認めたがらなかったり、そもそも性的な誘いが暴力に発展したことを否定する場合もあった。地方検事補に対して性的志向を実際に打ち明けたのは、二度目、あるいは三度目の面談だったケースも少なくない。それは酷い板挟みだった。真実を告げた被害者の性的志向は表沙汰になり、人生が大きく変わる可能性があり、正義が下されないかもしれない。しかしもし口を閉ざし続ければ、加害者は自由の身だ。フェアスタインはいくつかの事件では「最初の話に信憑性がないから、裁判にすることすらできなかった。とてもつらかった。法廷の場で真実をつまびらかにしない限り、彼らは負けてしまうから」と言う。

地方検事局に対するAVPのゴールは、今にして思えば控えめなものだった。「地方検事局に、夜中にゲイバーから出てきたという理由だけで、ぶん殴られていいはずがないと理解してもらいたかったんです」と、初期のAVPメンバーは語っている。ハラスメントや暴力に、モラルも法的根拠もなかったからだ。AVPは、弁護士たちとのトレーニングでセクシズムとヘテロセクシズムの比較を行った。女性被害者にアプローチするとき、**彼女の着用していた衣類について責めますか？　夜中に彼女がいた場所について、責めますか？**と、弁護士らに疑問を投げかけるのだ。

エマーソン・スティンゴはこのようなトレーニング・セッションを頻繁に行っていたと同時に、AVPの裁判所監視プログラムの責任者でもあった。ジャーナリストで映画監督のデビッド・フランスは彼について、画期的なノンフィクション作品『疫病をどう生き抜くか』［未邦訳］に、こう書いている。

四角い頭に少し斜めになった前歯、六十代中頃の上品な男性は、彼が「裁判所監視」と呼ぶ行動を、とある企業で人事部長を務め、退職した後、自ら進んでやり始めた。週に数日、彼はピンクの三角形のワッペン［第二次世界大戦中、ナチスが同性愛者にこのワッペンをつけて強制収容所に送り込んだ］をスーツにつけ、市内の裁判所の傍聴席に座り、裁判官や陪審員に影響を与えられることを願って、ただ静かに監視を続けた。

AVPは、被害者に対する敵意むき出しの邪悪な反対尋問に備えるため、検察側が被害者にその心づもりをさせるというサポートを行っていた。その心づもり自体が被害者にとって居心地のいいものではなかったので、AVPは支援システムとして、弁護士らに、より侮辱的でない尋問内容の提案も行った。反対尋問への提案を快く受け入れてくれる検事も少なくはなかった。ジョン・F・ケネディ・ジュニアも、すぐに提案を受け入れた一人だ。原告側は彼を尊敬していたが、彼の虜になってしまうことも多かった。とある事件では年配の男性が殴打され、ケネディが彼の尋問を行った。その報告会で尋問の内容をスティンゴが被害者に尋ねると、尋問はうまく答えられたが、地方検事補［ケネディのこと］の髪型がとても素敵だったと答えたそうだ。

ケネディは無罪評決を勝ち取った。

＊＊＊

一九八五年十月、レベッカ・ポーパーは激務に疲れ果て、ＡＶＰを去った。後任には、ニューヨーク市犯罪被害者支援センターの元職員で、イェール大学神学科で講師を務めていたデビッド・ワートハイマー事務局長が就任した。ワートハイマーは情熱的で魅力的な男性で、報道関係者と同様、自治体の官僚との交流もスムーズだった。ポーパーが構築してきた関係を引き継ぎ、強化し、組織のプログラムも拡大させた――同性間によるドメスティック・バイオレンス・プログラムで、一九八六年八月に始まった、国内初となる取り組みだった。翌年には、男性に対する性的暴行のプログラムも追加された。

それまでと同じく、仕事は増え続けた。一九八五年には被害者が二四七名となり、前年比で四十一パーセント増えていた。七件の殺人事件、五十六件の強盗事件、二十二件の性的暴行事件がその数に含まれる。一九八六年の最初の七ヶ月間で、ＡＶＰは二六三名の犯罪被害者を集計した。そのうち、十四件が殺人事件、十七件が性的暴行事件だった。エイズは、実際に反クイア犯罪を加速させ、三分の一は明らかにエイズに関連した事件だった。

一九八六年七月、連邦最高裁判所はバウアーズ対ハードウィック事件（家のなかでオーラルセックスを行って逮捕された）で、ジョージア州ではオーラルセックスとアナルセックスを――実質的には、同性愛自体を――犯罪と見なすことを合憲とする判決を下した。判決から一週間後にニューヨークで行われた抗議行動で、ＡＶＰの若手スタッフがアソシエート・プレス社の記者に対し「アメリカ全土でゲイとして成長している若者は、自分たちが犯罪者として成長していると感じているに違いない」と語った。

しかし数ヶ月後に、別の政府機関で大きな動きがあった。アメリカ合衆国下院だ。マサチューセッツ州選出のバーニー・フランク議員の後押しにより、ミシガン州選出で下院刑事司法小委員会議長のジョン・コニャーズ議員が、クイアを標的とする暴力に関する公聴会を開催することとなった。これは初めてのことだ。「コニャーズがゲイ・コミュニティを代表する活動家だとは思わないけれど、彼であれば十分説得力があったからでしょう」と、当時の全米ゲイ・レズビアン専門委員会会長ケヴィン・ベリルは言う。公聴会を企画したベリルは証言者たちの選定に関わった。その中にはワートハイマー、ニューヨーク市警ロバート・ジョンソン（公聴会が法執行機関からの信頼を得られるよう選ばれた）、コミュニティ・ユナイテッド・アゲインスト・バイオレンスのダイアナ・クリステンセン、アメリカ心理学会代表としてカリフォルニア大学デービス校のグレッグ・ヘレック、そしてクイア攻撃の生存者三人が選ばれた。

三人の生存者でメイン州に住んでいたのは、ロバートだった。「ゲイとして生きることの苦難について話したいと思います」。このようにして彼の証言は始まった。八ヶ月にわたって、ロバートはとある男性の集団に、肉体的に、また言葉によって執拗に脅迫され、尾行されていた。警察には十五回も出来事を通報し、裁判所にも出向いて接見禁止命令を求めた。男たちは諦めず、「ホモを殺す」と主張した。ロバートは銃を借りた。二日後、男たちは彼の自宅を囲み、ドアを蹴破ろうとした。彼は再び警察を呼んだ。「警察は、今は忙しいと僕に言ったんです」と、彼は立法者たちに語りかけた。

ロバートは警察に「それなら自分でなんとかする」と伝えた。そう言えば、何か反応があるかと考えたのだ。しかし警察からの反応はなかった。男がドアを蹴破ろうとしている間に、ロバートは銃を取り出し、再び警察に電話をかけた。三階建てのアパートの窓から外を見ると、男たちが建物の前にいるのが見えた。**アパートから出るには、窓から飛び降りるしかない**と考えたという。だから、男たちに立ち向かうしかないと心を決めた。何しろ、やつらは建物に火を放つかもしれない。だから彼は階下に降りていき、ドアを開け放った。「ここにいるぞ！」と、男が叫んだ。男たちがロバートに向かって近づいてきたので、ロバートは空に向かって銃を撃った。望んだ結果は得られなかった。彼は銃を下げたが、訓練など受けたことがなかったため、男たちのうち一人を誤って撃ってしまい、男は体を丸めて地面に倒れた。男たちを押しのけようとし、ロバートは故意ではなく再び倒れた男を撃ってしまい、殺してしまった。

州警察が駆けつけ、ロバートを署に連行した。警察は彼からの通報内容を確認した。それに対して、なんの対策も行われてないことが判明した。警察は彼を釈放した。「三週間後、私を殺したいと考えていた男の墓に行きました」と、ロバートは議員たちに言った。「跪いて祈りながら、彼の墓に手で触れて、私に対する彼の憎しみと殺意を許すと語りかけました」

公聴会はコニャーズによって支援を受け、「人種、宗教、性的志向、民族への偏見に基づく犯罪データの提供と公表を規定する」HR三一九三法案へと繋がった。クイアのアメリカ人が、連邦法の一部として公式に表記された、間違いなく初めての事例である。

＊＊＊

ＡＶＰの苦労は続いていた。ワートハイマーの努力にもかかわらず、クリスポ事件も、議会聴聞会を開いても、反クイア暴力についてメインストリームのメディアに取り上げられることは簡単ではなかった。ニューヨーク・ネイティブ紙やアドボケート紙といった、規模は小さいながらも影響力のあるクイア専門紙では大きく取り扱われていたが、それ以上のことは起きなかった。一九八六年十二月、ニューヨーク・タイムズ紙の若き記者ウィリアム・グリアからワートハイマーのもとに一本の電話がかかる。グリアはゲイのアメリカ人に対する暴力事件が記事になるかどうか、同僚と話をしていたのだという。

「電話を待っていましたよ」とワートハイマーは応えた。その記事は「同性愛者に対する暴力事件が増加　支援グループがよりいっそうの保護を求める」として、日曜版の三十六ページに掲載された。

同性愛者に対する攻撃は、彼らが市民権を求めるために声を上げたこと、エイズの蔓延が広く認知されたことにより、過去三年において国内で急激な増加傾向にある。

メインストリームな刊行物に、初めて、反クイアの暴力事件が真剣に取り扱われたとワートハイマーは考えた。これは当然、進歩には違いないが、九月に法曹協会がクイアを標的とする暴力に対して公式に非難した時と同じく、わずかな進歩だった。

ニューヨークの状況は、市でも州においても、彼らを意気消沈させるものだった。一九八七年五月、ニューヨーク市警はゲイとレズビアンが仲間に加わることを公然と拒否した。「警察内に同性愛者はいらないし、地域社会にも必要ない」と言ったのは、ニューヨーク市警ショムリム・ソサイエティ会長だ。アイルランド人エメラルド・ソサイエティの幹部は「モラルある人間が仕事に就くべき」と言った。カトリック・ホーリーネーム・ソサイエティの幹部は「同性愛者の警官と仕事をするのは、はっきり言って不愉快だ」と言った。ワートハイマーはジョンストンへの書簡で、「悪意と偏見に満ちた言葉による暴力行為である」と書いた。

警察がゲイとレズビアンの同僚を歓迎しなかっただけではなく、彼らを実直で道徳的な人物と見ることもしなかったのは、特にゲイの男性が、エイズが存在し蔓延していることのスケープゴートにされている証拠だった。ゲイ・プライド・デイに開催されたパレードに参加しようと現場に向かっていた若い男性が、五人の男たちによって顎を砕かれ、「薄汚れたエイズ野郎」、「ホモ野郎」と呼ばれた。ニューヨーク市内で、ゲイの人々に対する殴打事件、殺傷事件、レイプ事件、恐喝事件が一九八五年から一九八六年の間で八十三パーセントも増加した。ニューヨーク市警の偏見（バイアス）取締班の巡査部長は「攻撃の増加に影響を与えているのがエイズウイルスだということは、疑いようもない」と語った。可視性もその要因の一つだ。この数年前、センセーショナルなドキュメンタリー番組『ゲイ・パワー、ゲイ・ポリティックス』がCBSニュースで放映され、暴力が一気に急増するきっかけになったとされる。

この状況をより深刻にしたのは、ニューヨーク州オルバニーの議員たちが、クイアへの暴力を別のタイプの暴力と同等に扱うことに消極的だったことだ。

マイケル・グリフィスという名の二十三歳の黒人男性が、ハワード・ビーチで十人以上の白人男性にベルト・パークウェイまで追いかけられ、そこで車に撥（は）ねられ、死亡した。これに対して、ニューヨーク州知事で民主党議員のマリオ・クオモと市議会議長は、偏見に基づく犯罪の厳罰化を求める法案を可決しようと試みた。共和党は、この法案にゲイとレズビアンに対する暴力も含まれることを理由に反対した。ワートハイマーは、ゲイとレズビアンに関する条項がなければ、この法案は「強い力を持つ反同性愛の声明であり、反同性愛暴力の容認になってしまう」とデイリー・ニュース紙に語った。

これは魂を削られるような仕事だった。ここから二年間、ワートハイマーは努力を続けた。

＊＊＊

ＡＶＰのスタッフは、効果的に、そして穏やかにニューヨーク市警を促してきた実績がある。多くの警察管区でもそうであるし、署長に対しても同じだ。一九九〇年、スタッフはベトナム戦争帰還兵ジェイムズ・ザッパロルティ殺害事件の捜査に協力した。彼は胸部と喉を二人の男によって刺されて殺害された。「やつらがジミーを殺したのは、ゲイだったからだ」と父は記者に語った。「でも、あの子は真面目なゲイで、変質者ではなかった。誰も傷つけたりはしなかった」

「実直な」被害者ザッパロルティの存在があったから、地元議員らも対応の必要性を感じたのかもしれない。デビッド・ディンキンス市長、マンハッタン区長のルース・メッシンガー、そして地方議会議長アンドリュー・ステインが「人種、民族、宗教、性的志向に対する偏見に基づく犯罪を刑法内に特別に分類する法案」を承認するよう州議会に求めた。ザッパロルティ殺害事件は、ニューヨークが初めて反クイア犯罪として起訴した事件となった。

この年の夏、ＡＶＰの新事務局長マット・フォアマンと、採用されたばかりのビー・ハンソンが、クイーンズにある一一一分署と論争を繰り広げていた。フォアマンは一九九〇年一月に採用され、それまではニューヨーク州矯正施設長を務めていて、刑事司法に対して重要なコネクションを持っていた。同じ年にAVPに加わったハンソンは、ブロンクス地区で賃貸物件の管理の仕事をしていた。レベッカ・ポーパーがいた頃と比べれば、AVPの存在感は薄くなっていた。スタッフは十人で、資金は一部、民間から提供されていた。

この年の七月、二十九歳でゲイのプエルトリコ人、フリオ・リベラが三人の男に襲われ、クローハンマーで殴打され、ナイフで刺殺された。ニューヨーク市警は事件発生から一ヶ月経ってもリベラの殺害事件を偏見による犯罪だと宣言してはいなかった。リベラ殺害はドラッグ取引の決裂が原因だと警察は考え、容疑者が「フェラチオ野郎を殺した」と言いふらしていると知っても、この見解を貫いた。

「これほど典型的な、ゲイを敵視した事件もないでしょうね」とフォアマンは記者に語った。「フリオがラティーノのドラッグユーザーで男娼だから、なんの価値もない男との烙印を押したのでしょう」。最終的に、クイーン地区検事が事件を担当した。二人の男が第二級殺人罪で起訴され、三人目の男は司法取引を行い故殺罪で有罪判決を受けた。[*1]

ザッパロルティとリベラ殺害事件はAVPに、家族が報道機関に気持ちを打ち明けることで、被害者への共感を得ることができることを教えてくれた。リベラの兄と義理の姉が事件の顔としてメディアに登場した。ザッパロルティ事件では、敬虔なカトリック信者である兄が記者に話をした。「これはとても助かりましたね」とフォアマンは言う。

一九九二年七月、AVPは、夜も、週末も、二十四時間体制で活動していた。来る日も来る日も、スタッフはデモに参加したり、デモの立案を練っていた。「安全を確保すること、リスクがいつ発生するのか彼らに報せることが、我々のコミュニティに対する義務だと感じていたわけです」とハンソンは言う。

トーマス・マルケイヒー殺害事件後、フォアマンとハンソンはニューヨーク市警察にコンタクトを取った。ニュージャージー州の刑事たちは反クイア犯罪に関心を示したが、ニューヨーク州の刑事たちは違っていた。アドボケート誌に対してハンソンは、ニューヨーク市警察からは反応が薄く、このような犯罪を解決しようという切迫感も伝わってこなかったと発言した。ニュージャージー州でアンソニー・マレーロの遺体が発見されてからは、AVPが独自の捜査を行い、ポート・オーソリティにあるバーを訪ね、情報を収集して回った。再びニューヨーク市警察にコンタクトを取った。しかし返答はなかったと、ハンソンは記者に話している。「ゲイが巻き込まれた犯罪への、彼らの対応をよく示していると思いませんか。まったく動かず、常に遅きに失しているのです」

ニューヨーク市警察の刑事らは、初期捜査に参加していなかった理由を単に管轄区域の問題だとした。理由はこうだ。ピーター・アンダーソンの遺体はペンシルバニアで発見され、トム

注1：四年後、手続き上のミスがあったとして、殺人に対する有罪判決は覆った。

とアンソニーの遺体の一部はニュージャージー州で発見された。主要な犯罪現場が判明していない場合、犯人との遭遇場所がマンハッタン内であったとしても、遺体の残された場所によって管轄区域が決定されるのだ。しかしベテランの刑事でニューヨーク市警において長年捜査を経験した人物は、それは嘘だと言う。「いいかい」と彼は言う。「パイがあったとしよう。八等分に分けられていて、そのうちひとつのスライスの（つまり、わずかであっても関係があれば、ニューヨークが事件を取る）三分の一がニューヨーク市警に関係があるとする。それも政治的に素早く動く必要がある場合は、彼らは一〇〇パーセント動くだろう」

ＡＶＰは殺人事件を注視することに加え、殴打し、金品を奪うためだけにバーでゲイの男性を狙うと噂される、カーリーヘアで首の太い捕食者を追っていた。男を苛立たせようと、ＷＡＮＴＥＤ［お尋ね者］と印刷したチラシをチェルシー地区で配り、バーやクラブで出会った男女によって、クイアのニューヨーカーたちが暴行を受けた事例を説明した。そしてこの犯行を「出会い系犯罪（ピックアップ）」と名付けた。

ＡＶＰは、ピーターとトムの事件を、偏見に基づく犯罪であると**同時に**ピックアップ犯罪だと位置づけていた。「二人は簡単なターゲットだったはずです。酒に酔っていましたから。残忍で、身の毛もよだつ、ゲイの男性を狙った計画的殺人です」とフォアマンは言う。ＡＶＰは、犯人の見当もつかなかったが、どのような人物ならそれが可能かという話し合いは行われた。ピックアップ犯罪は、ゲイであることに困惑している人物の犯行の可能性が高いと指摘された。「ゲイに対する秘められた憎悪があるんです」とハンソンは付け加える。「俺は男だと示す必要があります。俺自身はゲイじゃない。個人的な恨みですよ」

五月にアンソニー・マレーロが殺害されたあと、一九九一年以降、三人のゲイ男性が一人の殺人者によって犠牲となったことを確信していたAVPが、アンソニーの命を奪った者が次を狙うまでには猶予があると考えるのも無理はなかった。ピーターとトムの死には一年以上の間隔が開いていたのだし、トムとアンソニーの殺害も一年弱開いていた。

しかし次の事件は、実際のところ数ヶ月以内に発生するのである。

第七章　また会おう

一九九三年七月二十九日

グリニッジ・ヴィレッジグローブ通り49番地にある小さなバー、「ファイブ・オークス」では、木曜の夜のゆったりとした時間が流れていた。女優で歌手で、背が低く、ハイトーンボイスを持つブロンドのリサ・ホールがバーの向こう側にいた。その日は仕事が休みだったバーテンダーのバーバラ・ロスがリサの前に座っていた。午後十時半、大勢の常連客が誕生パーティーのために集まっていた。その中には、マンハッタンとペンシルバニア州アレンタウンを行き来するバイセクシャルのドミニクと、元ダンサーで家具屋のオーナーのリチャード、旅行会社オーナーのサルもいた。グレッグもバーに座っていた。彼はホールの友人で、彼女に会いに来ていた。立っているのも大変なほどの盛況だった。マリー・ブレイクがピアノを弾き、常連たちが歌っていた。「大騒ぎだったよ」とグレッグは回想している。

ビル・ノーマンドによってオープンした「ファイブ・オークス」は、何十年にもわたってそのメニュー（ブルックリン・デイリー・イーグル紙は「本物の味覚の喜び」と評していた）、音楽（ニーナ・シモンが客を連れてやってきてピアノを演奏したという噂があった）、そして安らぎの場所として人気を博していた。バーが開店して以来、ノーマンドの妻のメイはクイアの熱心な常連客――多くの場合、カップルだった――から慕われていた。一九九〇年代中頃からその後何年も、ゲイとレズビアンが公の場で手を繋ぐことさえ危険な時代だったため、窓のない地下にあって実質的に外からは何も見えない店は彼らを守る役割を果たしていた。

一九七六年、ノーマンドは「ファイブ・オークス」を常連に近い客三人に売却した。化学工学教授トム・レーガンも妻のジンジャーも、バーやレストランの経営経験がないだけではなく、ニューヨークに住んでもいなかった。しかし彼らは若く、町を愛していた。そこで二人は建物を買い上げ、レストラン「セレンディピティ」でシェフをしていたジェレミー・バレルと共にビジネスを立ち上げることにした。バレルが店を仕切り、トムが元来の几帳面さを発揮して帳簿に目を光らせた。

トムとバレルは劇場街のウェイターやバーテンダーたちに、店が仕舞う午前一時から四時になったら、客をダウンタウンの「ファイブ・オークス」に誘導してくれと頼んだ。

新しいオーナーは客層を変えようとはしなかった。バーはマリーに傾倒するストレートな人たちにも人気はあったものの、ビジネスの中心となったのは中年からより年上のゲイの男性で、食事と酒を楽しむことができる、安全で、温かくて、騒がしくない場所になった。[*1] トムはすぐに、自分が彼らの仲間だと気づいたのだった。数年後、彼も秘密を打ち明けた。そしてバーの持分を手放すと、ジンジャーと別れた。

＊＊＊

午後十一時三十分、ホールは数曲歌い、そのなかにはピーター・アレンの「愛しているからさよならを」も含まれていた。関係が枯れ果ててしまう前にお別れしましょうと歌う曲だ。その日、仕事が休みだったバーテンダーのロスは、何かに腹を立て、バーを出た。

午前一時までには、誕生パーティーの客は全員帰宅していた。ロスが電話を寄こした。数ブロック離れた場所にあるバー「デュプレックス」にアパートの鍵を忘れてきたが、取りに行く途中で「ファイブ・オークス」に再び立ち寄りたいという。彼女は昔からの知り合いに出迎えられた。髭を蓄えた常連客で、身長はゆうに一八〇センチを超え、体重は九十キロあるという巨漢のマイケル・サカラだった。

「ファイブ・オークス」にとってマイケルは、『チアーズ』にとってのノームだった〔人気テレビ番組『チアーズ』に出演していたノーム・ピーターソンという常連客で主要キャラクター〕とよく言われていた。月曜以外、マイケルはカティー・サークと水を飲み続けていた。馬蹄形バーの一番奥のスツールが彼の特等席だった。店の前の通りに面し、店の入り口に続く階段を降りてくる客全員を、その席から眺めることができた。夜の終わりに彼はいつも同じ歌を歌い、まるで社交を仕切るディレクターが指示を出しているかのように振る舞った。「当時、私以上に彼と時間を過ごしている人間はいなかった」とホールは証言した。十年以上「ファイブ・オークス」で、勤めたり、辞めたりを繰り返していた彼女は、一九七六年からマイケルを知っていた。長年の付き合いで、時間の経過とともに二人はより親密になっていった。

午前二時から二時半のあいだ、バーに座っていたのはマイケルとロスだけだった。ロスはいつもの習慣で、彼の星占いをしていた。二人はまるで親戚のように口喧嘩をした。彼女は酒を飲み過ぎるマイケルを心配していた。実際、そうだったのだ。彼は一時間でスコッチを三杯も飲み干す人物だった。心配してくれるロスにマイケルは礼を言い、僕が鍵を取ってきてやるよと言った。これは珍しいことだった。マイケルが閉店前にバーを出ることなんて、めったになかったからだ。マイケルは十分もかからず、鍵を手に戻ってきた。ロスは店を出た。

七月三十日未明、「ファイブ・オークス」にはほとんど客がいない状態だった。マリー・ブレイクは店の入り口を時折ちらりと見ながら、ピアノを弾き続けていた。ラストコール［いわゆるラストオーダーのこと］の三時四十五分までもう少し。この時間になると、マイケルはピアノまで歩みより、ブレイクに、ロマンチックで懐かしい曲を演奏してくれと頼む。サミー・フェインやアーヴィ

注1：それでもマイケル・ムストーは、「たとえショー・チューンを歌うためだけにいたとしても、そこの空気には性的なエネルギーがあった」と振り返っている。

ング・カールの曲で、第二次世界大戦時に流行していた。最近ではリベラーチェが歌うバージョンが知られていた。

懐かしい場所でお会いしましょう
私が一日中心に抱きしめている
あの場所で

バーは通常、残り十五分で閉店するのだが、常連客は酒を飲み終わるまで滞在することができた。周辺にあったレストランよりも遅い時間まで店は開いていたので、他の店のバーテンダーたちも、自分のシフトが終わるとやってきた。

ラストコールの少し前、一人の男性が十三段の階段を降りて店に入ってきた。男はマイケルのすぐ左に座って、スコッチと水を注文した。ホールは彼を観察した。白人、身長は一七五センチぐらいの中肉中背。青いボタンダウンシャツを着て、袖をまくっていた。三十代前半ぐらいだろうと思った。刑事たちに質問されたときに、この男性が濃くて癖のつよい髪をしており、茶色いガラスのような目をしていたと証言した。

他の常連客たちもその男とバーで会ったことがあり、家に連れ帰ったこともあったそうだ。ホールは、彼に見覚えがなかった。ただ、マイケルとは面識があると考えた。だって、客が他にほとんど誰もいないバーで、知らない人の隣に座ることなんてないでしょう？　ホールは、二人が偶然出会ったのは「デュプレックス」ではないかと後になって考えた。

マイケルはスコッチと水を注文すると、「こちらは看護師のマイクさん」と紹介した。「聖ヴィンセント病院勤務なんだ」。男たちは話していたが、ホールには会話の内容は聞こえなかった。看護師は酔っているように見えた。ホールは男を警戒していた。閉店間際にやってくる新客を全員警戒するように。夜中にやってくる客は強盗の可能性があるからだ。それでも、マイケルがひとりぼっちでないことがうれしかった。彼女は彼を愛していたが、彼には多くの愛情が必要だった。これでいいのよ、と彼女は思った。彼に話し相手がいるのだから。

二人の近くに座っていたのは、ニューヨーク・タイムズ紙の編集者だった。仕事が終わるとダウンタウンに繰り出し、月に二回は「ファイブ・オークス」にやってきた。街を離れる準備をしていた記者は、ここに別れを告げに来ていたのだ。記者はマイケルを知っていたが、彼が会話に夢中になっている様子を見ていた。数年後、この時の二人を彼は「二人だけの小さな世界に入り込んでいるようだった」と回想した。そしてマイケルに話しかけている男性のことも知っていた。一九七〇年代に、同じ大学に通っていたのだ。一九九三年九月、「タウンハウス」で偶然再会し、その後、何度か顔を合わせていた。

記者は二人に話しかけず、何も伝えなかった。

リサ・ホールには仕事が山ほどあった。バーに背を向けグラスを洗い、売り上げを数え、棚卸しをしていた。その夜に使いきったボトルを丁寧に記録しはじめた。

　視界の隅で、マイケルと看護師が話し込んでいるのが見えていた。

　いよいよラストコール（ラストオーダー）だ。十人以上の新しい客が来てくれた。もっと多かったかもしれない。午前二時から四時の間に飲み物を頼めば、二杯目は無料になるため、ホールは忙しかった。

「さあ、最後の一杯よ」とホールは宣言した。

「全部頂くよ」とマイケルが返した。彼はいつもそう言うのだ。すでに十二杯のスコッチを飲んでいたマイケルは、何も食べていなかった。ホールと夕食を分け合うこともあったが、この夜は何も食べていなかった。

　看護師は、今夜は車で戻るからよしておくと言った。しかし少し後になって気持ちを変えると、スコッチと水を頼んだ。ホールは彼が一杯目のスコッチを残していることに気づいた。二杯目には氷を入れた。

　早朝四時を過ぎた頃、ホールはチップを集めてバーのキャンドルを消した。ホールはマイケルの革製ブリーフケースを、彼がいつもそれを置いている食器棚から取り出した。バーの上にブリーフケースを置いたとき、中にコンドームが入っているのが見えた。奇妙だと思った。マイケルは一晩の関係を持つタイプではなかったし、つい最近まで長い間、決まった相手がいたのだ。

　十五分後、ホールとマリー・ブレイクは「ファイブ・オークス」を出て、一緒にタクシーに乗った。そしてマンハッタンの西へと向かった。

＊＊＊

わずか一日後の七月三十一日の午前七時、ヘイバーストロー湾を見渡せる高台で、瓶と缶を集めていた男性が、靴、パンツ、シャツ、そしてマンハッタン在住のマイケル・J・サカラが持ち主であるとわかる身分証明書入りの財布が詰め込まれたブリーフケースを発見した。男はそれを持ち帰ろうと考えたが、身分証明書を眺めているとなんだか怖くなってきた。彼は発見したものをハーバーストローにある警察署に届け出た。マンハッタンから北に一時間の距離にある、寂れた町だ。

数時間後、四十八歳のロナルド・コランドリアが見晴らしの良い高台に現れた。ニューヨーク州ロックランド郡を北から南まで貫くルート9Wを、ランチトラックで走っていたのだ。道がカーブする手前のガードレールに、ぴったり沿わせるように駐車したトラックには『RON'S BEST』と書いてあった。その日の朝、彼はコーヒーを飲むためにトラックを停め、必要なものの買い出しに出た。午前十時三十分に出勤すると、薄紫色のバンが走り去るところだった。コランドリア一家は一九四三年からその場所でホットドッグを売っていた。父アンソニーの時代に、ナポリから移住してきた。コランドリアはトラック近くにある二〇〇リットルサイズのごみ箱に、どれぐらいごみが入っているのかを正確に把握していた。

ごみ箱は前日、空にされていた。しかし土曜日、コランドリアが高台に戻ったとき、トラックの一番近くにあったごみ箱が一杯だったのだ。金曜日に確認したときには、三分の一程度だった。コランドリアは、ごみを残していった人物の住所がわかるものはないかと中身を確認した。これは単なる好奇心からではなく、自分のごみ箱を勝手に使った人物の残したごみを芝生の上に捨ててやろうと考えたのだ。ごみ箱から溢れそうになっている緑色のプラスチックのごみ袋は結ばれていた。コランドリアは袋を少しだけ開け、そして息を呑んだ。

そこにあるのは、顔だった。二重の袋に入れられた頭部は切断されていたが、切断面はきれいではなく、整えられた顎髭の三センチほど下でちぎられたように見えた。コランドリアはさらに中身を確認した。肩の下あたりで切断された腕が二本あり、指はかるく握られた状態だった。それらも二重の袋に入れられていた。腕は「とてもきれいに、均等に切られていた。牛肉を処理するみたいに」とコランドリアは語った。

午前十一時十五分、彼は客に頼んで、ハーバーストロー警察署に車で行ってもらった。最初に現場に駆けつけたパトロール警察官は懐疑的だった。「ごみ箱のなかに頭があるっていうのか?」とコランドリアに聞いた。しかし手袋をつけ、袋を開けると、彼も気分が悪くなった。パトロールの警察官は司令部に連絡を入れ、司令部がロックランド郡検死局に連絡を入れた。ロックランド郡地方検事局にも事件は知らされた。本件自体、彼らの担当ではなかったが、ハーバーストロー警察署では殺人事件を捜査する能力がなかったのだ。

地方検事局で十年のキャリアを持つベテランのスティーブン・コラントニオ刑事が三十分もしないうちに現場に到着した。十三キロしか離れていないナニュエットに住んでいたからだ。黒髪で顎に凹みのあるコラントニオは、自己改善に取り組むタイプの人間だった。三十代前半になり、刑事司法で学士号を取得し、行政学で修士号を取得した。何年も空手を学び、地元の道場では指導員として活躍していた。記者に対して、武道は「自制心を教えてくれます。冷静さを保つ方法を学ぶことができるんですよ」と語った。

コランドリアのトラックは刑事らにはおなじみで、近隣にある射撃練習場に行く際には誰もがホットドッグを買った。損壊された遺体が遺棄されてから時間が経過していないことは明らかだった。ホットドッグ売りにもそれはわかった。「前の晩に捨てられたはずですよ」と、彼は記者に語った。「だってまだ生きているみたいで、ハエもいなかったし」。これについては、袋のなかを覗き込んだ検死官によって、すぐに確認された。「とても新鮮な感じ」。もみ合った形跡がなく、ごみ箱の外にも内側にも血液がなかった。犯行現場は別の場所だと刑事らは気づいた。

コランドリアの商売にとって、刑事にうろつかれるほど迷惑なことはない。トラックに警察が群がっているのを見られたら、客はすっかり食欲を失ってしまう。年配の女性は「ホットドッグが食べられなくなっちゃったわ」と言った。地元民が、事件現場に張られたテープの近くまでやってきて、なぜトラックの近くに行ったらダメなのさと尋ね、そして去っていった。警察が作業に取り掛かると、一・六キロにわたってルート9Wは封鎖された。警察犬が残りの遺体を捜索できるようにするためだった。

見晴らしのよい高台で発見された身分証明書の写真と、ごみ袋に入っていた顔の身元を巡査部長が照合するのに時間はかからなかった。本人確認をした上で、刑事たちは検察当局が遺体の一部を回収したことを報せるテレタイプを作った。その日の夜にテレタイプは周辺地域に送られ、同じような事件がないかどうかの確認がされた。しかし一方で、刑事たちは男性の胴体と両脚を探しており、本格的な捜査を開始していた。

数時間後、コラントニオと同僚たちはマンハッタンにいた。地元の警察署で手続きを済ませると、771ウェスト・エンド通り沿いにあるマイケルのアパートに向かった。一九六四年から住んでいるというそのスタジオアパートは散らかっていた。ベッドルームに踏み込んでいった彼らが見つけたのは、ドレッサーに置かれたトレイの上の紙マッチと名刺だった。テレビガイドがテーブルの端に開いて置いてあり、刑事らはそのページの日付がマイケルが最後に立ち寄った日だと推理した。何を探せばいいのかもわからなかったし、計画があるわけでもなかった。しかし、刑事らはここが犯行現場ではないと判断して、ドアマンと近隣住民から情報を得るため手分けして聞き込みに当たった。ドアマンはこの建物に勤めて長くはなかったが、知識はあるようだった。マイケルは七ヶ月前まで男性と同棲していたというのだ。二人は公然の仲だったという。「サカラさんと外出する際、恋人が女性の服を着ていることもありました」と彼は記者に話した。

刑事らは情報を集め続けた。研究所からの結果、指紋分析、検死もない状況で、彼らにできるのは被害者の人生を知ることだけだった。数年後にコラントリオは回想した。「逆回しに調べるんだ」。「誰だった？　どこで働いていた？　どこに住んでいた？　誰と関係を持っていた？　家族は？　家族はどこ？　家族が彼に最後に会ったのはいつ？」

マイケルの両親は、残念ながら情報を与えてくれるような状況ではなかった。メアリー・ジェーンはヒステリックになり、ビッグ・マイクと呼ばれていたマイケル・シニアは、表向き、無表情ではあったが、内心では打ちひしがれていた。十二歳年下の彼の妹マリリン・サカラが基本的な質問に答えた。当時はパートナーと一緒にニューメキシコ州サンタフェに住んでいた。

＊＊＊

マイケルはオハイオ州ヤングスタウンに一九三七年九月十九日に生まれた。元気な四・五キロの赤ちゃんで、早熟な幼児だった。サカラ一家は、サウスサイド通りに面した、広い裏庭と、車を三台駐車できるガレージのある家に住んでいた。マイケルが生まれて数年後に購入した家だった。そもそも、四棟のアパートに分割されていたほど、大きな家だった。一階に二棟、二階に二棟だった。一家は一階を居住スペースに作り替え、二階を賃貸に出した。

両親はどちらも高校を卒業していなかった。ビッグ・マイクは三年生まで学校に通い、メアリー・ジェーンは八年生まで通った。ビッグ・マイクはマッケイ・ウィーン鉄鋼会社で工作機械を取り扱っていた。メアリーはウェイトレスとレジ係として、町のディスカウントショップで働いていた。二人とも、厳しい人生を送ってきた。ビッグ・マイクはオハイオ州少年院に二十代初め、強盗の罪で収監されていた。無実を主張し、数年後にマリリンと食料品店に行き、ソーセージのような他愛もないものを万引きした。彼からすれば、これで正義の尺度が正されたというわけだった。メアリー・ジェーンには父がおらず、母は貧しかった。ニワトリと牛しか所有しておらず、子どもの頃のメアリー・ジェーンは卵を売り、掃除夫として働いていた。着ていく服がなくて恥ずかしかったことも、学校を辞めた理由のひとつだった。

ビッグ・マイクとメアリー・ジェーンは「ドメスティック・バイオレンスに加担したことがある」と、マリリンは注意深く表現した。このような暴力の影響は波紋のように広がり、マイケルも被害者だった。父と息子の関係は特に醜悪で、ビッグ・マイクは息子と同じ部屋にいることさえ嫌がった。そのうえメアリー・ジェーンもマイケルと敵対することがあったそうだ。マイケルが十代のころ、鋳鉄製のフライパンを振りかざしてメアリーが彼を追いかけたことがあった。メアリー・ジェーンが好きだった親戚の写真がささやかに飾られた家のなかを、マイケルが逃げ惑っていたその時、彼はあることに気がついた。一八〇センチの彼は、母親よりもはるかに背が高かった。もう母親を恐れる必要はない。マイケルは立ち止まり、彼女に向き直ると、「二度とやるんじゃねえ」と告げた。振りかざしたフライパンを放り出して、彼女は立ち去ったそうだ。

メアリー・ジェーンは、懐かしく思い出される人だ。しかしビッグ・マイクはせいぜい、「不機嫌なクソ親父」程度の男だった。大半の人間は彼を異性愛者と白人以外を堂々と侮辱する、機会均等主義者の偏屈男と考える。彼とメアリー・ジェーンがサウスサイドの家を一九四〇年に購入したとき、ヤングスタウンの南の住人はほとんどが白人だった。しかし、五〇年代初頭の当時、全国で都市開発が行われていた。ヤングスタウンでは黒人居住区がブルドーザーで破壊、整備され、住人たちは長年白人が住んでいた地域に追いやられた。この動きはビッグ・マイクを激怒させ、彼は新しくやってきた隣人を公然と「ニガー」と呼ぶようになった。マイケルは父に耐えられなくなり、大人になった彼は自らをマイケル・サカラ二世と呼んだ。自分の名前に「息子」という意味のジュニアとつけるのをやめたのだ。

一九四九年に妹マリリンが生まれた。最初の兄の思い出は三歳のときのもので、マリリンは家のなかでマイケルを追いかけていた。「彼はとっても脚が長かった。カウチの後ろ側から、背もたれを跨ぐようにして座ることができた。私はそれができなくて、前まで回り込まなくちゃいけなかった」。彼女はマイケルが大好きだったし、彼は彼女を守ってくれた。彼も彼女を溺愛していたが、たまに買い与えるキャンディー以外は、贈り物をして彼女を甘やかすことはなかった。一九六〇年代中盤のクリスマスに、マイケルがジャケットに三本のマリファナを隠して、ヤングスタウンに持ち帰ってきたことを特に懐かしく思い出すと言う。マリリンは兄の安定した気質に頼っていた。なぜなら「親よりも彼の方が、ずっとまともだったから」。

　振り返ってみると、マイケルは変わった子どもで、青年だった。広い視野を持ち、興味の向くものには気まぐれに近寄ることがあった。マリリンは、彼が趣味を次々と変えていたのを記憶しているという。ある月はセントポーリアの花、翌月は熱帯魚、そして次はカリグラフィー。スケッチをして、絵を描いた。父親も同じように多趣味で、彼に教えようとしていた。しかし互いの嫌悪感は消えず、長続きはしなかった。科目や活動に惹かれると、それが何であっても彼はとことん知りたがり、手に入れられるものは何でも読んだ。彼は凝り性だったと、妹は愛情を込めて言った。結局、費用がかかりすぎることが理由で、ビッグマイクとメアリー・ジェーンは息子の趣味に投資することをやめ、そこでマイケルは新聞配達をはじめた。

　マイケルは音楽と演劇に傾倒した。それは当然のなりゆきだった。彼は、彼の母によると「ハンサムな男」だったからだ。ピアノとアコーディオンを演奏した。マリリンは、柔らかくてピンク色の、毛皮のような布が貼られているアコーディオンケースにもぐり込むのが好きだった。マイケルはサウス高校のアカペラ合唱団と演劇部に入っていた。ブロードウェイで活躍することを夢見るようになった高校三年生のときは、『ステージ・ドア』［一九三七年に製作された映画］で、デビッド・キングスレー役を演じ、地元の劇場のショーにも出演した。「上手でしたよ」と同級生は証言する。「肝が据わっていた」

ビッグ・マイクもメアリー・ジェーンも、マイケルは勤勉で賢いから、将来は約束されていると信じていた。サウス高校の優等生協会のメンバーであり、飛び級までしていたのだ。サカラ夫妻は自分たちが与えられなかった教育を息子に与えたいと考えた。大学に行きなさいと二人は彼に伝えた。**医者になって金を稼ぐんだぞ。**

二人は彼に結婚してほしいとも考えていたが、それが幻想だということもわかっていた。マイケルが、スタイル抜群のブロンド美女のダリルと交際しているときでさえ、そう思っていた。若い二人は互いを大切にしていたが、その関係には期限があるだろうと家族は考えていた。マイケルが入隊し、ダリルは失恋した。彼が男性に惹かれていることには、ダリルは気づいていなかっただろう。彼が他とは違うと知っていた家族はいた。その理由は説明できなかった。「子どもの頃から、マイケルが普通の男性ではないと気づいていたんです」と、従姉妹は証言している。「でもその意味はわからなかった」

ヤングスタウンに住むほとんどの人にも、それはわからなかっただろう。

＊＊＊

一九五〇年代終盤のヤングスタウンは、騒々しい町だった。マフィア、ギャンブル、殺人が横行していた。実際に、サタデー・イブニング・ポスト誌はこの町を「犯罪の町USA」と名付けたほどで、警察当局者が犯罪者と堂々と親しく付き合い、逮捕することもないと報道した。

そもそもマフィアがヤングスタウンに集まったのは二十世紀で、その経済成長に惹かれたのだ。国内で鉄の需要が高まり、マホーニング川近くに工場が集まるヤングスタウンは「スティール・バレイ」の首都と考えられていた。工場はビッグ・マイク・サカラのような屈強な男たちを雇った。かつてピンカートン探偵社の探偵たちに銃撃されながらも、賃金のために命をかけてきたような男たちだ［ピンカートン探偵社は警護や軍の請負を行い、アメリカ陸軍を上回る人数の探偵を雇用。十九世紀後半以降、多くの企業は同社の探偵を雇い、労働者を監視させ、スパイとしてスト破りに当たらせた］。彼らは組合びいきでニューディール政策支持だったが、文化的には保守的だった。多くが、女性は家庭に留まるべきだと考え、アフリカンアメリカンのコミュニティが拡大することで、町が「ブラック・ヤングスタウン」化することを恐れていた。

当然のように、ヘテロセクシュアル以外の人間の住む場所はなかった。それでも、当時の大規模な町や都市と同じように、ゲイの生活は活気のある、半地下的な存在だった。ダール・チンタン氏によれば、これは人口十六万人の「繁栄する小さなメトロポリス」であるヤングスタウンでも同じだった。

一九四二年生まれのダールはヤングスタウンのゲイの歴史の語り部だ。これは彼の記憶の中だけにあるものごとだ。十代の頃、大柄で赤毛のハンサムな少年だった彼はヤングスタウンを訪れるようになり、一九六二年には移住した。最初、彼は製鉄所で働いていた。一九六〇年代中盤には鉄鋼業に陰りが見えはじめ、彼はローズタウンにあるゼネラルモーターズ社の組み立て工場で、組合の役員として働きはじめた。一万二〇〇〇人の従業員の組合費と資金の管理を行っていた。彼はこの仕事を三十年あまり続けた。

仕事のない日、ダールはヤングスタウンのゲイのホットスポットに足繁く通っていた。この時代にクイアとして生きることは当然、それを世の中から秘密にしておくということだった。それには理由がある。オハイオ州では、他の州と同様、クイアの人々は好奇の視線に晒されるか、脅威として扱われるからだった。一九六五年発行のジャーナル・ヘラルド紙の見出しには「デイトンの同性愛者の人口は増加傾向にある」とある。記事は、ゲイの男性が見た目では判別つきにくいこと、暴行を受けるのは、彼らにも責任があるとほのめかすデイトン州立病院院長の話でまとめられていた。「同性愛者が都市圏に流入するのは、発見される機会が減ると、他のアブノーマルな傾向を持つ人間との接触が容易になる場所というのが理由」と病院長は語った。「こうした流入がきっかけとなり、都市圏の犯罪率が上昇する」

当時、バーという居心地の良い場所から出て、自分のことを公にすることはまさにギャンブルだった。一九六二年、ヤングスタウンから北西に二十四キロほどの距離にあるワレンのバーの外で、二人の男がダールにつかみかかり、彼に暴行した。下の歯を四本折られ、唇は縫合して戻さなくてはならないほど激しく裂傷した。警察は彼の訴えを聞くどころか、暴行を働いた人物の一人が巡査部長の息子だったのを理由に、彼に口を閉ざすよう諭した。逮捕者は出なかった。

秘密を抱えた生活は用心深くあることが必要で、ヤングスタウンに住むクイアの大部分が仕方なくそれを受け入れていた。友人も、家族でさえも彼らの秘密を知らなかった。親に知られてしまうことへの不安はじわじわと広がっていた。慎重さを強いられる環境がすっかり染みついて、バーやクラブは重要な場所になった。店の壁の内側では、自由になれた。手を繋ぎ、キスをし、ダンスをした。別の場所では経験できない、普通の人生がそこにはあった。バーやクラブの経営者たちが、地元の有力なマフィアではなく警察に金を渡していたからこの自由が与えられていた。ニューヨークのゲイバー、「ストーンウォール・イン」を支配していたマフィアとは異なり、ヤングスタウンの彼らは「役立たずのバー（フィノッチオ）」には投資せず、異性愛者（ストレート）向けのバーであっても、賭博や売春を行っている店のみが興味の対象だった。

ダールは西フェデラル通りにあるアメリカン・バーを経営していた。一九五〇年代終わりに開店した、たぶん、町で初めて営業許可を得たゲイバーだった。アメリカンと呼ばれていたこのバーは、下見板張りのソールトボックス［前面が二階建てで、後面が平屋になっている木造建築物］で、道路や車列にとても近く、玄関を使うことは危険だった。ひとつの部屋に、複数のボックス席と、巨大な馬蹄形のバーが設置されていた。別の部屋にはキッチンとダンスフロアがあった。客がビールとワインを飲む間、ジュークボックスからは途切れることなく音楽が流れていた。「豪華な店じゃなかった」と、とある客は証言する。「本当によくある安酒場という感じでした」。数年後、バーは火事を出したが、焼け落ちることはなかった。州が建物を買い上げるまで、店はしばらくのあいだ営業を続けた。一九六四年、酒を提供するなかで、後の夫にダールは巡り会う。アメリカンは422号線を、二車線から四車線に拡張するため立ち退きになった。

ヒルマン通りとフォールズ大通りの角、町の西側に「ソーコル・クラブ」があった。表向きには、店の二階は古い東欧系体操組織の支部だった。しかし、一階はプライベートなゲイクラブだった。ビジネスとして活路を見いだした警察官と消防士という、異性愛者の兄弟によって運営されていた。土曜の夜にはドラァグによるショーが開かれる、いかがわしい場所だった。裏口から店内に入る常連客たちは、用心棒に合言葉を言う必要があった。秘密主義は保証されていた。ある土曜の夜、建物の正面の窓からコンクリートブロックが投げ込まれた。ヒルマン通りをより南下すると、ゲイの社交クラブ「第二次世界大戦の退役軍人」があった。軍との結びつきは単に利便性を考えたからだ。バーを開店するより社交クラブを開店する方が楽だった。ニックネームは「パラシュート・クラブ」で、配管を隠すために天井から縫い合わせたパラシュートを吊していたからだった。

一九六八年にマーチン・ルーサー・キング・ジュニアが殺害されたあと、黒人の住民たちが警察に火炎瓶を投げつけ、ヤングスタウン南部全域では車に火をつけたと報告された。パトロール警察官二名が銃撃された。翌年には、白人の店主が妊娠した黒人女性を殴ったと追及され、暴動が起きた。全米黒人地位向上協会が店にピケを張り、イーストサイドの店は火を放たれた。「街中に暴力が広がった」と地元紙は伝えた。「商店の火事を消そうとやってきた消防車も襲撃された」。暴力が蔓延し始めると、ヒルマンの住民たちは逃げ、商店は閉まった。社交クラブ「第二次世界大戦の退役軍人」も例外ではなかった。

ヤングスタウンのこのようなバーは、他の州のバーと同じく、ショートライセンスと呼ばれる営業許可が与えられており、午前一時には閉店していた。しかし二十四キロ西にあるミルトン湖の近くにはロングライセンスを持つゲイバーが数店舗あって、ショートライセンスより一時間半も長く営業していた。ミルトン湖は四日にわたって降り続いた雨がマホーニング渓谷を飲み込んだ数年後、一九一七年に完成したダム湖である。その湖畔に「パーティー・バー」、「ショア・イン」、そして愛想のいい年配のレズビアンが経営する「トミー・ダルトンズ」があった。夏の日曜日には、男たちが集まってくる。ある夜、ダールは裸で酒に酔った状態で、湖を泳いでいた。

サンフランシスコとニューヨークのクイア・コミュニティにとって、ヤングスタウンは誰にとっても最初の選択肢ではなかったはずだ。退屈な場所と感じられただろう。その証拠に、ダールの友人の多くは、彼らがエメラルド・シティと呼んだウェストコーストに移動し、極度な不安を抱えずに自由を追い求めた。しかし、町を出たいという思いを、誰もが抱いたわけではなかった。ダールにとって沿岸都市でクイアとして生きることは、まったく魅力的には思えなかった。一九六九年の夏に起きたストーンウォールの反乱は、ダールと友人たちに衝撃を与えた。以前は地元の警察官が、酒瓶や封筒を受け取るためバーに出入りする姿を見ていたし、常連客に文句をつけることなど一切なかった。だから、ニューヨークで発生している警察によるハラスメントの酷さが理解できなかった。ニューヨーク在住のクイアたちが、誰かに邪魔をされずに飲むことができない状況は異常だった。遠くから見れば、「邪魔されないために暴動を起こしている」ように見受けられた。

あとになって思えば、「私は安全なところにいて、なんにもわかっちゃいなかったんですよ」とダールは振り返る。

マイケル・サカラがこのようなことで動じることはなかった。彼はニューヨークでの暮らしを求め、今すぐにでもと考えていたのだ。

＊＊＊

「彼はヤングスタウンには大きすぎたんだ」といとこは言う。マイケルが卒業を間近に控えた十六歳のとき、マイケルと友人たちが半裸で酒を飲み、楽しんでいる場面にビッグ・マイクとメアリー・ジェーンが遭遇した。息子が同性愛者なのではないかという二人の疑念は完全に確信に至っていたわけではなかった。二人は息子が向かいの家に住む年配の男性に恋心を抱いていることも知らなかった。しかし、証拠は積み重なっていった。

一九五四年、マイケルはサウス高校を卒業した。大学には行かず、衛生兵として軍に進んだ。入隊後三年経過した一九五八年四月四日、「分限免職」［不適切行為や秘密保護違反などによる除隊］で除隊した記録のある軍歴証明書が残っているだけだ。この正確な意味は定かではない。一九五〇年代、ゲイの男性は脅迫を受けやすく、それ故、国家安全上の脅威と見なされていた。「分限免職」は、しばしばクイアを意味した。

マイケルにとって、除隊は屈辱だった。しかも、それはアウティング行為だった。家族に、後に友人たちに、男性とじゃれ合っているのを見られたのだと話した。マイケルの同性愛の事実を突き付けられたビッグ・マイクは受け入れることはなかったが、メアリー・ジェーンは理解を示した。それでもマイケルは、ヤングスタウンには戻らずに、アリゾナへ引っ越し、そこで医学部進学課程のコースを取った。滞在は短期間で、母親の下に送り返したのは、小さなラグのみだった。

一九六一年四月、マイケルはマンハッタン西80丁目に住んでいた。その月、彼は詳細不明の「わいせつ行為」で逮捕されたが無罪となり、その根拠は明確ではない。数年後、ウェスト・エンド大通りにある賃貸の家に引っ越した。一九八〇年にその建物がコープアパートになったとき、メアリー・ジェーンが彼にアパートの購入資金を渡してくれた。彼女は孫の顔を見ることができないことに大きな失意を抱きながらも、マイケルを愛していたのだ。

マイケルがニューヨークで暮らし始めた最初の十五年間を知る人は少ない。彼が殺害されて十年以上が経過したときに書かれたあるエッセイが、その時期の彼を垣間見せてくれる。数ブロック離れた場所に住んでいた友人アン・マレーが二人の関係と友人たちについて書いたのだ。

二人が出会ったのは、一九六九年。アンの母親が死の床にあった時期だった。「私たちの出会いはとても居心地が悪くて、緊張したものだった」と彼女は書いている。アンの記憶によると、二人は互いを労り、よく話をしたそうだ(「私たちはとても近くに住んでいた」)。彼女は、ありのままの姿で、中途半端が嫌いで、質の良いものを彼女に教えたがる男性の姿を描いている。アンとマイケルはチェスを楽しんだ。彼女は一度も勝てなかった(「彼は私が弱いことについて何も言わなかった」)。二人で食事もした。彼は彼女にエスカルゴを、カエルの足を、バナナフランベを、高級な酒を、質の良いワインを教えた(「私たちは洗練された冒険を楽しんだ。まるで彼にきれいに手入れしてもらっているような気持ちだった」)。マイケルは彼女に、ヘッドフォンをして床に寝転び音楽を聴くと、振動を感じることができると教えた。数年後、お金をかき集めて最高品質の機材を買ったとき、アンがやったのはそれだった。

二人はマリファナも吸った。マイケルは彼女にメスカリン(幻覚剤)を教えた。

恐怖の只中だったとしても、彼の腕のなかにいれば、私は実際のところ安全で正気でいられるという認識に至るまで、彼は私を導いてくれた。彼は私が悪夢の世界からこの世界に戻るまで、抱きしめていてくれた。

酒と会話を楽しむために友人たちがマイケルのアパートに集まった。赤い壁には酒が豊富に並び、キッチンには女優のセダ・バラのポスターが貼られていた。彼の友人の多くが芸術に関わる仕事をしていた。音楽、演劇、作家たちだ。アンは、オペラ歌手が男性の弾くピアノの伴奏でセレナーデを歌った夜を回想している。「リビングルームの隅に置かれた、磨き上げられたマイケルの黒いグランドピアノ。その前には大きな窓があった」と彼女は綴った。「ニューヨークの夜景と大きな観葉植物を背に彼女が歌う情景は美しかった」。一九六〇年代中頃に撮影された写真のなかで、マイケルは親友のエヴァ・プライヤーを抱きしめている。大ぶりな赤いドレスを着て笑う彼女とマイケルは、本棚と小型のグランドピアノが隣接する場所に立っている。

アン自身が言うように、「醜いアヒルで、未熟で、磨かれていない存在」だった彼女だが、マイケルは彼女を不安のままにはしておかなかった。彼女が母の死を悼んだときは彼女の心をすくい上げ、ディナーに連れ出し、まるでデートのような外出に誘ってくれた。夜通し話し、彼のカウチで眠りにつくこともあった。

ニューヨークを離れたあと、アンはマイケルに電話をした。結婚したが、別れて、また引っ越すことにしたのだ。マイケルは結婚の破綻について残念だと言ってくれたが、新しい場所に移ることについては喜んでくれた。そこで二人は連絡を絶った。二〇〇六年、殺害の十年以上あとになって、アンはマイケルに関する記事を発見する。「数時間前に記事を見つけ、どうしようもない気持ちになっている」と彼女は書き、後世の人々に残すため、二人の思い出を綴り始めたのだった。

> 初めての旅行でスタテン島からフェリーに乗って町に戻るときに見た、海の彼方から昇る朝日のことは決して忘れないだろう。ドラッグの効果は切れていた。道端のスタンドで花を買い、その色を一晩中見るためだけに持ち歩いていたことを決して忘れないだろう。53番通りにあるブラッセリーで、早めの朝食を食べ、現実の生活に戻ったあの日々。コーヒーの味、おかしな彷徨い人である私たちの笑い声、彼の笑顔。

二〇一六年、アンはホスピスで亡くなっている。

***

ニューヨークで暮らしている間、マイケルは休暇にはヤングスタウンの両親の実家を訪ねていたが、常に短期間の滞在だった。いとこのロジャー・ダンチーズが二階に住んでいて、マリリンにとっては兄のような存在だった。マイケルは都会的で楽しい人だとロジャーは考えていた。マイケルはメアリー・ジェーンのプリムス・ヴァリアントに、ロジャーとマリリンを乗せて、町を連れ回した。「マイケルが現れると、パーティーが始まるんだ」と、ロジャーは回想している。「本当に元気な人だった。大人しく座っているタイプじゃない」

ニューヨークで本領を発揮していたマイケルの幸せな様子は、故郷の人々にも印象に残った。マイケル一家の友人だったリチャード・ジョーンスコは、一九六〇年代後半にマイケルに会っている。マイケルについてはいろいろと耳にしてはいたが、ヤングスタウンで彼を見かけることは少なかった。ジョーンスコがロングアイランドに引っ越した後、「ファイブ・オークス」で待ち合わせることにしたそうだ。「当時は自分がゲイだとはわかっていなかったんだが、マイケルがゲイだったことは知っていて、気持ちが揺らいでいた」と彼は言う。[*2]

ジョーンスコはマイケルのことを、威厳があり、温厚で、才能のある人物だと思っていた。生粋のニューヨーカーだ。確かにゲイだったが、「意地悪なクイーン」ではなかったと言う。マイケルはゲイの正しい見本のような人だとジョーンスコは考えていた。「ゲイの暮らしも悪くないと思えたんですよ」。一九七〇年代後半、ジョーンスコはヤングスタウンから友人を数人連れて、「ファイブ・オークス」に行ったそうだ。バーにいたマイケルが、挨拶をしにやってきてくれた。二人は思い出を語り合った。マイケルは立ち上がると、マイクに向かって悠然と歩き、まるで司会者のように振る舞った。そしてピアノを演奏し、テノールで歌い上げた。

ヤングスタウンからやってきた友人たちは、みな感動した。「畏敬の念さえ覚えました。だって彼が歌えるとは知りませんでしたから」とジョーンスコは語った。

一九八〇年代初頭、エイズがマホーニング渓谷を襲った。公式には、その病が蔓延するまでしばらく時間がかかった。一九八四年なかばに保険福祉省が発表した死者数は、トランブル郡出身の男性一人だけだった。しかしエイズ患者は歓迎しないと伝える術を病院側はすぐに学んだ。聖エリザベス病院のスタッフはエイズ患者に触れず、同じ空気を吸うことさえ嫌がった。ヤングスタウンで最初の犠牲者の一人となったのは地元大学の教授だった。彼は自宅で友人に囲まれてこの世を去った。ワレン・ジェネラル病院勤務で一次医療を担当した、治療基準とプロトコルを作り上げた医師など、英雄も存在した。

家族に対して恋人や友人——ペンシルバニア州ランカスター出身だという以外、あまり記憶に残っていない、初めての、正式なボーイフレンドを含む——を紹介したがらないマイケルがジム・バフィン(仮名)を連れ立ってヤングスタウンにやってきたのはこの時期だった。

細身でシャイなバフィンは演劇に携わっており、オフ・ブロードウェイで舞台監督を何年にもわたり務めていた。彼もマイケルのように髭を蓄えてはいたが、彼の髭は薄く、ブロンド

注2:ジョーンスコは高校時代に一時期マリリンと交際していた。二人は「互いをゲイにした」と冗談を言い合うそうだ。

だった。まるでカウボーイだ。二人は交際して九年で、マイケルが亡くなるわずか七ヶ月前に別れている。

マイケルとの親密な関係から、バフィンが短期間であっても第一容疑者となったのは不思議なことではない。遺体が発見された夜に刑事が彼と話をしている。彼は刑事らに元恋人は男性を誘うようなタイプではないと証言した。

マイケルに金銭的な余裕がある時期はなく、その日暮らしだったとバフィンは証言した。彼には収集癖があったそうだ。セックストイが嫌いで、アナルセックスか、オーラルセックスを好んだ。リスクを避けるタイプだった。一週間後、困惑したバフィンはデイリー・ニュース紙に無実を訴えた。記事に掲載された写真の彼は、放心しているように見える。「最後に会ったのは、話をしたのはいつだと訊かれましたし、木曜から土曜の夜までの間、どこにいたのかも訊かれました」と彼は記者に語っている。「マイケルの知人で青い車を持つ人物を知っているか、そして、茶色のかつらを着用する人物を知っているかとも訊かれました。肢体が不自由だった人物を知っているか、女装して「ファイブ・オークス」に出入りしている人間を知っているかとも」

犯人はマイケルの知人に違いないとバフィンは確信していた。マイケルはとても注意深い人だからと彼は説明した。「会ったばかりの人についていくような人間じゃありませんから」「容疑者なんてまっぴらごめんですよ」と彼は言い、「私はやっていません」と付け加えた。

＊＊＊

ロナルド・コランドリアが発見してから数日で、刑事たちはマイケルの暮らしのあらましを組み立てることができた。バフィンからは、週に六日、マイケルが「ファイブ・オークス」に通っていたことを教えてもらった。そこで、七月二十九日から七月三十日の明け方まで、店に立ち寄った常連客全員を事情聴取するという、多大な労力を要する作業が行われた。結果、その夜に何が起きていたのか、詳細に記された四ページにもわたる書類が作成された。

元恋人のバフィンのように、マイケルと近しい間柄にあった人たちからの証言は続いた。エヴァ・プライヤーは、親友がスクラブル・ゲームが大好きだったこと、不誠実な態度が大嫌いだったこと、一分に一二〇文字をタイプできたこと、軍に入って自分がゲイだと気づいたこと、軍では誰にも従わなかったこと、自分を知的だと思っていたことを刑事に伝えた。

刑事たちはマイケルの仕事についても調べた。一九七三年以来、マイケルは国際活版印刷労働組合の組合員となっていて、晩年はニューヨーク・ロー・ジャーナル紙の写植工として働いていた。

金属活字の時代には、機械の音がやかましかったが、当時の写植植字室はとても静かだった。男たちの関係は職場内だけのもので、あまり会話はしなかったそうだ。しかし発行者について愚痴を言い合うのは好きで、誰もが「クソ野郎だ」と吐き捨てた。皆で愚痴を言い合うなか、マイケルは歌い、おしゃべりをしていたと植字室の同僚は言う。「社交的な男でしたよ。誰とでも話すことができましたからね」

一九八〇年代になると、ロー・ジャーナル紙を含め、業界紙の多くが写植に移行した。マイケルは編集部からコピーが送られてくる植字室で勤務していた。キーボード入力者として、彼はタイプライターに似た装置を使って仕事をしていた。コード化された紙テープを生産していたのだ。伝統的なタイプライターが出す、カシャカシャカシャという音ではなく、その装置は、**ズープ、ズープ、ズープ**と音を出した。マイケルは文字、数字、句読点を表す穴が開いたテープをちぎり、それを写植機まで歩いて持って行き、セットする。リーダーにテープをセットすると、自動的に文字が選択され、写真用紙に写され、行が揃えられていく。露光された写真用紙はカセットに入れられ、マイケルはそれをケミカル・プロセッサーに入れ、現像する。乾燥すれば、貼り付け職人によって板に貼り付けられる。午後八時の締め切り時間までに、板はウェストチェスターの印刷所に運び込まれる。そしてロー・ジャーナル紙は、まずは郵便局に送られ、そして翌朝一番に読者である弁護士の机の上に届けられたのだ。

裁判所の休日を除く週五日、マイケルと写植工らは締め切り時間から数時間は残業をした。仕事を終えてバーへと向かう前に、翌日の新聞用に裁判所のカレンダーを入力するためだった。植字室の男たちは、マイケルが「ファイブ・オークス」に毎晩通っていることは知っていた。それがどういう意味か――彼がゲイだということ――もわかっていた。それにマイケルはそれを隠そうとしていなかった。多くが彼の性自認を受け入れておらず、陰口を叩いた。懐が狭く、時代遅れの集団だ。編集者が妊娠すれば、植字室でそれが話題になるような場所だった。「まるで妊婦をそれまで見たことがないみたいだった」と、スタッフは証言する。「**働く妊婦なんて、**なおさらだろう」

マイケルのロー・ジャーナル紙での勤務は長くなかったものの、同僚が刑事たちに語ったところによると、彼が強い印象を残したのは明らかだった。「思想家であり、哲学について議論するような男性」と、一人は証言した。「しっかりとした意見を持ち、ディベートや議論に参加するのが好きだった」と、別の人物は言った。「几帳面で、整頓好き」と、もう一人は証言した。

＊＊＊

刑事らは引き続きマイケルの妹マリリンに話を聞いた。彼女も、すでにヤングスタウンを離れていた。一九七一年、大学院に進学すると二年後に男性と結婚した。二人の生活は短期間で終わり、やがて彼女は故郷に戻る。一九七七年七月、ニューヨークにマイケルを訪ねた。街は当時、「サムの息子」〔一九七六年から一九七七年までにニューヨーク市内で起きた連続殺人事件の犯人のあだ名〕が引き起こした事件によって、浮き足だっていたうえに、二十五時間にも及ぶ停電が続いていた。マリリンはごみが山積みとなっていく様子を目撃した。その年の終わりに、彼女はニューメキシコへと引っ越した。マイケルが死亡する前年、彼女はカレン・ゲイロードと出会い、交際を始めた。

一九九三年、カレンはマンハッタンまで友人に会いに行った。しかし、彼女には別の目的があった。背が高くてハンサムなマリリンの兄について、たっぷり話を聞いていたのだ。兄と知り合いになろうと目論んでいた。もちろん、二人は「ファイブ・オークス」で会った。マイケルは彼女を大歓迎した。カレンは一五七センチと小柄だったが、すぐにマイケルをハギー・ベアーと親しみを込めて呼んだ。彼がピアノを弾き、歌う様子をうっとりと眺めた。彼の声は美しかった。二人は少しだけ話をし、スコッチを飲んだ。カレンはスコッチが大好きだった。彼は、とても素敵な人だとカレンは思った。「私たちの出会いは、一二時間もなかったと思うわ」

それから十日以内に、マイケルは死亡した。

マリリンとカレンは彼のウェスト・エンド大通りのアパートの掃除をした。マイケルは書類と本をたくさん部屋に置いていた。ヘレン・シャックマンによる精神世界のカリキュラム『奇跡のコース』があった。一九九〇年に、リサ・ホールがマイケルに読ませて夢中にさせた本だった。バーテンダーとして酔っぱらいたちに長い間囲まれていた彼女は、魂のよりどころを求めるようになっていた。しかし、内容があまりにも強烈なものだったため、馴染めなかった。それでもマイケルは熱心に読んだ。「兄はとにかく大好きだったわ」と妹のマリリンは言う。「前向きな人生観だったから」

一九九〇年、マイケルは二冊の『奇跡のコース』を贈り物としてプレゼントした。美しい筆記体で、彼はこう書いていた。

親愛なるマリリン
誕生日おめでとう。僕の愛しい妹。また会えてうれしい。
八七年の四月に仕事を辞め、中年の危機から脱出しようと決めてから、長い間苦労してきた。僕が今まで読んだ文章のなかで、最も重要だと思えるこのカリキュラムは、僕の心を回復させ、修復し、以前の自分を思い起こさせ、目覚めさせてくれた。
今年の三月十七日にはじめたばかりだけれど、「コースを生きる」方法を日々学んでいる。まだまだやることはたくさんある。兄貴がどうしているか、もしかしたら君も知りたいかもしれないと思ってね。

愛を込めて　マイケル

翌日、彼はもう一冊、同じ本を贈った。

親愛なる母さん、父さん

感謝祭、おめでとうございます。道楽者の息子がどうしているか興味があるかもしれないと思って、手紙を書きます。僕は幸運なことに、八七年の四月に「ドロップアウト」して、中年の危機を乗り切ることができています。このコースが最新であり、最高のものです。多くの償いをして、多くを許し、そしてまだまだやることは残っています。僕が今まで巡り会ったなかで最高のこの本は、僕の過ちを理解させてくれ、僕が誰かを思い出させ、僕の目的を教えてくれました。このカリキュラムを学び、原理に忠実に生きて、目覚めるためにやることはたくさんあります。僕は幸せです。気に入ってもらえればうれしいです。

愛を込めて　マイケル

マイケルがこのコースに心酔していることに家族は驚いた。サカラ一家は、特に信仰心が篤いわけではなかった。メアリー・ジェーンはカトリックの洗礼を受けていたが、敬虔な信者ではなく、教義に落ちつくことなく、信仰から信仰へと転々としていた。マリリンが生まれるまでには、宗教を捨て、マリリンは洗礼を受けていない。しかしそのコースはマイケルを幸せにしたのだからと、母は喜んだ。

マイケルが殺害されたと知ったとき、このコースが、晩年の彼の慰めになっていたのだろうかとリサ・ホールは考えた。「現実は脅かされることはない。非現実は存在しない」とテキストにはあった。リサ・ホールは、マイケルにとって死が非現実的であったことを祈るしかできなかった。

＊＊＊

七月三十一日、遺体発見当日、フレデリック・ズギベ医師がマイケルの検死を行った。発見されたのは、切断された頭部と両腕だ。地元で育ち、一九四六年にハーバーストロー高校を卒業したズギベは、一九六九年からロックランド郡の主任検死官を務めていた。

切断された部位の状態はよかった。ほとんど腐敗していなかった。頭部のX線を撮影し、頭蓋骨に粉砕骨折の跡を確認した。これは強い衝撃により起きる傷で、自動車事故で見るケースが多い。数年後の証言でズギベは、頭蓋骨が複数に砕けている様子を、卵を割った時の状態に喩えて説明している。頭部の検死によれば、傷は鈍器によって加えられていた。鋭利でない物体により軟組織が切り裂かれていた。頭蓋骨内部の内診では、重く、鋭い武器、例えば手斧や鉈のようなものでできたと思われる割れ目があり、それによって脳から出血し、腫れを引き起こしていた。

ズギベ医師は遺体の顔を調べた。額の左側に星形の傷があり、後頭部には裂傷があった。

最後に、両腕の検査をした。それぞれ、球関節のすぐ下の上腕骨部分で切断されていた。軟部組織の切断は雑で、痣は残っていなかった。これは、腕が切断されたときはすでに、マイケルの心臓は動いていなかったことを示している。骨の切断面は平滑で、目の細かいノコギリが使用されたことを示唆していた。

マイケルの遺体の一部が発見されてから数日後、ジャーナル・ニュース紙に検死官が語ったところによると、被害者は「鈍器により頭部を複数回にわたって殴打されたことが原因で死亡した可能性が高い」こと、遺体は発見の数時間前に解体されたことがわかった。

その後、捜査チームが衝突した。八月二日、マイケルの事件捜査開始から二日後、ロックランド郡検察局に来客があった。ニュージャージー州警察の警察官数名が、七月三十一日のテレタイプを見て、執務室に押しかけたのだ。彼らは新たな事件についても話したいことがあったが、自分たちが担当している事件についても言いたいことがあったのだ。

第八章　ラストコールの殺人鬼

一九九三年八月二日

月曜日、スティーブン・コラントニオ刑事がロックランド郡地方検事局の警官執務室に入ってきたとき、マイケル・サカラ殺人事件の捜査が始まって三日が経過していた。被害者の頭部と両腕が土曜日に発見されて以来、全力で捜査が行われていたが、殺害をめぐる基本的な謎はいまだ解明されていなかった。マイケルの遺体の残りが発見されていないこともあって、犯行現場でさえ曖昧だった。どこで殺害されていてもおかしくないと、ハーバーストロー署署長は記者に伝えた。そして、警察官たちが「ジョージ・ワシントン・ブリッジからベア・マウンテンまで、ありとあらゆるごみ箱と大型ごみ容器の捜索をしている」と付け加えた。

裁判所の裏手にある赤レンガ造り三階建ての警官執務室は、スーツ姿の警察官で溢れかえっていた。多くはニュージャージー州から来た警察官で、そこには重大犯罪専門捜査官三人もいた。トーマス・マルケイヒー、そしてアンソニー・マレーロ事件に携わった捜査官たちだった。三人はメッセージを携えてやってきたのだ。「総力を結集しようじゃないか」

やり手のニコラス・セオドス刑事は、捜査関係者のリーダーだった。二十八歳で、一九八一年の年間最優秀州警察官に選出された彼は、麻薬犯罪、誘拐事件、殺人事件を専門としていた。ハイタイムズ誌［麻薬に関する記事を得意とする］は「読者が声をかけられたくない警官トップテン」に彼の名前を挙げた。

セオドスは殺人事件捜査全般の経験が豊富で、そのなかでも特殊任務にあたる特別部隊の経験があった。担当したのは、グリーン・リバー・キラー事件［ゲイリー・リッヂウェイが一九八二年から八四年にかけて、多くの女性を殺害、グリーン川に遺棄した連続殺人事件］、ジェフリー・ダーマー事件［一九七八年から一九九一年にかけて主に青少年を殺害した］。最近の事件では、ニュージャージー州イーストオレンジで発生した連続強姦魔の逮捕にも関わっている。彼がロックランド郡に来たのは、地方検事に合同捜査を許可するよう説得するためだった。彼には視覚に訴える資料があった。週末に作成したスライドショーで、サカラ、マルケイヒー、そしてマレーロ事件の相似点を網羅していた。遺体の切断、ごみ袋、そしてごみ袋の結び目だ。

これが、ハンサムで派手好きで、新聞の見出しを飾ることがなによりうれしいロックランド郡地方検事ケネス・グリベッツを動かした。大事件で注目されるのを楽しむ人物で、毎年、目立つ事件や派手な事件を選んでは起訴していたのだ。一年にそれほど多くの殺人事件が発生しない地味な郡にとって、華々しい知名度と規模を持つ捜査本部が結成されることには大きな意味があった。

地方検事局の三階に本部が設置された。捜査本部のメンバーは、ロックランド郡、ニュージャージー郡、ハーバーストロー郡、マンチェスター警察署からやってきた二十名以上の捜査官で構成されていた。メディアの注目、車、残業、そして連続殺人事件を解決するという満足感が強い動機となり、皆がやりがたる仕事となった。

捜査官は自らを「イエハツカネズミ」と呼ぶセオドスとコラントニオによって監督されていた。残りのメンバーは、経験も様々だった——例えばハーバーストロー郡の捜査官は一年しか経験がなかった。しかし、ほとんど全員が、疑惑の事件に少なくとも一件は関わりを持っていた。男たちは（捜査官は全員男性だった）意図的に、折り合いが悪そうなパートナーを与えられた。例えばニューヨークの捜査官にニュージャージー州の捜査官が割り当てられ、マルケイヒー事件を捜査した人物には、その事件にまったく関わっていない捜査官がパートナーとなった。この狙いは集団浅慮［心理学の概念。団結力のある集団が、ストレスに晒された時に、集団で考えるメリットを享受できず、不適切で不合理な決定を下してしまうとする］と捜査官たちによる「ホットドッグ化［自分たちだけで事件を解決しようとすること］」を最小限に食い止めるためだった。

どの事件を同一犯のものとするのかについて、わずかではあったが、すぐに意見の相違が持ち上がった。あるグループはマルケイヒーとサカラが関連しているのではと言った。二人ともホワイトカラーの専門的職業を持ち、同じような方法で遺体を処理されていた。このグループはマレーロについては懐疑的だった。彼はセックスワーカー、それも、もっとも低辺のセックスワーカーで、被害者のなかでは例外的だ。物的証拠も他とは違っている。バッグに入れられた彼の遺体はごみ箱に遺棄されていなかった。それが、他の事件との相違点だった。

オーシャン郡のトップ捜査官マーク・ウッドフィールドは、マレーロ事件と他の事件との関連性を断固として主張した。「俺のなかでは、それはまったく疑いようもないことでしたよ」と彼は回想した。「素晴らしい仕事を持ち、結婚している隠れ同性愛者ではないといったって、殺害され、バラバラにされ、他の事件と同じように遺棄されたんですよ」。ポート・オーソリティのバスターミナルで売春し、知られた存在になったことで、捕食者にとってマレーロは極めて脆弱な存在になり、その事実こそ、彼の事件と他の事件との関連性を強くしている、と数年後にウッドフィールドは主張した。マルケイヒーもサカラもアルコールを飲まされていたが、マレーロを車に誘い込むために必要だったのは、たった五十ドルだったはずだ。

そして、一九九一年に発生したピーター・アンダーソン事件を一連の連続殺人事件から除外することを求める捜査官も多くいた。ウォルドーフ・アストリアホテルを立ち去るとき、タクシーを拾ってフィラデルフィアに戻り、そこで目撃されたという情報があったからだ。噂は実証されなかったが、疑うには十分だった。結局、ピーターがどこに行ったか自信を持って証言できる人物はいなかったわけだから、彼がフィラデルフィアに戻らなかったとも言えないだろう？　そして、犯行手口だ。彼のペニスは切断されていたが、他の被害者がされたように、別の部位の切断は行われていない。彼は小柄だったので、切断は——サディズムが理由というよりは、運びやすさという点で行われた——必要なかったというのが反論を支持する意見だった。結局、フィラデルフィアで目撃されたというピーターの幻影は、彼の事件を中心から末端へと追いやることになった。

八月四日、捜査本部は捜査を開始した。本部にはプッシュホン、食べかけの食事、死亡した男性たちの写真がピン留めされた掲示板が設置され、前線には楽観的な空気が流れていた。「数週間で犯人を拘束できるだろうと思っていました。それほど、自信があったんです」とセオドス刑事は回想する。その自信は保証されたものでもあった。目撃者、物的証拠、マイケルが行方不明になる前日の彼の動きを分刻みで記録したタイムラインさえあった。犯人はミスを犯してもいた。小規模なバーのなかで、誰からも愛されていた常連客を選び、そしてその常連客からバーテンダーのリサ・ホールに紹介されていた。その過程で彼女の記憶にその人物が看護師であることが刻み込まれた。それは必要のないリスクだった。彼の中に慢心があったのかもしれない。この殺人者の身元を割りだすことができれば、事件は動く。マイケルの事件を解決することは、他のすべてを解決することに繋がる。

間もなく、捜査官は目撃者を発見することになる。ユージーン・ウィリアムスだった。瘦身のホームレスの男で長い黒髪に白い髭を生やし、ベルビューの男性用シェルターで寝泊まりしていた。黒いTシャツと黒いパンツを穿いたマイケルが、ブリーフケースを小脇に抱え、「ファイブ・オークス」から男性とともに出てきた場面を目撃していたのだ。この男性とは、リサ・ホールが数日前に捜査官たちに話した人物と同一人物だった。看護師で、名前はマークだとリサは証言した。もしかしたらジョンかもしれない。聖ヴィンセント病院に勤務している。

ロックランド郡にある殺風景な取調室に座ったホームレスのウィリアムスは、ニュージャージー州警察のジャック・レプシャ刑事に、自分は友人とバーの外に立ち、物乞いをしていたと供述した。午前四時のあたりに、マイケルともう一人の男がバーから出てきた。三十代から四十代、身長は一七七センチから一八二センチ、ブロンドの髪で髭をきれいにそり、白いシャツ、あるいはジャケットに白いパンツを穿いていた。「中肉中背で鍛えた体つきだった。メガネをかけていた。レイバンのサングラスだった」とウィリアムスは証言した。彼はレプシャ刑事に、靴については記憶にないと言った。

ウィリアムスは「ハイの状態に見えた」というマイケルに数ドルもらえないかと話しかけた。マイケルは、お金がないのだと返した。少し話しているとブロンドの男性は、白い車まで歩いて行った。男がイグニションをスタートさせたが、それでも話をしていると、男が車から出て「さあ、マイケル。行こうぜ」と声をかけた。マイケルは「ＯＫ」と答え、ウィリアムスに向き合い、「ちょっと北の方に行くんだ」と言ったそうだ。

そしてマイケルは車に乗り込み、二人は走り去った。興味深く、信頼できる証言だが、それを裏付けるような証言が欲しいとレプシャ刑事は思った。二日後、二人目の物乞い、ロバート・スミスが別の証言を捜査官に聞かせてくれた。その日の早朝、彼とウィリアムスを含む複数の仲間が、「ファイブ・オークス」の前でたむろしていた。ホームレスたちに頻繁に金を手渡してくれるマリー・ブレイクが出てくるのを待っていたのだ。バーから出てきたブレイクは、タクシーを拾って立ち去った。その五分から十分後、マイケルと一人の男性がバーから出てきた。スミスはその男性について、スリムで、四十代で、身長は一八〇センチメートルぐらい、ブロンドか、明るい茶色の髪色をしていた。ボタンダウンのプリントシャツを着て、明るい色のパンツを穿き、メガネをかけていた。彼は男性に恵んでくれないかと声をかけた。彼がポケットに手を伸ばした瞬間、マイケルが男性を非難した。

「僕は彼らのライフスタイルに貢献しないよ」と彼は言ったそうだ。マイケルに比べ、男性は口数が多いというわけではなく、明らかに素面に見えた。二人は店の前に駐車してあるニューヨーク州のナンバープレートのついたスカイブルーのコンパクトカーに乗り込み、去っていった。スミスは二日前に捜査本部に加わるためニューヨーク市警察から派遣されていた複数の刑事の一人、ドナ・マルケンゾスから尋問を受けた。警察本部長のレイモンド・ケリーは部下の捜査官たちを捜査に派遣するほかなかった。

「二つの目的があるように思えました」とマルケンゾスは語った。レズビアンであり、黒い短髪で、くっきりとした眉毛、明るく笑う彼女は尋問に適していると考えられていた――目撃者はバイアス犯罪ユニットを経験しているレズビアンの捜査官をより信頼する傾向にある――そのうえ、ニューヨーク市警の殺人事件への解決姿勢に疑念を抱く活動家たちへのアピールともなる。しかしこれに関してマルケンゾスは腹を立てたようだ。「殺人事件を捜査するとき、誰が死んだかなんてどうでもいいこと。それはエゴってもんですよ。ただ単に、クソ野郎を捕まえたいだけ」

スミスの証言は確かなものだとマルケンゾスは考えた。セックスワーカーは最高の証言者だ。彼らはその仕事の一環として、人間観察を怠らないからだ。ホームレスの場合、精神的に病んでいなければ、同じように信頼できる証言者となる。とにかく、スミスには嘘をつく理由がなかった。マルケンゾスが彼に提供できるものもなかった。彼はシンプルに、役に立ちたいと思ってくれたのだ。

翌八月八日の夜、ボランティアの消防士がストーニー・ポイントのルート9Wをバイクで走っていた。マイケルの顔と両腕が発見された場所から十六キロほど北へ進んだ場所だった。彼がバイクを道路脇に寄せたときだった。腐敗臭だ。警察官に憧れている消防士であるこの男性は、自分で捜査をしてみようと考えた。彼が発見したのは、袋に入った鹿の骨だった。しかし、その臭いに違和感があった。だから、もう少し周辺を探してみようと思ったのだ。ケーブル製のガードレールの向こう側を覗いて見ると、緑色のプラスチックのごみ袋が見えた。そのうちのひとつを持ち上げたとき、人間の脚の形にプラスチックが歪んでいるのがわかった。彼はマイケル・サカラの残りの遺体を発見した。

＊＊＊

この時点まで、事件に関する報道の大部分は被害者の地元で発行される新聞に限られていた。トムの死はボストンの新聞で報道され、ピーターの死はフィラデルフィアで報道された。犯罪の特質にもかかわらず、普段は嬉々として血なまぐさい事件を報道する伝統的なニューヨークのメディアは、あまり興味を示さなかった。

マイケルの残りの遺体が発見された日、ニューヨーク・タイムズ紙のメトロポリタン面のトップページに、本事件で最も注目される記事が掲載された。数時間で書かれたこの記事は、殺害された四人の男性と、同一視による五人目の可能性がある被害者についてニューヨークの街に報せていた。記事の導入部は、圧倒的で、抒情的で、正確だった。「もっとも寛容だと思われる環境下でも、緊張と秘密主義を必要とされるゲイライフ。彼らはその幅広い経験を持っていた」。当時若手だった記者が数十年後までこの記事を記憶していたのは、記事を書いたその日に未来の妻となる女性に出会ったからだ。ピーター、トム、アンソニー、そしてマイケルに大いに感情移入してしまったそうだ。この記事は、大部分が年配の記者の手になるものだったが、彼らの志、職場での交友関係、家族などの話が記載されたことで、被害者に人生を与えたのだった。これは犯罪ジャーナリズムにおける、ささやかな傑作だった。

ＡＶＰにとって、殺人事件に興味が集まるということは、事件を一般市民に知らしめ、そしてニューヨーク市警に圧力を加えるチャンスとなる。「ゲイの男性とレズビアンはそれまでもずっと殺害されてきていましたが、警察にとって最優先事項ではありませんでした」と、ビー・

ハンソンはフィラデルフィアから来た記者に語った。それはニューヨーク市長執務室も同じことだった。AVPにしてみれば、殺人事件や、それに類似する事件に対して、市長執務室が十分な緊急性を持って対処してきたようには思えなかった。

ゲイの男性がバーで餌食になるのはよくあることだった。こういった事件の多くは、自分自身の性的志向に葛藤を抱える犯人によるものだとハンソンは考えていた。自己嫌悪の表明であり、ゲイの男性たちが感染症の原因だと非難されていた時代には珍しいことではなかった。AVPは防止策として、街中のバーにチラシを貼った。そこには**「楽しい時間を過ごしたい?」**と印刷されていた。

♂♂**まずは名前を聞きましょう。**

♂♂**会話をしましょう。**尋問する必要はありません。家に連れて帰りたい男性について、少しだけでも情報を得ましょう。仕事、学校、住まい、好み、そして苦手なこと……。

♂♂**相手を誇りに思いましょう。**昔からの友人、新しくできた友人、そしてバーテンダーに紹介しましょう。

♂♂**節度について、どのように感じていますか？　遊びに出るとき、お酒を飲むのが好きですか？**　アルコールとドラッグは判断能力に影響を与えることを忘れないでください。お酒を飲むときは、水やソーダも飲みましょう。考えて。

♂♂**ラストダンスは？**　ラストチャンスです。自暴自棄になって夜を壊さないで。でも、もし誰かと一緒にバーを出るのなら、友人に「誰かとバーを出る」と伝えたことを、その相手にもしっかりと伝えてください。

♂♂**自分の家？　それとも相手の家？**　彼はどこに住んでいますか？　もし彼の家に行くのなら、自分の家にどのようにして戻るか、ちゃんと確認し、そのためのお金も確保しましょう。自分が安全だと感じられる場所に行きましょう。

♂♂**直感を信じるのです。**少しでもおかしいと感じることがあれば、離れましょう。笑顔で言い訳をすればいいのです。チャンスは再びやってきます。今夜かもしれないし、また別の夜かもしれません。

ＡＶＰのハンソンとボスのマット・フォアマンは、記者会見を予定していた。ＡＶＰはすでに、目に見える行動を積極的に行っていた。赤いペンキに漬けた人形をヴィレッジ内と市庁舎周辺にある電柱から吊した。

偶然のことではあったが、消防士がマイケルの両脚、胴体上部と胴体下部を発見したちょうどその日に記者会見は設定されていた。八月八日、フォアマン、ケリー署長、ディンキンス市長がマンハッタンにあるニューヨーク市長官邸に並んで立った。彼らは「安全なバー」と呼ばれるキャンペーンを迅速に立ち上げると発表した。そのキャンペーンは、ゲイの男性に対して注意喚起を行うものだった。ニューヨーク市民は飲み物に注意すること、一緒に家に帰る人物を友人やバーテンダーに紹介すること、どこに行くのかを正確に伝えることを推奨された。

かつてニューヨークを、人種、信念、性的志向が混ざり合う「美しいモザイク」と表現したディンキンス市長が「ゲイのシリアル・キラーが我々の街にいるかどうかはわかりませんが、この二年以内に、五人のゲイ、あるいはバイセクシュアルの男性のバラバラ遺体が発見されており、そのうちの四人が最後に目撃されたのがニューヨーク市内にあるゲイの店なのです」と聴衆に向かって語りかける様子をフォアマンは見ていた。十六年前に「サムの息子」事件の捜査を担当した捜査官トップのジョセフ・ボイルはフォアマンの後ろに立っていた。ディンキンス市長は「パニックになる必要はありませんが、関心事として覚えておいてほしいのです」と聴衆に語りかけた。

翌日、警察に対して高圧的なデイリー・ニュース紙コラムニストのマイク・マカラリーは、殺人鬼に刺激の強いあだ名をつけた。「君の名は『ラストコールの殺人鬼』だ。神をも恐れない人間だ」と書いた。「ゲイの男性たちにとって君は、若いブルネットの女性にとっての『サムの息子』。恐るべきハンターだ」。死体の数は増えていくだろうとマカラリーは警告した。そしてなぜこの連続殺人が自分の住む街で無視されてきたのかを明らかにした。それは犠牲者たちがゲイだったからだ。若いブルネットの女性だったら、何百人もの怒れる記者が市長に殺到して質問を投げかけただろう。そんなことは起きず、犯人にとっては都合の良い猟期だったのだと彼は書いた。

ゲイと勘違いした人間を殺すという間違いを犯さない限り、サムのように街を震えさせることはない。グリニッジ・ヴィレッジのピアノバーから出てきたネブラスカの田舎者を一人切り刻めば、街はお前のものになる。

地下鉄で誰かがデイリー・ニュース紙を読んでいた。その姿を見た「ファイブ・オークス」のリサ・ホールは泣き崩れた。

記者会見、チラシ、そして新聞記事が出たことで、街のクイア・コミュニティはようやく事件に注目するようになった。ヴィレッジのバーの常連客で、ゲイであることを公表していなかった若者にとって、連続殺人事件は生涯にわたって恋愛事情に影響を与えたそうだ。「ウェスト・ヴィレッジのゲイ・コミュニティにとって、それは曖昧で不気味な脅威だったし、特にピアノバーはそうだった」と、彼は数年後に証言している。「事件は、誰かと一緒に家に帰るときにも心のどこかにある。今も続いていると言える」

「誰もが怖がっていた」と、サンフランシスコ・イグザミナー誌に語ったのはバーのオーナーだ。客が少なくなり始めていた「ファイブ・オークス」に立ち寄った記者は、常連客たちの落ち着かない様子を目撃した。「私たちだけの隅っこの世界で、こんなことは決して起きなかったから」とマネージャーは言った。

＊＊＊

マイケル・サカラの遺体がすべて発見されたことで、検死官フレデリック・ズギベは完全な検死解剖を行うことができた。八月九日のことだった。ズギベは二重になった袋と二重になった結び目に興味を持った。見覚えがあったのだ。このような処理を行える者は、大量の血液の扱いに慣れているはず。袋を二重にすれば薄すぎて破れるリスクを避けられるし、結び目を二重にするのは血液が漏れるのを防ぐためだ。捜査官と一緒に犯罪現場に向かったとき、そして法廷でズギベは「我々が袋を二重にするのは、同じ理由からだ」と証言することになる。

袋から両脚と胴体上部、そして下部を取り出したズギベは、それらが激しく腐敗していることに気づいた。蛆がわき、ハエが飛んでいた。皮膚の剝離が起きていることにも気づいた。切断部位の状態、袋の内部、そして外部の温度などを考慮して、殺害時刻を推定した。ハーバーストロー近くのホットドッグスタンドで頭部と両腕が発見される七時間から十七時間前にマイケルは殺害された可能性がある。

検死にあたり、もう一つ通常とは異なる要素があった。ズギベはこの情報を捜査官に対して秘密にしたのだ。

この決定に、ニコラス・セオドス刑事は不機嫌になった。翌朝の日報には、憤慨した様子でこのように綴った。

ズギベ医師は死体の検死解剖について、捜査官と捜査本部が立ち会うことを拒否した。ズギベ医師曰く、健康を害する可能性があるということ。

重大犯罪捜査課に属するセオドスの部下たちは医師の言い訳に否定的だった。捜査本部には答えが必要だった。**遺体はバラバラにされていたのか、それともトーマス・マルケイヒーのように関節から外されていたのか？　左利きによる切断か、それとも右利きによる切断なのか？**

検死に参加することは、ニュージャージー州警察にとって形式的なものでなく、手続きだった。捜査本部にいる捜査官は全員、訓練された遺体安置所の助手で、ニューアークにある検死局で一ヶ月の研修を受けており、必要であれば医師の助手を務めることもできた。彼らはナット医師のオープンなやり方に慣れていて、マイケルの検死が制限されるとは考えてもみなかった。秘密主義は誰にとっても良いことではないというのが彼らのモットーだ。死体解剖室にいる捜査官は、進行中の捜査情報に基づき遺体のコンディションを説明できるからだ。科学捜査が必要な事件では、この場での情報交換が特に重要になる。

ズギベは、マイケルの遺体だけではなく、ごみ袋も手中に収めていた。通常、検死が終了すれば数日のうちにロックランド郡保安官事務所の犯罪鑑識局に証拠を戻すことになる。だから、同じことが期待されていた。ズギベも鑑識局に、乾燥、撮影、指紋採取のためにごみ袋を戻すものだと思われていた。しかし、彼は捜査本部に対して、まずは自分でごみ袋を乾燥させたいと告げた。これは、彼の権利として、了承できた。検死官として、ズギベは犯罪現場の責任者であり、物的証拠の責任者でもあった。彼はこの責任を享受していた。「君が証拠を握ることができるのは、僕が君に証拠を与えてあげるからだ」と、ズギベは言うのだった。ズギベの縄張り意識の強さは、検死への立ち入りを求めるのは得策でないと知るロックランド郡捜査官にとっては、周知のこと。しかしセオドス刑事は憤慨し、医師に立ち向かった。「なぜ情報開示が必要なんだ?」と、ズギベ医師は答えた。「あんたに情報を与える必要はないね!」

セオドス刑事はロックランド郡刑事部長のピーター・モダッフェリに救いを求めた。「ピート、頼むよ。君は部長だろ、君とだったらズギベも話をするはずだ」と、セオドスは言った。

モダッフェリは、この事件にそこまで関心があるようでもなかったし、上司のグリベッツの関わる捜査に関してFBIに協力している最中だという噂があった。それでも、モダッフェリとズギベは仲がよく、その関係が捜査本部の助けになるかもしれなかった。

モダッフェリは仲介役を買って出てくれた。少なくとも、ニュージャージー州の担当者に証拠を渡すよう検死官の説得を試みた。しかしズギベはこの説得も意に介さなかった。自らの権限を別の検死官に渡すとは馬鹿げている。彼の怒りは執務室で爆発し、乱闘が発生した。「殴れ！　殴ってみろ！」と、ズギベはモダッフェリを愚弄し、胸を突いて自分よりも若い男を挑発した。ズギベはモダッフェリよりも小柄だったので、つま先立ちをしていた。「殴れ！殴ってみろ！」。モダッフェリは笑わなかったが、苦労してその笑いをかみ殺さねばならなかった。この後一年間、二人が言葉を交わすことはなかったそうだ。

数週間後、ズギベはマイケルの血中アルコール濃度が〇・一八パーセントと高い値だったことを報告した。両脚と胴体が発見された八月八日より九日ないし十日前に発生したと推定されるマイケルの死の原因は、頭部への外傷であると最終的に捜査官らには伝えられた。マイケルの心臓が動いている間に与えられた胸部への刺し傷に加えて、腕には索痕があった。両脚は球関節の下の部分で切断されていた。両脚は、両腕と同様、ノコギリによって切断されており、関節離脱術が行われた様子はなかったとズギベは推測した。ズギベはニューヨーク・タイムズ紙が太腿に巻き付けられているのを見つけた。それはマルケイヒー事件を思い起こさせた。

灰色の貴婦人（グレイ・レディ）［赤十字で働く灰色の制服を着たボランティアの女性のこと。ニューヨーク・タイムズ紙は保守的とされ、貴婦人のように気取った紙面スタイルを崩さないことからそう呼ばれる］は、おそらく吸い取り紙としての役割を果たしたのだ。

一方で、ズギベはこの時点でもごみ袋を手放すことを拒否していた。コラントニオ刑事はＦＢＩに連絡を入れ、ＦＢＩがごみ袋を乾燥させ、処理することを提案してくれた。八月二十五日、証拠品は――箱に入った、どろどろで、べたついているごみ袋――ロックランド郡からワシントンのＦＢＩの研究所へと運ばれた。残念なことに、ＦＢＩが証明できたものは多くなかった。数週間が経過しても、結果は出なかった。数年後、コラントニオはＦＢＩがサカラの証拠品を箱から出すことすらしていなかったと知ることとなる。指紋を検出できる可能性はほとんどなくなってしまったのだ。

「確かな証拠を大量に失ってしまった」と、コラントニオはつぶやいた。

＊＊＊

最初の一ヶ月は猛烈なペースで捜査が行われていた。三〇〇人に迫る人々から話を聞いた。一つの事件に捜査官らが専念することは珍しいが、彼らはその特殊な状況を受け入れていた。目を覚ましている間は働き、それだけの報酬を得た。残業は多くなり、どんどん金が入るようになる。

建前としては、仕事はいくらでもあったから、捜査官が記者と話す時間はないはずだった。しかし、少なくとも一名の捜査官がニューズデイ紙に情報を流した。それは手がかりを得るため、そして読者に対して、何を、誰を警戒すればいいのか伝えるためだったと思われる。新聞は「知的で、洗練された詐欺師。被害者を死へと誘うためなら数時間も語り合う」というイメージを作り上げた。記者は、この男は二人のビジネスマンをまんまと騙した、抜け目ないハスラーだと指摘した。殺人者は几帳面だ。被害者からの信頼を得て、「タウンハウス」やポート・オーソリティに紛れ込む能力もあった。遺体の切断に関しても、残忍な行為ではあるが、利便性を追求した結果だ。「突拍子もない人物の話ではない」と、情報源の人物は語った。

この時点で、容疑者の数は多くなかった。捜査本部では連日報告されてはいたが、一般に公開されることはなかった。ニューヨーク州オレンジ郡在住の髭を蓄えた図書館員のウィリアムが捜査本部の興味を引いた。ホットドッグの店から一メートルほど離れたごみ箱から発見された手紙に彼の名前があったからだ。彼は捉えどころのない人物で、それが捜査官を疑心暗鬼にさせたのだ。「風変わりな人物だった」と、ある捜査官は記憶している。ウィリアムの所在が判明し、容疑者から除外するのに数週間がかかった。

「ファイブ・オークス」から時折マイケルを車で送り届けていた女装家のジーンも捜査の対象となったが、被害者と付き合いがあったということ以外は、彼に疑わしいところはなかった。

ここで浮かび上がったのがガブリエル（仮名）だった。ウェストチェスター郡在住のこの人物が、ハーバーストローから川を挟んだ場所のニューヨーク州サマーズに「同性愛雑誌」のコレクションを破棄した。捜査官のジャック・レプシャと同僚は雑誌に書かれていた住所に車を走らせた。建物の数を数えながら進むと、礼拝所に二人は辿りついた。「まさか」とレプシャは言った。

二人の男は、自分たちが教会の前でアイドリングしている理由を合理的に説明しようとしはじめた。彼はここで草刈りでもしているのだろうか。もしかしたら、料理人かもしれない。もしかしたら……違うのか。レプシャは入り口まで行ってみた。網戸を叩いた。Tシャツ姿の聖職者（モンシニョール）が、何か用ですかと捜査官たちに応対した。二人は、ガブリエルという人物を探しているのだと伝えた。

「ああ」とモンシニョールは言い、「ガブリエル神父ですね！」と答えた。捜査官たちは発見したものを明らかにしないまま、神父と話がしたいとだけ伝えた。ガブリエル神父は、他人が発見する可能性のある場所にポルノの山を捨てた不運な人だということがわかった。

最も犯人の可能性が高かったのは、二人の物乞いに目撃された白人で、リサ・ホールに自らをマーク、あるいはジョンと名乗った人物だった。捜査官らが知る限り、この男は、聖ヴィンセント病院で看護師をしており、マイケルと酒を飲み、死の直前に彼が会っていた最後の人物だった。

捜査本部は聖ヴィンセント病院に、すべての看護師のなかで、マーク、あるいはジョンと名乗る人物（ファーストネーム、あるいはミドルネーム）の本名、住所、誕生日を照会した（スタテン島にも聖ヴィンセント病院があることに捜査官が気づいた時点で、スタテン島の病院にも照会が行われた）。これは管理者が抵抗する可能性の低い、具体的かつ限定的な要求だった。看護師を見つけるため、ある捜査官は家族に協力を依頼した。子どもたちと一緒に、犯人の似顔絵を封筒に入れる作業をした。そして両病院の従業員たちに郵送したのだ。

一方で、捜査官チームはグリニッジ・ヴィレッジに向かい、マークとジョンに集中して、人々に聞きこみを行った。このような捜査は明らかにやりやすいものとなっていた。マルケンゾス捜査官の存在も当然助けになっていたが、捜査本部の存在がクィアの目撃者たちをより協力的にしたのだ。以前は沈黙していた場所で、積極的な対話を望む姿が見られた。これはメディアの報道によるところでもある。身の毛もよだつような、センセーショナルな報道が、ヴィレッジの住民の興味を引いたのだ。「複数の州にまたがり、複数の機関によって結成された特別捜査班による連続殺人事件捜査は、ある程度の影響力があるんです」と、今となっては歓迎されていることを悟ったコラントニオ刑事は話した。オーシャン郡のウッドフィールド刑事は、積極的な協力が得られたのはAVPのおかげだという。スタッフが、バーの常連客に話したほうがいいと説得してくれたのだ。「『ファイブ・オークス』で、私を題材とした曲が演奏されていたのを覚えていますよ」とウッドフィールド刑事は言った。

セオドス刑事は毎朝AVPに電話をした。もちろん、彼らを捜査に巻き込む目的もあったが、蚊帳の外に置かれたとの非難を未然に回避するためでもあった。州警察のセオドスの同僚らも、目撃者となり得る人々に接触するため、積極的にAVPの助けを利用した。彼らはニューヨークに住むクィアの実体を全く理解していないことを自覚していたのだ。AVPのフォアマンとハンソンは、非公式の講師の役割を果たした。捜査官らは訪問する予定のバーの常連客について質問をし、彼らが耳にしている話を教えてもらった。信憑性の確認のためだった。例えば、年配のゲイが若いゲイを追いかけても、結局騙されるだけと捜査官らが耳にしたとする。それは真実なのだろうか？（真実だった）。AVPは、事実とフィクションを切り分ける。「テクニカルアドバイザーのような存在でしたね」とレプシャ刑事は言う。

八月十一日、グリニッジ・ヴィレッジ在住の情報提供者が捜査関係者に名前を提供した。マーク・ホランド（仮名）。グリニッジ・ヴィレッジにある聖ヴィンセント病院で、看護コーディネーターとして働いている。三十代半ばのゲイで、身長と体重は目撃者の証言と一致。マンハッタンとスタテン島に住まいがあり、「タウンハウス」と「ファイブ・オークス」には来店したと噂されていた。しかしこの時ホランドは、マサチューセッツ州プロヴィンスタウンで九日間の休暇中だった。彼が戻るのを待ち、捜査官らはホランドの自宅のドアに無記名のメモを挟んだ。ロックランド郡において事情聴取のため指名手配中だと彼に報せるものだった。

三日後、クアンティコにてプロファイリング技術訓練を経験したニューヨーク市警のレイモンド・ピアース捜査官とコラントニオ刑事がホランドと対峙した。捜査官らが追う人物は、「タウンハウス」のような高級志向な場所と、ポート・オーソリティのような治安の悪い場所の両方で被害者をハンティングし、二つの世界を楽しむ能力があるというのがピアースの読みだった。

ロックランド郡にホランドが移送される前、コラントニオ刑事とピアース捜査官が取調室の演出を手がけた。逮捕に至る十分な証拠がない際にこのテクニックを使うのがピアースの得意技だった。ドアに「多重殺人事件特別捜査班」と書いたサインを貼り付けた。取調室のキャビネット内のファイルにはホランドの名を記しておいた。同じようなラベルが貼られたフォルダを、よく見える場所にも置いた。もしマイケルを殺害していたのならば、残りの男性も殺害していることに捜査陣が気づいていると、即座にホランドに理解させたかった。「一定量の心的ストレスを与えることで、取調中の攻撃材料を手に入れることがポイントでした。彼を少しでも追いつめたかった」とピアースは言った。

ホランドは椅子に座った。背が高く、痩せていて、きれいに髭を剃っていた。頭髪は濃かった。歯並びが良く、メガネをかけていた。物乞いの説明に基づいて描かれた似顔絵にとてもよく似ていた。彼の取り調べは、お決まりの流れで進んだ。まずは世間話をし、調和した関係を築き、「平凡なゴロ」的な質問をする。考える必要のない、犯罪を暗示しない答えを導き出す。

プロヴィンスタウンではどこに滞在したんだい、マーク？　どの学校を卒業したんだい、マーク？　職場はどこだい、マーク？　ヴィレッジで遊ぶことはあるかい、マーク？　一般的に、このような質問は容疑者を地方検事局に送り届けた人物がするものだが、コラントニオとピアースは、客観的な精神状態でホランドに取り調べを受けて欲しかった。二人は彼の到着を待ち、彼が落ちついてから取り調べを行った。次は経歴に関する質問だ。二人は事件について一切質問しなかった。**フルネームは？　居住地は？　電話番号は？　社会保障番号は？**　続いてホランドは、一九九三年七月二十九日木曜日のタイムラインを供述するために特別に作成された質問を受けた。**その日の朝は何をした？　朝食はどこで？**　「**ファイブ・オークス**」**には行きましたか？　何を飲みましたか？**

質問は決して難しいものではなかった。ホランドに黙り込まれる危険は冒したくなかった。捜査官らが望んでいたのは、後に確認可能な、あるいは反証可能な情報を集めることだった。時折、ホランドは不安そうに見えた。しかし、それはあまり意味を持たなかった。狭い部屋に捜査官といれば、誰でも緊張するものだ。ホランドは、どうしたら自分がそんなに恐ろしいことができると思えるのかと捜査官に聞いた。「人間は奇妙な理由で奇妙なことをする生き物だからですよ」とピアースは答えた。

数時間にわたって、男たちは話をした。ホランドには、説明できない時間帯が長くあった。それは木曜日の朝から金曜日の朝にかけての時間だった。彼はどこに行っていたのか？　彼は言うのを拒んだ。取り調べを担当していた捜査官の一人は、「こいつ、からかっていやがる」と考え、ホランドは何も語らない、いい加減な人間だと思った。質問にまともに答えないなんて。きっと、この状況を楽しんでいるのだろう。最終的に、彼は屋根の上で日焼けをしていたと答えた。しかし目撃者はおらず、それがコラントニオには引っかかった。

数時間経過し、質問は底をついた。コラントニオ曰く、取り調べは「コオロギが鳴いたら終了」。逮捕に至る証言をホランドから引き出すことはできなかった。結局のところ、取り調べは事実を確認することが目的だった。捜査官らは指紋——基本の指紋カード十枚、掌紋、全ての指の側面と指先——を採取し、ホランドを帰らせた。

＊＊＊

聖ヴィンセント病院に勤務するマークとジョン十一人分の個人記録と勤務表を待つ間、捜査官らはホランドが七月三十日に「ファイブ・オークス」に滞在したことを証明しようと試みたが、上手くいかなかった。バーの外にいたことは証明できるだろうか？　七月二十九日以降に発行された交通違反に対する出頭命令、警告、車両停止が精査された（駐車違反切符を切られ逮捕された「サムの息子」ことデビッド・バーコウィッツの存在は、誰の記憶にも鮮明だったようだ）。結果は吉と出なかった。

最終的に、ホランドは殺害を否定した。殺害したとする証拠は一切なかった。犯罪歴はなく、アンソニーの遺体の一部が入ったごみ袋に残っていた指紋は、ホランドの指紋と一致しなかった。友人も、仲間も彼を疑っていない。車を所有していない。クレジットカードの支払いも、通話記録にも怪しい点はなかった。コラントニオはホランドの歯のX線写真を入手し、トーマス・マルケイヒーの首に残っていた噛み跡と比較した。こちらも一致しなかった。「ファイブ・オークス」の前にいた物乞いのユージーン・ウィリアムスは並べられた写真のなかからホランドを選んだが、リサ・ホールは選ばなかった。リサ曰く、似た写真はいくつかあったが、マイケルとあの晩一緒に店を出た、彼女の記憶に残る男はいないと言った。「(ホランドを)除外するために、できることはすべてやった」と、数年後、マシュー・キューン刑事は語った。

八月中旬、捜査官らはトニー・プラザに会った。特別捜査班は彼を「サカラの最後の愛人」と記録しているが、それは正しいとは言えない。プラザは二十代の華奢な男で、メトロポリタン・オペラハウスで働いており、仕事終わりに「ファイブ・オークス」で飲んでいた。彼はマリリー・ブレイクを見るのが好きで、おそらくゲイである自らの人生を模索していた。「僕の人生のなかでも、奇妙な時期でしたね」と彼は回想している。「カミングアウトしたり、秘密にしたりを繰り返していたんですよ」。大柄で、髭を蓄えた男性に惹かれることに気づきだした時期でもあった。

プラザが初めてマイケルに出会ったとき、あまりにも物怖じしてしまい、自分をジョン・ディアズと名乗った。バーに通いはじめて数ヶ月が経っていた。あっという間に、二人は惹かれ合った。しっかりとした抱擁をし、肘で突き合い、ウィンクを交わした。キスまではしなかった。そして、プラザはマイケルに自分の本当の名前を打ち明けた。**自分のことを正直に話さなくてはいけない**と考えたのだ。

バーにほとんど客がいなかったある晩、二人は一対一の時間を過ごすことになった。プラザはマイケルと一緒に座り、打ち明けることがあると告げた。

彼は自分の財布をカウンターの上に置き、「ＩＤを見て」と言った。

「君ってまさか、偽名を使うクソ野郎の一人なのかい？」

「そう、クソ野郎の一人！」

マイケルは財布の中身を確認した。「トニー……なんだね」と彼は言った。「いい名前じゃないか！」

マイケルは笑った。身元を明かす勇気がなかったプラザ。でも、今はその勇気を持ってくれたとマイケルは理解した。二人はウェスト・エンド大通りにあるマイケルのアパートに戻り、抱き合った。プラザは下着を身につけたままだったが、マイケルは何も身につけていなかった。プラザは二人の関係を、ハンナ・バーベラ・プロダクション製作の『ヨギ&ブーブー　わんぱく大作戦』［一九六〇年代に製作されたテレビアニメーションシリーズ。陽気なクマのヨギとブーブーが騒動を繰り広げる］に喩え、楽しいものだったと回想した。

二人が一緒に過ごしたのは、一晩だけだった。翌週の金曜日にプラザは「ファイブ・オークス」に行かなかった。その週は忙しかったのだ。マイケルの死に関しては、ニューヨーク・ポスト紙の見出しを読んで知った。

特別捜査班が結成されたと知ったプラザは、ヴィレッジにある第六分署に自らやってきた。捜査官にマイケルを知っていると伝えたのだ。捜査官はプラザの電話番号を控えた。

あれから何十年も経過して、プラザは考える。もしかしたら、自分がマイケルを捕食者に対して無防備な存在にしてしまったのではないかと。**もし自分があの日あの場所に行っていたら、もしかしたら、彼が一緒に店から去った人物に何かできたのでは？**

「あの晩、店に行っていればと、心から願うことは何度もあります」と彼は言う。「もっと一緒に過ごすことができたかもしれない、もしかしたら、あんなことなんて起きなかったかもしれない」

＊＊＊

八月二十六日、別の病院に勤める看護師にまつわる情報が入ってきた。マウント・サイナイ病院だ。この人物はボンデージに傾倒していると情報提供者は証言した。「ジュリウス」――街で最も老舗のゲイバーのひとつ――でこの人物と出会い、家に連れ帰った。夜中に目を覚ますと、連れ帰った看護師が自分を縛ろうとしていることがわかった。翌日の報告書にセオドス刑事はこう記した。

情報提供者はその人物に関して、制御できないほど強い力で彼を縛りあげようとしたと証言した。しかし彼は抵抗し、アパートから逃げ出した。情報提供者は「タウンハウス」でその人物に偶然再会した。その人物に再び一緒にアパートに戻ろうと持ちかけられたが、断った。その人物は看護師で、マウント・サイナイ病院勤務でスタテン島にアパートを所有しているという。その人物については、身体的特徴以外の情報提供はなかった。

情報提供者は看護師の名前を知らなかった。そこで捜査官らは、今度はマウント・サイナイ病院に対して、病院内に勤務する、スタテン島在住の男性全員の名前と、誕生日と、写真と、個人情報と、勤務表の提示を求める召喚状を出した。マシュー・キューン刑事はバーテンダーのリサ・ホールに男性たちの写真を見せた。数十人の男たちの顔を見たホールが、一九七九年に撮影された男性看護師の写真に反応した。「この男」と彼女は言った。「髪型が似てると思う」。しかし、彼女も、情報提供者も、確信を持って写真を選ぶことはできなかった。

疑う余地のない手がかりや突破口がないにもかかわらず、特別捜査班による作業はアンソニー・マレーロ殺害事件を捜査するマーク・ウッドフィールド刑事を支援する形となっていた。ごみ袋から指紋採取はすでに完了していたし、ウッドフィールドには謎に満ちた加害者について確信していることがあった。男は看護師で、たぶん、スタテン島に住んでいたことがある。ウッドフィールドはこれを、ずいぶん前から心に留めていた。マルケイイヒー事件で使用されたゴム手袋と鍵穴ノコは、それぞれ、スタテン島のドラッグストアとショッピングモールで販売されたものだった。アンソニー・マレーロの頭部が入っていたプラスチックのごみ袋は、スタテン島のアクメ社に繋がった。ウッドフィールドの哲学は、**別の証拠が出ない限り、元の線を洗い続けろ、**というものだ。捜査官は網を広げる傾向があるが、ウッドフィールドの経験から言わせれば、買い物をする場所に居を構えている人間がほとんどだ。特に、スタテン島ではこれが真実だった。彼曰く、なんだかんだ言っても、必要もないのにスタテン島に行く人間などいないのだから。数年後にウッドフィールドは、自分に任せてくれていたら、操作の重点はそこに絞っていただろうと言った。しかし特別捜査班の捜査官らは数百の手がかりを調べなければならず、スタテン島はそのなかの現場のひとつに過ぎなかった。

ニュージャージー州警察のジャック・レプシャ刑事は、確かに、スタテン島は事件の核心だったと言う。しかし、人口四十万人の自治町村に大規模なリソースを投入するのは理にかなっていなかっただろうと証言する。「犯人はそこに住んでいる。そこで買い物をしているなんていう結論に飛びつきたくはないですよ。それが意味するところに、自分の思考を囚われてしまいたくないですから」。これはセオドスが部下に伝えていたことにも通じる。**「自分の考えを言うな。知っていることを教えてくれ」**

＊＊＊

マイケルの追悼式が予定されていた。それはある意味自然に、「ファイブ・オークス」で行われることが決まった。数週間前に捜査官らはマイケルの最初の愛人に話を聞き、マイケルが最後に「ファイブ・オークス」に現れた日に店に来た常連客のほぼ全員にも話を聞いていた。リサ・ホールはニューアーク空港近くにある州警察兵舎に車で送られ、似顔絵作家と面会した。似顔絵（レンダリング）は、マイケルと一緒にいた男に似ても似つかなかった。「自分で描いたほうがマシだったわ」と彼女は証言した。

追悼式は十月十日にしめやかに行われた。爽やかな日曜の夜で、常連客が歌い、思い出話に花を咲かせた。マイケルに贈られた言葉は、憂いに沈み、クイアへの暴力を非難する怒りに満ちていた。参加者には小さなプログラムが手渡された。表紙には、毎晩、彼の星占いをしていた友人のバーバラ・ロスによって描かれたマイケルのペン画のスケッチが載せられた。中にはスコットランドの詩人ロバート・バーンズによる一節が記されていた。

一緒に笑ってくれる誰か、悲しんでくれる誰か、喜んでくれる誰か、そして私の受けた不当な扱いに対して自分の言葉で救いを差し伸べてくれる誰かが欲しい。時には、私の鋭敏さと、洞察力を認めてくれる誰かが欲しい。

追悼式の伴奏を務めたのはケヴィン・フォックスで、マイケルのお気に入りのピアニストだった。病気で倒れてしまったマリー・ブレイクと交互に演奏していた。マイケルはフォックスに心酔しており、「アップ・ア・レイジー・リバー」を彼と歌うのが好きだった。フォックスはマイケルが問題を抱えていることを知っていた。彼がバスルームで嘔吐し、バーに戻ってもう一杯注文するのを見たことがあった。

捜査官らも静かに参列した。「捜査官たちは、この追悼式に参加した人たちの身元を確認する作業を行った」と、翌日の報告書にセオドス刑事は記した。

＊＊＊

特別捜査班が解散するという公式の発表はなかった。

最初の一ヶ月程度は、捜査官らも二十四時間体制で合同捜査に専念していた。しかし九月の末、それ以上の手がかりが途絶えたとき、一人、また一人と別の捜査に参加を命じられるようになった。ゆっくりと、しかし確実に、故郷での捜査に専念したほうがいいという声が上から聞こえてくるようになった。

一九九三年十月十三日、最後の日報が記された。それは事件捜査の行き詰まりを明らかにしていた。捜査官らはこの時点でも「ピーター・アンダーソン殺害事件と、それ以外の殺害事件の関連性を探している」状態だった。この日の前日、マーク・ホランドの通話記録が届いていた。

最終的に捜査班に残ったのは、中心的な役割を果たした捜査官たちだった。ロックランド郡とニュージャージー州からやってきた必要最低限の男たちだ。[*1] 彼らは挫けてなどいなかった。犯人に肉薄していることはわかっていた。ウッドフィールド曰く、「殺人犯をとことん怖がらせてやった」ことが、ひとつの慰めになったという。「殺人犯のドアをノックしてやろうって思ってますよ。俺がご近所さんなんだから、こいつはラッキーなクソガキだってね。どのドアをノックすればいいか、わからないだけなんだ」

感謝祭が近づいた頃、特別捜査班は解散した。しかし、レプシャは「それでも、何かわかれば、明日にでも俺たちは戻ってくると考えていました」。

＊＊＊

一九九三年末の時点で、捜している男は連続殺人を一旦やめたのではと刑事らは確信していた。男の名は病院から寄せられた記録に埋もれていてわからなかった。この事件は事実上、迷

注1：ニューヨーク市警察の捜査官たちはとっくに本来の勤務地へと戻っていたが、レイモンド・ピアースだけは、定年退職するまで本事件に関わっていた。

宮入りしたのだ。かつては、十分過ぎるほどあると思えた手がかりも、目撃者も、ヒントも消え失せた。

数年後、ニュージャージーのある州警察官は、捜査関係者がそれまで恵まれてきた幸運について思いを巡らせていた。「この殺人者の特徴は、遺体遺棄が巧妙だということです」。これは直感的な指摘ではなかった。四人の被害者がいると捜査関係者が知り得たのは、彼らの遺体が発見されたからだった。しかし、その遺体発見は、単なる偶然だったと彼らは思い知った。トーマス・マルケイヒーの遺体を包んでいた袋が破れていなければ、「我々が彼を発見することはなかっただろう」。野生動物がアンソニー・マレーロの腕を道路まで引きずり出さなかったら、彼は行方不明者としてカウントされただけだろう。そして観察力のあるホットドッグ売りが所有する二〇〇リットルのごみ箱にマイケル・サカラの遺体が遺棄されていなかったら、遺体は埋め立て地に運び込まれ、マイケル・サカラ事件を捜査することもなかっただろう。だからこそ、あと何人の被害者が存在するのか？　と自問自答するのだ。

「こういう類いの殺人をするやつは、一旦求め始めたら自分を止めることはできません」と警察官は続けた。「結局、我々が導き出した結論。それは、男は服役しているか、死んだか、世に放たれたまま、スキルに磨きをかけた状態でいるというものでした」。少なくとも、このうち二つが間違いだと証明された。

第九章　看護師

　男はマウント・サイナイ病院外科集中治療室勤務の看護師で、平凡な日々を送っていた。報道に悩まされることもなかった。人々の殺人事件に対する関心も薄れていたのだ。一九九六年六月、デートの相手に「警察がシリアル・キラーを捜しているようだから、君も付き合う人は選んだ方がいいよ」と言ったほど、穏やかな気持ちで暮らしていたようだ。

　このわずか数週間前、サプライズ・デートの相手、背が低く、控えめなブリットは、ペンシルバニア州ニュー・ホープに友人を訪ねていた。彼はゲイバー「レイヴン」に立ち寄って、酒を飲んだ。ニューヨーク市からやってきたという、彼よりも少し背が高く、同じように控えめな印象の男性が店に入ってきて、二人は何気なく会話をはじめた。偶然にも、この男性は看護師だった。ブリットは、この男をとても気に入り、交際がはじまったという。彼は「奇妙な時間帯」にマウント・サイナイ病院で勤務していたとブリットは証言している。時には、夜通し働いていたそうだ。間もなくしてお互いの家を行き来するような関係に発展した。ニューヨーカーはブリットのコネチカットの自宅にやってきたし、ブリットはマンハッタンに夕食を共にするためやってきて、スタテン島に一泊した。

本気の付き合いというわけではなかった。数十年後、ブリットは「最後に近づくにつれ、何かおかしいと思うようになったんです」と証言した。例えば、二人が『タイタニック』を観に出かけたときのことだ。暗い映画館のなかで、誰かが音を立てた。腹を立てるような騒音ではなかったのに、この男は明らかに緊張し、パニックに陥った。二人は映画館を出なければならなかったという。

ブリットはその時も、なんだか変だと思った。付き合ってまもなく、ニューヨークの看護師が連絡を絶ったため、別れが訪れた。

＊＊＊

男がマウント・サイナイ病院で勤務しはじめたのは、ペース大学看護学部を卒業直後の一九七九年一月のことだった。由緒あるこの病院が、三〇〇人の看護師を新規雇用しはじめた時期と、彼の卒業は偶然にも重なっていた。ヨンカーズからマンハッタンまで夜勤に通い、休むことなく働いた。一度に一日以上の休みを取ることはなかった。勤務しはじめた年、五月に一度病欠し、六月、そして七月に一日病欠した以外は、八月になってようやく一週間の休暇を取得したのだった。

十月、主任臨床看護師となった。責任に伴い、休暇の回数も増えていった。その後の二十年にわたり、休暇はまとめて取得するのが、この男の慣例となった。一九八〇年六月に三週間以上の休暇を取得し、ケベック、ウェスト・バージニア、そしてマサチューセッツ州のサガモア・ビーチを訪れた。

その翌年は四週間の休暇を取得し、四月下旬には国を横断する旅をした。ワシントン、オレゴン州マウント・フッド、ワイオミング州ジャクソン、グランドキャニオン、サンフランシスコ、ボールダー、そしてナイアガラの滝を訪れた。

一九八一年七月のはじめからは、病欠程度しか取得しなくなっていった。夜勤は続けていて、午後八時半から午前八時までのシフトだった。一九八二年三月二十二日、四週間の旅に出た。ノースカロライナとワシントンに立ち寄りもしたが、大半はセント・オーガスティン、デイトナ・ビーチ、エバーグレーズ国立公園など、フロリダの東海岸で過ごしたようだ。しかし、州の中央部レイクランドにも寄りたいと考えていた。そこにはフロリダ・サザン大学がある。十年ぶりの同窓会だったのだ。

＊＊＊

リチャード・ウェストール・ロジャース・ジュニアはマサチューセッツ州プリマスで一九五〇年六月十六日に生まれた。父は五十代後半のロブスター漁師で、よりよい稼ぎを求めて家族でフロリダへ引っ越し、板金工場で機械工として働きはじめた。ロジャース一家には五人の子どもがいて、リチャードは長男だった。

痩せ型で、野暮ったい十代のリチャードは、「とにかく普通の目立たない人だった」と、年上のいとこは言った。成績はオールA。几帳面で、気配りができ、妹や弟を可愛がっていた。しかしクラスメイトは、彼の欠点と思われる点をよく記憶していた。高い声、女らしい態度、そして友人の少なさだった。体育の授業ではいつもクラスの足を引っ張り、その甲高い声から歩き方まで、よくからかわれていた。スポーツをやらずに、母は彼をガールスカウトの会議に連れて行った。高校では、内気な彼はいじめの標的になった。体育の授業のあとに体操着を脱いでシャワーを浴びることを拒否した彼は、シャワー室に閉じ込められて水を浴びせられたことがあった。彼は泣いた。リチャードの運動神経の悪さに怒った父は、長女に狩りと釣りを教えたほうが時間の無駄にならないと考えた。

マイアミ・パルメット・シニア・ハイスクールは、集団に属することができない生徒にとって居心地の悪い場所だった。例えば、仲間に入ることができないゲイの子どもは、「迫害」されていたと、あるクラスメイトは証言する。メインストリームから外れることが、いじめの対象になった。フレンチ・クラブに属する数少ない男子であるリチャードも、苦しんだ生徒のひとりだ。

リチャードが自宅からナイフを持ちだし、近隣住民を刺したとされる事件も、何十年にもわたってクラスメイトたちが噂した、彼のノイローゼの状態が引き起こした。刺された女性は明らかに彼より年上で、彼からの口説き文句を拒絶したのだろう。この事件で彼が収監されることはなかったが、伝えられるところによれば、短期間、青少年の犯罪者を収容する施設に入ったということだ。クラスメイトは「あれで彼も終わったと思いましたよ」と驚いていた。

しかし、リチャードはマイアミ・パルメットを一九六八年に卒業すると、フロリダ・サザン大学に入学した。メソジスト系の小規模な大学で、彼が育った地域から三二〇キロほど北西のレイクランドにあった。フロリダ・サザン大学は政治的にも社会的にも保守なリベラル・アーツ・カレッジで、タンパからそう離れておらず、フランク・ロイド・ライトの高価な建築物の膨大なコレクションで知られている。一九三八年にこの有名な建築家が初めてキャンパスを訪れた際、キャンパスの大部分は柑橘園のなかにあるような状態だったそうだ。三十年後、リチャードが男子学生寮「ウォフォード・ホール」に入居したときは、樹木はほとんどなく、その撤去された場所にはライトの建築や建造物が八ヶ所にわたって建てられていた。

キャンパス内でリチャードが印象を残したといえば、その存在感の薄さだった。小規模な大学だったことを考えれば驚きだ。「彼はいつも一人で、積極的なタイプでもなかった」と同級生は証言する。「自己主張の強いタイプでもなかった」。学生の半分が男子学生の社交クラブに所属するか、女子学生クラブに所属するという環境で、社交クラブに所属する学生と、そこから追放された形の学生の間にはお互いに不信感があった。リチャードは、もちろん、後者だった。

リチャードが二年の年に、統一メソジスト教会がキャンパスで年次会議を開いた。当然、リチャードの性的志向は家族にも、仲間にも隠されていた。実際に彼がそれをオープンにしていたら、命の危険に晒されていたかもしれないと証言する同窓生は多かった。実際に、ゲイであることをカミングアウトした男子学生は、身の安全のため、キャンパスから遠い場所にあるアパートに、大学側の配慮で引っ越しさせられた。

リチャードは変わり者だったが、他の生徒からつまはじきにされることはなかった。どちらかといえば、同情されていた。土曜の午後に、当てもなくバスに乗って、車窓から景色を眺めている姿を目撃した同窓生がいた。「僕だって孤独は身に覚えがあるよ。それにしたってさ……」

リチャードはフロリダ・サザン大学で過ごした四年間で二人のルームメイトと部屋をシェアしていた。最初のルームメイトはニュージャージー出身のドナルド・カバリー。もっと実家に近い大学にいくつも合格していたようだが、北部に逃避行したかったそうだ。狭いキャンパス内に、ライトの建築物。パーフェクトな環境だった。まるで別世界のようにも感じられた。初めて寮の部屋に入ったとき、アルビノのゴキブリがリチャードのスーツケースの上にいるのを見た。電気が消されると、その虫はスーツケースの側面を下り、暗い部屋の隅に逃げて行った。

授業が開始される日、背が高く、痩せたリチャードは二段ベッドの上から長い足を振り上げるようにして、飛び降りた。コウノトリのようなリチャードの足で上半身を支えることはできず、勉強机の椅子に倒れかかった。本が飛んでいった。

「おいおい、大丈夫かよ？」

無事だったリチャードはくるりと回転して起き上がると、「まあね」と言い「計画通りとはいかなかったけどね」と付け足した。

リチャードはいいやつだなとカバリーには思えた。しかし「とても内向的で、知的だが、誰かが話しかけるまで口を開くことがない」、本好きの男だった。カバリーはいつも自分から彼に話しかけ、政治、科学、そして大学内での出来事について語り合った。数年後、丸い肩、くぼんだ胸、そして予備役将校訓練団に入団するためそり上げた頭から、リチャードには綿棒人間というあだ名がついたことを思い出した。そして、ルームメイトの奇妙な歩き方についても。「歩く時に、まったく腕を振らないんです。まるで滑るように移動していたんですよね」と証言している。

同居は数週間しか続かなかった。同居を解消すると、リチャードは数学科専攻の生徒と同居するようになった。リチャードと彼の新しいルームメイトは、授業期間中、ひとときも離れず行動していた。

リチャードは一九七二年にフランス語の学士号を取得して大学を卒業した。スポーツを一切やらず、クラブにも入らなかったが、彼と数人の友人で「サークルK」というキワニス・クラブ［ミシガン州デトロイトで一九一五年に結成された組織で、奉仕活動などが主な目的］系の組織に属していた。誰の目にも、リチャードはのけ者のように見えた。しかしリチャード自身は大学生活を楽しんでいたようで、それはなぜなら、同級生が同窓会会報誌に語ったように、「大学とは自分が本来の自分になれる場所」だったからだろう。卒業してから数年間、リチャードは何度もキャンパスに戻ってきた。同級生たちの「連絡係」となり、同窓会の主宰まで務めたのだ。「僕ら同窓生にとって、彼は魅力ある人物でしたよ」とクラスメイトは言う。「人を歓迎することを楽しんでいたし、イベントを主宰することにも意欲的だったから」

一九八二年三月の四週間の休暇中に、そんなリチャードが同窓会のためにレイクランドにやってきていたのは、不思議でもなんでもなかった。オーランドで開催されたこの同窓会を記憶している人はいないが、その近隣で発生した暴力事件は特筆に値する。

リチャードがニューヨークに戻る一週間前、デイトナ・ビーチのゲイバーで最後に目撃された若い男性が、州間ハイウェイ4号とレイクメアリー大通り近くで発見された。身長一七六センチ、体重六十三キロで、日に焼けた金髪のマシュー・ジョン・ピエーロは、六回も刺されたうえ、首を絞められていた。二十二歳のピエーロは元妻に会いに行く途中だった。彼女はココア・ビーチから東へ一時間程度の場所に住んでいた。この年のはじめに彼はデイトナ・ビーチにやってきて、オーランド・センチネル紙によれば、「問題を抱えた若者のための、宗教に基づく青少年センター」の設立を手伝っていたという。死亡する数週間前、公園のベンチで寝ていたこと、大麻を所持していたことで警察の記録にわずかに残っている。

この事件は解決に至っていない。[*1]

＊＊＊

一九八四年、リチャードは夕方六時から、翌朝の七時半というシフトでマウント・サイナイ病院での勤務をスタートさせた。

この年も四週間の休暇を取得したリチャードは、サンフランシスコ、ソルトレイクシティ、ボルダー、そしてグランドキャニオンで八月を過ごした。戻ってから数ヶ月後に、手術室の看護師に指名された。約一年後の一九八五年八月には、マウント・サイナイ病院心臓外科集中治療室の看護師として転属。彼の役割は、子どもと接することだった。

心臓手術から回復中の子どものケアをする六人の看護師の一人となった。それは難しい仕事

注1：二〇一九年十一月、レイクメアリー警察の巡査部長によると、「本件は捜査継続中であり、現在は未解決殺人事件として殺人課において認識されています」ということだった。リチャードが一九八二年にこの事件の容疑者として考えられていたことがあったのか、あるいは尋問されたかについてはわからなかった。

だった。特に、新生児の看護についてはそうだ。多くのケースで、麻酔が効いているため、意識のない状態で手術室から運び出されてくる。呼吸器をつけ、多くのモニタに繋がれた状態だ。多くが静脈に点滴の針が刺され、心臓を治療するための薬が継続的に投与されている。手術がどれだけ深刻なものだったかにより、術後二十四時間から四十八時間は、看護師が片時もベッドから離れず新生児に寄り添う。モニタをチェックし、脈拍が安定しているかを確認し、必要であればアドレナリンやエピネフリンの点滴を調整する。状態は数秒で変化する。多くの場合、新生児は無事で、朝食を与えたり、包帯を交換したり、絵本を読み聞かせることになる。しかし、時には心停止したり、手術後の出血が発生したりする。看護師が血液を送り込みながら、手術室に大急ぎで戻されることになる。

このように重大な責任は、心から望む人間にしか負うことはできない。マウント・サイナイ病院は技術の高い看護師、怯える子どもの痛みを取り除くことができる看護師、子どもの生死について不安に陥っている両親と会話のできる看護師、両親の前で子どもが十分安定した状態なのか判断できる看護師を選んでいた。この仕事にもうひとつ必要なのは、圧倒的共感力だった。そしてリチャードにはそれがあったのだ。集中治療室で働く彼も、同僚も「エリート集団だった」と、ある外科医は語っている。

＊＊＊

一九八六年六月、リチャードの通勤経路が変わった。ヨンカーズから引っ越しをして、ニューヨーク州スタテン島のマール・プレイス通り20番地にある五階建てのアパートに転居したのだ。

隣人は彼をよく知らなかった。ときどき、男性を連れて部屋に戻るのを見たことはあったが、ほとんどの場合リチャードは一人だったし、警戒心が強いように見えた。家族のことや人生のことについて、一切、話すことはなかった。情報を厳重に管理しており、長時間のシフトの仕事や、ブロードウェイが大好きなこと、旅行が好きなこと、そしてカントリーミュージックが好きなこと以外は伝えていなかった。それでも彼は友好的だし、時には親切な行いもしていた。なにより、本物のきれい好きだった。同じ建物に住んでいた夫婦は、彼の完璧に整理されたビデオコレクションを見て驚いたし、部屋からは掃除機の音が常に聞こえてきていた。

数年間、彼は夜から早朝にかけて働き続け、バーやクラブに通う時間はほとんどなかった。しかし一九八八年七月十一日、前週に十三時間のシフトを三回こなしたあと、休暇を取得した。その月曜日の夜、リチャードは東53丁目にある「G・H・クラブ」に向かった。そこには年配の客が多く、まさにリチャード好みの店だった。店に入ると、壁際に立って座る場所を探した。そして彼より十歳年上のビジネスマンの右側に座った。年上の男性の名前はサンディ・ハロウ（仮名）で、友人と、当時景気のよかった不動産と株取引の話をしていた。リチャードは会話に加わった。

サンディの友人がバーを出ると、リチャードはマール・プレイス通りのアパートについて話した。最近コープアパートになったそうなんですよと言い、特別に四万五〇〇〇ドルで手に入れたんだとサンディに教えた。それでも十分安い価格だけれど、もしかしたら倍の値段で売れるかもしれませんよと、リチャードは付け加えた。スタテン島に来て、アパートを見てみませんかとサンディを誘った。マンハッタンに住むサンディは、すぐに誘いを断った。なにせ、スタテン島だ。ニューヨーカーは街で最も地味な区を怪しむ傾向にあった。そのうえ、すでに夜の八時だった。しかし車でスタテン島まで連れて行き、帰りはミッドタウンまで送り届けますよとリチャードが提案したため、バーを出ることを承諾した。そして二人はバーを出た。

リチャードはエレベーターのなかでサンディに、五階の部屋は暑いことを伝えた。そして、実際にとても暑かった。リチャードはバスルームに行った。そしてゲストであるサンディに飲み物が欲しいかどうか聞いた。サンディはダイエット・ソーダを頼んだが、リチャードはオレンジジュースを手に戻ってきた。

サンディは飲みはじめた。オレンジジュースは美味しかった。しかし、ビジネスマンは徐々に意識を失っていった。紺色のラグに前のめりに倒れ込んだ瞬間を記憶している。

サンディが目覚めたとき、数時間は意識を失っていたことがわかった。全裸の状態で、仰向けに寝ており、両手と両足は数十本の病院用IDブレスレットで拘束されていた。彼は叫び始めた。リチャードは落ちついた様子で、彼の手の甲の静脈に皮下注射針を差し込んだ。

「これでしばらく大丈夫」と彼は言い、サンディは再び気を失った。

曖昧とした記憶だが、服を着せられ、自分のアパートの玄関ホールに突き飛ばされたようだった。ここから数時間後の火曜日の朝に目を覚ますと、友人に電話をして、地元の警察署に連れて行ってもらった。サンディは警察署からルーズベルト病院に搬送され、一通りの検査を受けた。手の甲にある静脈に内出血が数ヶ所あることを医師は確認した。エイズに感染することを恐れた彼は、レイプキットの使用を依頼した。結果は陰性だった。

五週間後の八月十八日、リチャードは逮捕されたが、二日後には職場に戻った。

＊＊＊

一九八九年より、リチャードは一日おき、あるいは三日おきに働くようになった。仕事はとてもタフだった。タフな仕事なのだから、オフの日にリラックスするのは当然のなりゆきだった。

それは「タウンハウス」という名の、東50丁目にできた新しいバーだった。リチャードは「リージェント・イースト」の時代から、ピアニストのリック・ウンターバーグのファンだったのだ。リチャードは木曜日と日曜日に彼の演奏を聴きに行くことにしていた。

リチャードが演奏家たちのテリトリーであるバックルームにやってきたのは、夜遅くのことだった。カクテル・アワーのシフトが終了し、ウンターバーグはすでに演奏を始めていた。リチャードはピアノに近づくと、休憩中の彼と談笑した。「愉快な人でしたよ」と、サイナイ病院での彼の厳格なスケジュールを知っていたウンターバーグは回想している。「酔っ払った姿を見たことは一度もないです。失礼な態度も」。実際のところ、多額のチップをくれる客や、飛び抜けて感じの悪い客を記憶する傾向にある演奏家にとって、彼はそれほど強い印象を残していたようでもなかった。リチャードはめったに泥酔することもなかったし、チップを弾むこともなかったのだ。

＊＊＊

一九九〇年二月、リチャードはほとんど働いていなかった。この月、彼はリッチモンド郡ターゲット通りに面した刑事裁判所において、三日間の裁判官裁判を受けていた。これは私生活を公開したくない被告人によって選ばれることの多い制度だ。「G・H・クラブ」でサンディ・ハロウと出会った夜から一年半が経過していた。

地元のクリストファー・ナリー弁護士がリチャードの弁護を担当し、地方検事補のマイケル・

クラークがリチャードを起訴した。ニューヨーク州刑法第一二〇条〇〇項と一三五条〇五項において、それぞれ第三級暴行罪と第二級不法監禁容疑で起訴されていた。

裁判所の職員を含めて十人にも満たない人間しかいない広大な部屋で、裁判は始まった。ハロウは証言台へと呼ばれた。彼は自己紹介をして、マンハッタンにある日系の金融会社で三年間の勤務経験があることを裁判官に語った。セカンドキャリアが投資銀行だということ、その数年前にニューヨークの大学で牧師として働いていたことは裁判官には言わなかった。

地方検事のクラークに促されるようにして、ハロウは一九八八年七月の夜に起きたことを証言した。

「その年の、最も暑い一日でした」と、四十八歳のハロウは言った。仕事を終え、51丁目にあるフィットネスジム（ニューヨーク・ヘルス・アンド・ラケットクラブ）に立ち寄った。しかし混雑していたため、数分だけ滞在すると、その場を去った。ハロウは3番街を北上し、53丁目を右へと進んだ。53丁目と1番街が交わった場所にある、ハロウのようにゲイのプロ――銀行家、不動産業、そして広告業――の間では有名なバー、「G・H・クラブ」に辿りついた。

彼は二人の友人と会話し、白ワインを飲んだ。

「二十五分ほど滞在しました。バーでは、空席を挟んで向こう側に座っていた男性と話をしていました」と、彼は証言した。「そこで被告人が店内に入ってきて、壁を背にして立ちました」。

ハロウは法廷内にいるネイビーブルーのセータに赤いネクタイを締めたリチャードについて話

した。リチャードは「座る場所を探しているように見えた」ため、ハロウは右側に彼の席を確保してあげた。ハロウの友人が店を出ると、リチャードがマール・プレイスのアパートについて話しかけてきて、見てみたいかと聞いてきた。夜の八時になっていた。

ハロウ：アパートに入ったことは覚えています。息が詰まるほど暑かった。完全に密閉されていたようでした。エアコンもなく、彼はそのことについてエレベーターのなかで教えてくれました。とても暑い部屋だとは言っていました。同じくエレベーターのなかで、部屋に行ったらすぐにトイレに行かなくちゃと言っていました。アパートに入ると彼は姿を消し、戻ってくると飲み物が欲しいかと聞いてきました。ダイエット・ソーダのようなソフトドリンクがいいと答えましたが、彼はオレンジジュースらしきものを持って戻りました。寝室でしなくちゃいけないことがあると言っていました。彼はその場を離れて、そして戻ってきました。私はオレンジジュースを飲んでいました。おかしな味には気づきませんでしたが、床に敷かれたダークブルーのラグに、前のめりに倒れていったことは記憶しています。

少し後になって目覚めました。何時間も意識を失っていたようでした。裸にされていました。両手首と両足首は病院用のリストバンドで拘束されていました。何本も使われていました。私は叫び出して両手足を動かそうとしましたが、動かすことができませんでした。

ハロウはその後、心的外傷後ストレス症候群と診断され、社会生活に支障を来たすようになった。人を信頼できないようになり、他人と車に乗ることさえ辛かった。「誰に対しても、親密になることに大きな恐怖を抱えています」と法廷で語った。

ナリーは反対尋問において、ハロウにPTSDの診断をもう一度受けるよう促した。そして「バーで男漁りをすることにも恐怖を感じますか?」と質問した。

「私はロジャース氏を漁っていたわけではありません」とハロウは答えた。ナリーは事件の時系列をなぞるようにして質問した。ナリーは質問の最初に「サー」とつけるのが好きなようだった。「サー、あなたの証言によれば、白ワインを一杯飲んだだけだったということですが、バーに到着したのは何時頃だったのでしょうか?」

ハロウは、ジムに到着したのが午後六時半で、5番街を五ブロックほど歩くのには十五分ぐらいかかるので、午後七時半から四十五分には到着していただろうと推定した。彼とリチャードは午後八時頃にバーを出たとされる。

ナリーはハロウに、警察への供述書を見せた。

「あなたの供述では、バーに午後六時頃到着したとなっていますが、それは本当でしょうか?」

ハロウは、初期段階での証言が間違っていた可能性はあると認めた。彼はバーに二時間ほど滞在し、白ワインを飲み、「ペリエを数本飲んだ」とナリーに言った。

ナリーはハロウに対して、七月十一日、ジム用バッグを持っていたかどうか尋ねた。ハロウは持っていたと答えた。時計は？　時計は持っていなかったと答えた。実はハロウは、自分とリチャードが何時にスタテン島に到着したのか、正確に証言することができなかったのだ。弁護士は質問の矛先をオレンジジュースへと移した。「一服盛られていたと推測されているわけですね？」と、彼は尋ねた。

「意識を失ったのはオレンジジュースを飲んだからですし、オレンジジュースには何か入れられていたと思います」と、ハロウは反論した。飲んだジュースは科学的な分析を受けていないとも証言した。「一服盛られていたのはわかっています。気を失ったのですから」

ナリー：何時頃起きました？

ハロウ：時計を持っていませんでした。正確に何時だったのかはわかりません。家に戻った時間以外、あの夜、何時頃に何が起きていたのかは、見当もつきません。

弁護士は話題をハロウの主張に移した。リチャードが彼に服を着せ、建物の前庭に放置したあとに、自分のアパート内に倒れ込んだというものだ。警察に対する証言のなかで、ハロウは

「家の前庭で鍵を開けようとして四苦八苦した」と言っていた。服を着せられたという時間について は、何も証言していない。もちろん、ルーズベルト病院精神科のインターンはハロウに、記憶は回復の過程で段階的に戻るだろうと話していた。

とにかく、ナリーは、力の抜けたハロウの六十三キロの体を、リチャードはどうやって階段で運んだのでしょうかと聞いた。「エレベーターがありましたよ」。しかし、弁護士はそれを聞き流した。エレベーターがあったとしても、リチャードがどうやってハロウを車に押し込み、マンハッタンまで連れて行き、彼の家の前庭まで引きずっていったというのですか？　ハロウが部屋の鍵を出すのに十分な時間、リチャードがハロウの体を支えたのではと推測した。「ドアの前に立って、鍵をドアノブに差し込もうとしていたのは記憶にあります」と彼は言った。

ナリーの質問は、ますますハロウを動揺させた。

ナリー：何時に家に戻ったかわかりますか？

ハロウ：いいえ。起きた時間はわかっています、それは……

ナリー：医師には朝の五時半だと言っていますよね？

ハロウ：その時はわかっていたのですね、だったらよかった。朝の五時半です。六時に友人に電話をしました。彼らが証言してくれるでしょう。

ナリー：仮に四時半に目が覚めたと医師に言い、手の甲に皮下注射器がささっていて、医師に対して……

ハロウ：私が動きまわっていた時間を知っていることと、手の甲に皮下注射器の針がさ
さっていたかどうかは、まったく別の話ではないですか。

ハロウはナリーが混乱していると言った。医師に対する証言のなかで、ハロウは実際に、そしてシンプルに「ある時点で」四時半だったと伝えている。リチャードが彼に針を刺した時間をピンポイントで特定したわけでは**ない**。実際には、皮下注射器の針が刺されたのは、その少し後のことだった。

ナリーは尋ねた。「ちなみに、右手にいろいろ問題があるそうですね？」。ハロウは一年か二年前に犬に噛まれたことがあり、ルーズベルト病院で治療を受けたことがあると答えた。マンハッタンに戻る際にジム用バッグを持っていたかどうか質問したあと、ナリーは「サー、病院でアナルセックスをされたかもしれないと話しましたよね？」。ハロウはエイズ感染を極度に恐れていたので、レイプテストは用心のためだったと証言した。**しかしそもそもハロウは男を探しにバーに行ったのではないか？　実際のところ、同性愛者だったのか？**[*2]

ネリー：男性と一緒にアパートに行ったことはありますか？

ハロウ：ありません。

ネリー：一度も？
ハロウ：一度も。
ネリー：あなたのアパートに招いたことは？
ハロウ：ありません。
ネリー：男性とセックスはしますか？
ハロウ：エイズの時代ですよ。ご存じないのですか？

今現在は禁欲主義者だとハロウは答えたが、依頼人を告訴した「本当の理由」はリチャードがハロウと寝るのを断ったからなのではとほのめかした。「ロジャース氏に体を拘束して欲しいと頼んだのではないですか？」

地方検事補のクラークが異議を申し立てたが、却下された。ナリーはハロウの怪我についても言及した。「失礼ですが、精神的なトラウマ以外、怪我はしていませんよね？」

「精神的なトラウマをそのように否定すべきではありませんよ」と、ハロウは答えた。心的外傷後ストレス症候群がどのような症状なのかネリーが尋ねたところ、ハロウは知らな

注2：このような無神経な尋問は当時珍しいことではなかった。特にスタテン島の刑事裁判所では。「まるで自由な楽園でしたよ」と、ある弁護士は回想した。

い人と車に乗り込むことができない、親密になることへの恐怖感、そして人を信用することが難しくなったことを再び証言した。おかげで仕事仲間と毎日交流することさえ難しくなっているとした。そして、自分にとって不利になる言葉を口にした。「軽いパラノイアです」と。

ハロウの午後八時四十分から翌朝四時半まで「意識を失っていた」という主張と、注射を打たれたあと、さらに一時間意識を失った際のタイムラインにネリーは話を戻した。「その間ずっと」と、ネリーは言った。「あなたはアナルセックスされなかったのでしょうか?」。実際のところ、それははっきりしないとハロウは答えた。もしリチャードがコンドームを使用したとしたら、レイプテストには証拠が出ない。「肛門から出血はしましたか?」。ハロウが気づいた限りでそれはなかった。「サー、ちなみに警察は口の中の精液について検査はしましたよね?事実ですか?」。ハロウは医療記録を見せられても、それを思い出すことはできなかった。ナリーは彼に、実際のところ検査は陰性だったと告げた。

一服盛られたというハロウにリチャードが服を着せることについて一悶着やり合った後(「非常に念入りに行われた」と原告側は判断した)、ナリーは事件については、すべてハロウの想像上の出来事だったのではと示唆した。「オレンジジュースで朦朧としていたということは、すべてが妄想だった可能性はないでしょうか、サー?」

それは絶対にありませんとハロウは答えた。

「夢は見ますか?」と、ナリーは聞いた。

「誰でも夢は見るものですよ」と、ハロウは答えた。

夢が現実のように感じられることはあるかどうか、ナリーはハロウに聞いた。もちろんそういったことはありますとハロウは答えた。「あなたは理性的な方です」とナリーは言った。「薬物を与えられていたということは、一連の出来事もすべて夢だった可能性はありませんか？」と聞いた。

絶対に違うとハロウは言った。確信があると言った。リチャードが彼に注射をしたのだ。意識を回復して、ハロウは自分の状態を目撃したからだった。

再尋問で、クラークはハロウのタイムラインの問題点を解決しようとした。仕事を退勤して、ジムに向かったのはもう少し早い時間だったのでは？（「そうだったかもしれません」）次にエイズへの恐怖心について訊いた。今でも怖いですか？「もちろんです。もう何年も」とハロウは答えた。「体調を崩した友人がいます。ニューヨーク市に住むゲイは全員、病気に苦しめられている友人がいますよ。私は気軽にセックスをする人間ではありません」

数分後、裁判の初日は終わりを迎えた。

＊＊＊

一九九〇年二月二十二日、リチャードは証言台に立たされた。リチャードの語る一九八八年七月十一日の出来事は、ハロウの証言とは似ても似つかないものだった。彼曰く、「G・H・クラブ」に入店したのは午後六時から六時半の間で、ライトビールを注文した。それからハロウが自分を見つめていることに気づいたという。

ハロウは、リチャードによれば攻撃者であり、リチャードに近づいて自己紹介をしたという。それも、ファーストネームだけ。仕事について少し会話を交わしたあとに、不動産について話し始めた。リチャードの記憶によれば、ハロウに対して、今はまだそうではないが、自分が住んでいるアパートがコープアパートになる予定だと打ち明けた。ハロウは二人の膝が触れあう程度にリチャードに身を寄せた。

リチャード：そして彼は腕を伸ばして、僕を抱き寄せ、僕は背を反らせて……彼はこう言いました。どうしたんだい？　って。だから僕は、わかるでしょ、公共の場では少し慎重でいたいんだって答えたんです。

ナリーが口を挟んだ。「あなたはホモセクシュアルですよね？」リチャードは自分がそうであることを認めた。

話は続く。ハロウが引き下がると、会話は再びはじまった。ハロウはスタテン島に一泊してもいいかと尋ねた。もちろんだよとリチャードは答えたが、とても遠い場所だ。マンハッタンの君の住まいに行くほうが理にかなってはいないかな？　と、リチャードは尋ねたそうだ。スタテン島まで車で戻るには、交通量が少なかったとしても、最低でも四十五分はかかると見積もったからだ。甥っ子が滞在しているので僕の部屋は都合が悪いとハロウは答えた。スタテン島に行く前に、一旦家に戻って犬の散歩をして、甥っ子の様子を確認しなくちゃいけないとハロウは言った。二人は9番街と57丁目の角で、四十五分後の午後七時半に待ち合わせをした。

リチャードによると、車に乗り込んだハロウはジム用のバッグを持っていたという。「バッグに何が入っているのか聞いたら、着替えだと彼は言いました」

ナリーはリチャードの行動の時系列をなぞるようにして説明した。初期段階での証言に反して、リチャードが「G・H・クラブ」に入店したのは午後五時十五分頃だと言った。十分後にはハロウとの会話がスタートしたそうだ。「サー」と、弁護士は言った。「サンディが何か飲んでいるのを見ましたか？」。リチャードは、ハロウは白ワインを飲んでいたようだったと証言した。ハロウがペリエを飲んでいる様子は見ていないと言った。

リチャードのスタテン島へのドライブの記憶は、ハロウのそれとも異なっていた。彼の証言によると、リチャードの足にハロウが手を置いたそうだ。「運転しているときは、集中したいんだよ」と、リチャードは彼に言ったという。「悪気はないんだ」

アパートに到着すると、リチャードは道路沿いに建てられたタウンハウスを指さして見せた。そして二人は建物内に入っていった。

リチャードはリビングのエアコンのスイッチを入れた。そしてトイレに行くと、ハロウに飲み物を勧めた。普通のビール、ライト・ビール、スコッチ、オレンジジュース、クランベリージュースがある。ワインはない。ハロウはオレンジジュースをリクエストした。寝室のエアコンのスイッチを入れたのも、その辺りの時間だとリチャードは証言した。リチャードは二人分のグラスにオレンジジュースを注ぐと、ハロウとともにリビングのカウチに腰掛けた。二人は十分から二十分程度、会話した。ハロウがリチャードに身を寄せた。二人は寝室に入っていった。

リチャード：そこからいろいろありまして、ボンデージが好きかと尋ねられましたので、好きではないと答えたんです。そういうのは好みじゃないと。すると彼が、楽しいよと言ったんです。でも僕はとにかく好きではないし、興味でもないからと答えました。彼は、とにかくやってみたらと言いました。ロープを持ってきたからと言って、ジム用バッグを開いて、中に入っていたロープ数本とコンドーム、それから小さなシェービングの道具のようなものを僕に見せたんです。彼が入れていると言っていた着替えは入っていないように見えました。

リチャードはボンデージに興味はないと言い、それを聞いたハロウは「がっかりしていた」と証言した。二人でベッドに密着した状態で横たわると、ハロウが「アナルセックスを求めてきた」。リチャードはそれを断り、「僕は危険なことをするつもりはないよ」と言った。「いちかばちかのことなんて、できないと言ったのです」

ハロウは腹を立てた様子で、沈黙していた。そしておもむろに立ち上がると、リチャードが彼を誘導したのだと非難した。「僕が彼をリードしたのではありません」とリチャードは証言した。「アパートに到着してから何が起きるかについて、一度も話し合っていません」そうであっても、家に連れ帰って欲しいとリチャードに頼んだのはハロウだと言った。

二人が車に乗り込んだのは午後十時半から十一時の間で、ハロウはあまり言葉を口にしなかった。「よそよそしい雰囲気でした」とリチャードは言った。二人はマンハッタンに戻り、ウェストサイド・ハイウェイ方向に走った。55丁目のビルに車を止めると、ハロウがバッグを手にして車を降りた。

リチャードの証言によれば、あの日の夜は、その程度のことだった。もちろん、二人はベッドを共にしたが、絶対にハロウを拘束していないし、ましてや決して彼に皮下注射針を刺してなどいないと証言した。ナリーからの質問に対しては、麻酔薬は病院内において厳重に管理されていて、シフトの合間に確認されるので、ハロウに注射をすることは不可能だと強調した。さらにリチャードは、成人男性を八時間も気絶させる液体の麻酔薬なんて知らないと証言した。

「ハロウ氏に手渡したオレンジジュースのなかに入れたのですか？」
リチャードは入れていないと答え、ナリーによる質問は終了した。

反対尋問では、地方検事補のクラークが「患者が入院した場合、身元はどのようにして確認されるのでしょうか？　タグで？　ブレスレットで？」

「名前を書いたIDブレスレットを着用します」と、リチャードは答え、六本パックのビールをまとめることができるほど丈夫なプラスチックで作られているのだと説明した。広げた状態であればたぶん長さ二十センチ程度になる。

クラークはリチャードの医療訓練の様子を知りたかったようで、「調剤に関するコースの受講経験があるか」と尋ねた。被告が弁護士を訂正した。「薬理学ですね」。リチャードは薬剤と、それを摂取することで起きる影響について深い知識があると答えた。

クラーク曰く、リチャードが名前も知らない男性を家に連れ帰ることがあるのは周知の事実だった。リチャードはあっけらかんとこれを認め、そしてゲイにとって名前を知らない恋はよくあることだと述べた。自分がゲイだと気づく前は、女性も連れ帰ったという。「初対面でよく知らない人でも、好きか嫌いかはわかりますよね」

再尋問では、ハロウが説明したように拘束された場合、リストバンドで拘束された箇所の皮膚に色の変化が起きるかどうかナリーは聞いた。変化が起きますとリチャードは答えたが、その場合は強く拘束されたか、患者が拘束された部分を強く引くなどしたときだとした。病院で使用されるリストバンドで誰かを拘束したことがあるかどうかと尋ねられると、彼は否定した。拘束バンドでは長さが足りないということだった。

最終弁論となった。ナリーはまず、リチャードがハロウを身体的に傷つけたことについて、合理的疑いを超える確信を検察側が証明していないと裁判官に訴えた。ハロウ本人の訴えによると、右手首の腫れは一週間程度で引いたということだった。ナリーは「いわゆる、精神的トラウマ」について、なぜ検察側はその記録を証拠としなかったのかと尋ねた。

監禁についてはそのメリットがなく、唯一の証拠はハロウの証言のみであるとナリーは続けた。そしてその証言には信憑性がないことも。

ナリー：驚くべき証拠を本法廷に提出したいと思います。彼は昨日の証言において、パラノイアに苦しんでいると認めました。昨日、彼の口から実際に出た証拠については、彼が今の時点でパラノイアに苦しんでいると認めているのであれば、信憑性がないと言えます。

そしてハロウ氏の証言にある、薬物を投与された件についても、裁判官は信じるべきではないと主張した。ハロウが即座に麻酔薬に反応したという話も信憑性に欠ける。時系列も疑わしかった。三十分の食い違いがあるのだ。ハロウは医師に対して、自分のアパートで目覚めたのは早朝五時半だと言ったが、実際のところは六時だったと証言した。ハロウが証言を変えたのは、ハロウに衣類を着用させ、マンハッタンに送り届ける時間を考えると、自分のストーリーが「実質的に不可能」だと気づいたからだとナリーは疑っていた。

裁判官に告訴の棄却を求める前に、ナリーは再びハロウの精神状態について言及した。「裁判長、正直なところ、ハロウ氏はどうかしていると私は考えているのです」

地方検事補は最終弁論で、リチャードが病院で使用されるIDブレスレットを入手できる立場だったことを指摘し、加えて、ハロウの証言した時系列の矛盾がリチャードの無実を証明するとは言いがたいと述べた。「そもそも証言されていた時間の、一時間以内にこの時系列の矛盾は収まっていると検察側は考えます」とクラークは述べた。このような矛盾は「彼が投与された薬物の結果であるとも言えます」

翌日、裁判官は判決を下した。「検察側は犯罪の要素も、合理的な疑いの余地なく証明できていなかったと判断し、被告に対する二件の訴えを無効とします」。リチャードは裁判長に礼を述べた。

「控訴を棄却し、終了します」

この後ハロウは銀行を辞め、聖職者の身分に戻った。

＊＊＊

裁判後数年のリチャードの生活は、仕事と旅行で占められていた。彼は優秀な看護師だと同僚は考えていたし、誰かの手助けなしに大人の患者を担架に担ぎ上げることができるなど、見かけによらず強靱だとも思っていた。それに彼は完璧主義者だった——実力が足りないと彼が思う人物に対しては冷淡だった。リチャードは仕事について疑問を呈されたり、異議を唱えられたりすると、立腹する様子を隠そうとしなかった。

一九九一年五月四日にリチャードは休暇を取った。ピーター・アンダーソンがウォルドーフ・アストリアホテルからよろめきながら出てきた日の翌日のことだ。リチャードは同じく五月五日にも休暇を取得している。ピーターの遺体がペンシルバニアのターンパイク休憩所で発見された日だ。

八月に、トヨタのカローラを購入し、ニュージャージー州の車両管理局に登録した。彼は運転が好きだったようで、十一月までには二万二二五〇キロあまり走っている。一九九二年の二月までに、さらに八〇〇〇キロ走り、ニュージャージーに戻るとカローラを整備に出した。四月、さらに三万八六〇〇キロ走り、再び整備を受けた。

その後、リチャードは六月、七月と休暇を取った。七月七日は勤務していなかった。七月八日の夜十一時過ぎ、トーマス・マルケイヒーが最後に目撃されている。彼は「タウンハウス」に行き、良い結果を出した出張を締めくくっていた。リチャードは七月九日に仕事を休み、翌日も休んでいる。トムの遺体の一部が、ニュージャージーの二ヶ所の休憩所内で点在しているところを発見された日だ。

九月、リチャードはニュージャージーに戻っていた。カローラは四万八三〇〇キロを走り切っていた。

一九九三年の最初の週、三交代制の十二時間勤務のシフトで働いた。

三月中頃、カローラは五万六三〇〇キロで再び整備を受けた。この月、リチャードはこの車で、ケンタッキー州モアヘッド市にあるバスホテル&リゾートと、ジョージア州バルドスタ市、フロリダ州ホームステッド市にあるフランチャイズ店をいくつも訪れ、三月末にはレイクランドにも立ち寄っている。

四月二十七日、リチャードは休暇を取得して、翌週も休暇を取得した。五月四日火曜日と五日水曜日、彼は午後八時半から午前八時まで勤務した。五月六日はアンソニー・マレーロという名のセックスワーカーがポート・オーソリティで最後に目撃された日で、リチャードはその日、休暇を取得している。リチャードは五月七日も休暇を取得している。アンソニーの遺体がニュージャージー州オーシャン郡の未舗装の道路で発見された日の三日前で、アンソニーが友人の誕生会に出席する予定の日の前日だった。

そこから二ヶ月の間、リチャードはほぼ連日働き、そして二日から三日休暇を取るという働き方を繰り返した。

七月三十日の早朝、リチャードは徒歩で「ファイブ・オークス」にやってきて、マイケル・サカラと店を出るところを目撃されている。マイケルは物乞いに「北に行く」と告げていた。

リチャードはその日と翌日に休暇を取得している。

八月八日、リチャードがカローラを整備に出す二日前（七万一三三五キロ走行）、マイケルの胴体と両脚が、ニューヨーク州ストーニー・ポイントのルート9Wで発見された。

＊＊＊

リチャードはその後一度も「ファイブ・オークス」には姿を見せなかった。殺人事件の後、店の経営は悪化していた。「厳しい状態だった」と、マイケルととても親しかったトニー・プラザは証言した。「『ファイブ・オークス』は楽しい場所だった。それがすべて失われたのさ」

一九九三年十二月五日、マウント・サイナイ病院でマリー・ブレイクが亡くなったことで、バーはさらに窮地に立たされた。マンハッタンのダウンタウンに住むジャズ歌手ボビー・ショートを彷彿とさせる七十四歳の彼女は何年も病に苦しんでいた。ずっと以前に冠動脈バイパス手術を受け、六月には喉にポリープが発見されていた。それでも彼女が力を失うことはなかった。「私が元気なうちは、プレイし続けるわ」と、彼女は同じ月に記者に語っている。「人は私を伝説と呼ぶけれど、自分でもそうかもしれないって思いはじめているの」

新聞各社は死亡した四人の男性のこと、そして看護師のことをすぐに忘れたようだった。最新の事件に関する記載のなかに、バラバラにされた遺体とか、行方不明になったゲイの男性に関連する捜査内容について言及されている箇所がちらほら出てきた程度だった。ニュージャージー州の教師が行方不明になったとき、フィラデルフィア・インクワイアラー紙は「四件のバラバラ殺人事件を捜査している捜査官のなかで、この事件への関心が急激に高まっている」と書いた。しかし、その程度のことだった。一九九四年二月にマンハッタン・スピリットと呼ばれる大胆な週刊誌がこの事件に目をつけたときは、まさに忘れられかけていた。

二十四歳のジェイムス・ルーテンバーグはすでに新聞社に二度訪れていた。マイケル・サカラとスピリチュアルな繋がりではなく、経済上の繋がりがあった。マイケルが勤務していたニューヨーク・ロー・ジャーナル紙と、ジェイムスが勤めるマンハッタン・スピリット誌は同じ発行元だったのだ。ルーテンバーグは事件のことは知っていた。なぜなら、編集者として働く傍ら、ストーンウォール・イン近くのバーで働いていたからだ。殺人事件に関する噂で持ちきりだった。

しかし、記事のアイデアは警察署（コップ・ショップ）にいた同僚の記者からもたらされたものだった。毎週、ルーテンバーグはマンハッタンにあるワンポリス・プラザにマンハッタン・スピリット誌の事件簿のための情報を集めに行っていた。ニューヨーク・ポスト、デイリー・ニュース、そしてニュースデイの記者たちも集まっていて、時に彼らは若い記者たちに、自分が追うことができないお気に入りの事件を渡すことがあった。デイリー・ニュース紙コラムニストのマイク・マカラリーが「ラストコールの殺人鬼」と呼んだ人物による事件は、他社が見向きもしない話題ばかりを取り扱っていたスピリット誌にとってはうってつけだった。それは完璧な記事だったと、数十年後にルーテンバーグは振り返っている。包囲網のなかのコミュニティ。無視されている人々。**それがジャーナリストの感性に訴えかけないと思うか?**

最初の週、ルーテンバーグは「ファイブ・オークス」と「ループ」で情報源を見つけた。「タウンハウス」を含むこのようなバーは、半径五から六ブロック内にある東50丁目界隈のバーで、郊外から来る、「ゲイであることを隠している男性」をもてなす場所だった。[*3]

ルーテンバーグはニューヨーク市警の刑事、そしてAVPのメンバーと話をし、主任検死官フレデリック・ズギベ医師に面会するため、ロックランド郡まで電車で向かった。

リチャードはその月の後半、ニューハンプシャー州を車で移動しつつ、このような動きが始まっていることを知らぬまま、朝七時から夜七時までのシフトで働いていた。彼は「ファイブ・

注3:事件から十八年前、ラモーンズが「53rd & 3rd」という曲でこのエリアについて歌っている。「53丁目と3番街で道路に立っている　53丁目と3番街でうまくいくはず　53丁目と3番街では選んでもらえない　53丁目と3番街、反吐が出そうだろ?」

オークス」にも「タウンハウス」にも戻ってきてはいなかった。捜査官たちから容疑者だと噂されることもなかった。三月上旬にルーテンバーグが書いた記事について、リチャードが気づくこともなかった。その当時はペンシルバニア州アレゲニー郡を走っていたのだ。宿泊していたのはコラオポリスのホリデー・インだった。

記事の最初のページは「ファイブ・オークス」の外観写真で、写真の上には「THE STALKER（ストーカー）」の文字が配置されていた。詳細にわたり記されたマンハッタン・スピリットの記事は、一九九四年第一四半期に展開された捜査状況のタイムカプセルのようだった。記事には被害者の大まかな人数が書かれていた。ピーター・アンダーソンに関しては、漠然とほのめかすだけで、名前の記載はない。

ルーテンバーグは特別捜査班内のニューヨーク市警の立ち位置にも触れていた。補助的な役割を担っているのではなく、市警察は自分たちが捜査を指揮していると考えていた。

犯人の動きを伝える記事により街のゲイ・コミュニティは警戒態勢となり、政治家たちは広範囲に及ぶ犯人の捜索を訴えた。前回の市長選の選挙活動が盛り上がりを見せていたころ、当時の市長だったデビッド・ディンキンスはレイモンド・ケリー警察本部長とともに記者団の前に立ち、街に――主にホモセクシュアル向けに――羊の毛皮を着た殺人マシンが野放しにされていると発言した。

ニューヨーク市警察は三人の専任捜査官に男の行方を追わせた。ウェストチェスターからは刑事たちが、ニュージャージーからは主要な特別捜査班が加わった。

街のクイア活動家は捜査官たちに痺れを切らしていた。AVPのマット・フォアマンはルーテンバーグに「ベビー・ジェシカ事件〔一九八七年にテキサス州ミッドランドで発生した事故。当時十八ヶ月の赤ちゃんだったジェシカ・モラレスが叔母の家にあった井戸に落ち、警察、レスキュー隊が出動しての大がかりな救出となり、全国的にニュースが流れ、大きな話題となった〕では一年以上もチームを結成して事件を解決したじゃないですか」と訴えた。「すでに三人殺害され、ゲイの男性がバラバラにされたっていうのに、捜査官は一人もいないんですよ。ここで被害者が最後に目撃されてるっていうのに。私には同性愛者への差別と嫌悪しか感じられない」

ルーテンバーグは捜査官が抱く犯人像を総合し、基本的に変化はないと考えた。「白人で、誰とでも知的な会話をすることができ、ゲイの交際について熟知している」

＊＊＊

確かにそれは真実だったが、もっともその犯人像に近かったリチャードは、とうとう古巣に立ち寄るようになっていた。それはバーから半ブロックほど離れた「タウンハウス・レストラン」だった。仕事以外の時間はコンサートや博物館訪問で埋め尽くされていた。一九九四年四月の後半には、マンハッタンのカーライル・ホテルに行き、ウェズベリー・ミュージック・フェアでカントリー歌手ロリ・モーガンのコンサートを見て、そして（フロリダ・サザン大学への郷愁からか）近代美術館ではフランク・ロイド・ライト展を見た。五月の初めにレディオ・シティ・ミュージックホールに出向き、翌日にはアーモニー・アンティーク・ショーに行った。

翌週の週末、リチャードはマサチューセッツ州ウォーバンまで車を走らせ、北東部地方小児心臓病学看護師協会の会合に出席した。

一九九四年六月一日、カローラを整備に出した。そしてコンサートに足を運んだ。レディオ・シティ・ミュージックホールで開催されたボニー・レイットのコンサート、カーネギーホールで開催されたスージー・ボガスのコンサート、アヴェリー・フィッシャー・ホールで開催されたメアリー・チェイピン・カーペンターのコンサートだった。年末には、プロヴィンスタウンで休暇を過ごした。

一方、「ファイブ・オークス」は閉店した。マイケルの死による影響は否定できなかったが、バーの経営が徐々に悪化していたのが理由だ。終わりは突然やってきた。マイケルの友人で長くバーテンダーを務めたリサ・ホールには、事前の通達もなかった。店に出勤してはじめて、入り口に南京錠がかけられているのを見た。トランペットを含む私物も店内に置かれたままだった。ホールがミュージカル『ジプシー』の「ユー・ガッタ・ゲット・ア・ギミック」でトランペットの演奏をすると、サーバーとバーテンダーがストリッパーのふりをして踊ったものだった。

「誰も本当のお別れなんてできなかった」と彼女は言った。

＊＊＊

「タウンハウス」でトーマス・マルケイヒーが最後に目撃されてから、五年の月日が経とうとしていた。そして常連客に事情を聞くため捜査官がバーに押しかけてから四年だった。

まるで殺人事件など起きていなかったかのように、月日は流れていた。

一九九七年五月のはじめ、ハンサムな二十代の男性が「タウンハウス」のピアノ横の場所を陣取るようになった。この一ヶ月程度で少し太ったようだったが、きちんとした身なりをしていて、裕福な人物に見えた。仕事にも就いている様子はあったが、誰もその詳細は知らなかった。

若い男は、年配の男たちから熱を上げられていた。

年配の男たちが知らなかった事実。その週の初め、その若者はミネアポリスに行き、死ぬまで二人の男性を殴打した。そして次にシカゴまで車を走らせると、不動産開発業者の男性を殺害した。

そしてマンハッタンに舞い戻っていたのだ。

時を同じくして、アンドルー・クナーナン［一九六九年生まれの連続殺人鬼。一九九七年までに少なくとも五人を殺害したとされる］も、ニュージャージーで男性を殺害している。

そしてクナーナンは、最後に、フロリダ州サウスビーチでデザイナーのジャンニ・ヴェルサーチを殺害した。

＊＊＊

一九九八年秋のある夜、リチャードは東53丁目にあるピアノバー「リージェンツ」を訪れた。そこで白髪で口ひげを蓄えた校正者のジョー・ギャラガーと出会った。ピンクがかった顔色をしたギャラガーは、白い胸毛を豊かに生やしていた。大腸癌を患う元恋人は、最近になって肺にも問題を抱えていた。彼の看病を何ヶ月も続けていたギャラガーの外出は、彼にとっては何ヶ月ぶりかのことだった。

リチャードとギャラガーには親交があったようだ。リチャードとは、「リージェンツ」でも、そして「タウンハウス」でも会っていた。ギャラガーはリチャードを物静かな男だが、気さくな人物だとも考えていた。肩に手を置く程度の関係だ。堅物というわけでもない。短気でもない。口数は多くないし、自分のことはほとんど語らない男。ただ、ギャラガーはリチャードの職業を知っていた。マウント・サイナイ病院で働き、病院で働いていないときは、個人的に看護の仕事をしているということを。しかし、それ以外はほとんど何も知らなかった。[*4]「ピアノの側で歌っている人たちのなかでは、一番目立たないタイプだ」と、ギャラガーは回想する。

「背景に溶け込んでしまうような男だった。カメレオンというわけではなくて、とにかく存在感がないんだよ」

ギャラガーにとっては驚きだったが、その日の夜、リチャードが彼を誘ってきた。いつもなら断るはずだった。しかし久しぶりの外出。彼はリチャードが自分に好意を抱いてくれたことに感謝した。

スタテン島までのドライブで、ギャラガーはリチャードに介護について打ち明けた。二人がアパートに到着すると、ギャラガーはパートナーに無事を伝えるために電話を貸してほしいと頼んだ。そこで改めて、長く患っている人の看護の現実について二人は語り合った。語り合いながら、ギャラガーはアパート内部を見ていた。とてもきれいに片づけられていると思ったが、装飾品はまさにリチャードの人柄を表すように、特徴がなかった。

二人は少しワインを飲むと、寝室に入った。

数十年後、ギャラガーはリチャードの青白い顔を思い出していた。そばかす。ダークヘアー。長い指。リチャードはベッドでは慎重だった。精力的ではなかった。「主導権を握るよりは、見守る側」だった。

二人はセックスをした。そしてギャラガーは眠りについた。

注4：個人的な看護の仕事について、証拠は入手できなかった。

明け方四時頃目を覚ますと、リチャードの無表情な顔が目の前にあった。リチャードの両手が首の辺りを這い回るように動いていた。不気味なまでに医療的な動きで、看護師が体を触ってすべての筋肉のありかを確かめているかのようだった。恐ろしいという印象はなかったが、居心地が悪かった。

これはエロティックな動きではないとギャラガーは直感した。

「リチャード、やめてくれないか」と、犬を叱るような低い声で言った。「やめろ」

リチャードは両手を引っ込めた。この瞬間が終わると、彼は完全に親切な人に戻った。

数時間後、リチャードはギャラガーをフェリー乗り場まで送り届けた。ギャラガーがリチャードと一緒に過ごしたのはこの日が最後だった。

＊＊＊

一九九九年に起きた二つのできごとが、捜査の方向性を変えることになった。

ニューヨーク州警察のマシュー・キューンが、元州警察官で現在は探偵の男性から連絡を受けた。マーガレット・マルケイヒーに雇われたこの探偵が、彼女の夫の殺害事件について調べていたのだ。そしてマルケイヒー夫人自らキューンに連絡を入れてきた。彼女はキューンとの面会を求め、ウェスト・トレントンにある州警察本部に招かれた。捜査に進展は一切ないと彼女には伝えられたが、それでも刑事たちは再び事件について捜査をしてみると約束した。キューン自身、未解決事件を多く担当していたわけではなかったので、この事件に関しては見届ける義務があると感じた。

四月の終わり、マウント・サイナイ病院で十二時間のシフトを終えてリチャードが眠りについた頃、ニコラス・セオドス刑事はニュージャージー州イズリンの自宅に戻っていた。ニュージャージー州警察の重大事件捜査班主任は、古い犯罪系ノンフィクション番組『ザ・ニュー・ディテクティブ』を視聴していた。そこで、何かが引っかかった。番組に登場した科学者が聞き慣れない指紋採取法について語っていたのだ。それは、「真空蒸着法」と呼ばれていた。

真空蒸着法（VMD）は一九七〇年代から採用されてきた手法で、プラスチックの表面から古い指紋を検出する際に特に有効だとされていた。既存の伝統的なシアノアクリレートを使用した方法では採取できない指紋の採取ができるらしい。セオドスはこれに魅了された。ニュージャージー州とロックランド郡にあるそれぞれの研究所の努力にもかかわらず、いまだにマルケイヒーとマレーロの遺体が入っていたごみ袋から完璧な指紋を得られてはいなかった。採取できていたのは、比較に必要な個人的特徴を欠いたもののみだった。丸み、渦巻き、そして円……十分な数が集められれば、この地球上のすべての人物を排除したうえで、特定の人間が残した指紋だと犯罪学者が法廷で証言できるのだ。

このような指紋がなければ、事件を解決に導く可能性はゼロだ。

セオドスはメモを取った。

バキューム
金属
蒸着
プロセス
RCMP－OTTOWA
ごみ袋からの指紋
ごみ袋

第十章　ゴールドダスト

月曜日、ニコラス・セオドス刑事はマシュー・キューン刑事にテレビで見たことを話した。真空蒸着法を採用している研究所は、トロント警察署を含め数ヶ所しかないとキューンは言った。セオドスは、トロント警察署もニュージャージー州警察も殺人事件に関する勉強会を開いていると答えた。一年に一回、科学捜査、事件管理、捜査テクニックなどの講習を警察官が受講できる。何年もの間、ニュージャージー州警察は捜査官をカナダに送ってきた。そして、その逆も行われてきた。ある警視正はキューンに、トロントに連絡を入れて頼んでみるべきだと助言した。

キューンはトロント警察の警察官五十人と、民間人二十人で構成される、犯罪科学身元確認課のアレン・ポラード刑事に電話をした。

王立カナダ騎馬警察は真空蒸着法を十年前から採用していた。アメリカの警察から持ち込まれた事件を十件以上解決に導いていた。それには一九八六年に発生したサンディエゴ在住女性の絞殺事件も含まれている。女性はごみ袋に包まれた状態でごみ箱に遺棄された。カナダ騎馬警察は、六年にわたって保管されてきた証拠から、四つの指紋の一部を採取。その指紋はすでに収監されていた男のものと一致したのだ。

トロント警察は北米の法執行機関のために無料で証拠を検証するとポラードは答えた。思わぬ幸運だった。FBIにもその技術はあったが、検査にかかる時間が一年半と長かった。ポラードはキューンに、繁忙期が過ぎたら、休日出勤して証拠を処理するからと言ってくれた。

最後の殺人事件から七年後の二〇〇〇年七月、キューンは覆面パトカーでニューヨークへ向かい、ロックランド郡のスティーブン・コラントニオ刑事を車に乗せた。車のトランクには二箇所の管轄区域から持ち寄られた証拠の入った箱が二つ、トーマス・マルケイヒーとマイケル・サカラ殺人事件捜査で集められた証拠品が入ったバッグが四十個以上積みこまれていた。彼らは、自分たちの事件に関連する証拠を持ち出していたのだ。カナダの研究所には、この二件以外の殺人事件で負担をかける必要はないと考えたからだった。キューンのバッグは乾いていたが、FBIからようやく戻されたコラントニオのバッグは乾いておらず、透明のプラスチック袋に念入りに密閉されていた。また、手土産に、州警察のロゴが入ったスウェットシャツ、ズボンを数組用意していた。

北西に向かい車を走らせながら、コラントニオとキューンは興奮気味に事件に関して話をし、容疑者本人にたどり着けるかもしれないと言い合った。二人は友人というわけではなかったが、一九九三年、四件の殺人事件をきっかけに捜査本部が結成されてからの知り合いだった。

捜査本部自体は数ヶ月で解散したが、再び結成されたのだ。三月初旬に書かれた提案書のなかでキューンは、「法医科学における検査技術の進歩」もあり、再結成には意味があるとした。キューンによって指揮され、十四名の捜査本部がニューアーク州警察の兵舎に誕生した。捜査官たちはオーシャン郡とロックランド郡の検事局から召集され、そしてペンシルバニア州警察はピーター・アンダーソンを連続殺人事件の正式な被害者として加えるために後から参加した。

キューンは再結成された捜査本部について、武器は科学捜査だと新聞などのメディアに話しはじめた。「新技術です」と、四月にキューンはレズビアン&ゲイニューヨーク紙に伝えている。「プラスチックのごみ袋から指紋を採取する技術が存在するのです」。そしてそのテクノロジーに、アレン・ポラードが習熟していた。

ポラードはトロント警察で三十年の勤務を経験しているベテランで、定年退職間近だった。優雅で、美しく整えられた銀色の口ひげと穏やかな笑い声。彼は几帳面な技術者だった。同時に経験豊かな撮影技師で、趣味で結婚式の写真を撮影し、ビデオ撮影も請け負っていた。ポラードは友人たちには七十五ドルを請求するだけで、それはすべてフィルムの購入費に充てるような人物だ。

ポラードと同僚はトロントのノースヨーク地区にあるトロント警察法鑑定指紋照合研究所に勤務していた。そこは伝染病（デング熱、ロタウイルス、髄膜炎）を扱うため、独立した建物となっていた。部屋は二部屋あり、温度は正確に摂氏十九度に保たれていた。法医学的に必要だったというよりは、ポラードの同僚がそのようにしたかったからだ。研究所には最先端の指紋検出シアノ法のチャンバーがあり、最近十万カナダドルで購入した高価な真空蒸着システムもあった。

十月までに研究所の繁忙期は終わり、ポラードはとうとうキューンによって残された証拠の検証に着手することができた。彼と同僚は箱を開け、慣れたいつもの臭いがしないことに喜んだ。シアノアクリレートだ。一般には瞬間接着剤としてのほうが馴染みのあるシアノアクリレートは潜在指紋の採取に用いられており、その臭いがないということは、マルケイヒー事件で八年前に行われたごみ袋の処理が、いい加減だったことを意味する。二人の刑事は、集められた証拠をまるで未処理の状態で扱い、新たな証拠として検証することができると気づいたのだった。

ポラードはビニール袋からごみ袋を取り出した。ニュージャージー州警察が持ち込んだ証拠の状態に感銘を受けた。その乾燥の完璧さ、保存状態の良さ。

残念ながら、ロックランド郡から持ち込まれたアイテムは、監察医とＦＢＩによって完全放置されており、使うことができなかったため、ロックランド郡に送り返される運命にあった。

「適切に保管されておらず、処理できませんでした」と、ポラードは回想した。

ポラードの手法はこうだ。一度に二枚のごみ袋をチャンバー内に吊して、シアノアクリレートを六滴、アルミニウムの皿に垂らす。ポラードが数千枚も購入したこの皿は、通常であればバタータルトの焼き型だが、研究所においてもその役割をしっかりと果たしていた。チャンバーは一二〇センチの高さで、奥行きも一二〇センチ、幅は九十センチだった。扇風機がシアノアクリレートの霧を循環させ、接着剤を一五〇度まで熱する。理想的なのは、湿度がチャンバー内に溢れて、接着剤が九十九パーセントの水分を含む指紋の基質に付着することだ。

二十分後、天井の通気口からチャンバー内の空気がすべて排出されたところで、ごみ袋を取り出す。シアノアクリレートは熱を加えられるとシアン化ガスを発生させるので、これは重要な手順だ。ポラードはごみ袋に、シアノアクリレートにのみ付着するアルコールとピンクの染料を吹きつける。

最後にごみ袋をアルゴンレーザー（代替光源）の下に置き、指紋を光らせる。

この工程を繰り返す。

シアノアクリレートで処理されると、ポラードは真空蒸着システム内にごみ袋を運び込む。機械は一八〇センチの高さがあり、一五〇センチの幅で二・五センチの厚みのある金属で作られていた。前面には直径十センチの覗き窓があり、工程をポラードが観察することができた。真空蒸着については、「究極のプロセス」だと彼は言い、年間二〇〇件の重大事件の解決のため、導入された。殺人、性的暴行、そして連続強盗事件などである。

以前と同じように、ポラードはごみ袋をチャンバー内に吊したが、今回はセラミック製のつぼに少量の二十四金を入れ、そして亜鉛を別のつぼに入れた。密閉されたチャンバーは真空状態になり――「ほとんど宇宙空間のようになる」と彼は言った。金は一瞬のうちに気化する。そこで亜鉛を温める。亜鉛は気体状態となり、金に付着する。全工程は数分で終了する。これが成功した場合、基質がなくても銀の指紋が残される。

「様々な材料の処理をしています。ほとんどの場合、指紋を見つけることはできませんね」。ポラードは数年後になって、研究室で分析したアイテムのうち、指紋が採取できたのはわずか十一パーセントだったと回想している。

低い検出率にもかかわらず、彼は常に希望を失わなかった。

ごみ袋のシアノアクリレートを吹き付ける作業に週末を何度か費やすことになった。二〇〇〇年十月二十一日、いよいよ真空蒸着法を試すときがきた。研究室で、ポラードは上着とネクタイを外し、白いガウンを着て、綿の手袋を装着した。そのうえから、青いニトリルの手袋をした。土曜日だったので、研究室を独り占めすることができていた。彼は音楽を聴かなかった。気が散るようなことはすべて遮断していた。証拠を汚染しないために、完璧なまでの集中力が必要だからだ。

ポラードはマルケイヒー事件に使用されたごみ袋数枚を真空蒸着室に入れた。スイッチを入れると金を蒸発させ、ダイヤルを回した。最初の一分はただ待つだけ。次に亜鉛のスイッチを入れた。丸いのぞき窓から観察しつつ、ポラードはスイッチから指を離さなかった。潜在指紋を過剰に浮かび上がらせたくなかった。真空蒸着法では起こりうることなのだ。指紋が浮き上がるのを確認するには十秒程度の時間がある。その間に処理を停止しなければならない。そうしなければ、指紋が消えてしまう。

九十秒後、ポラードは指紋が浮かび上がるのを目撃した。スイッチを切ると、微笑んだ。「指紋が見つかった日は、最高の日だよ」と、数年後ポラードは語った。

この土曜日、ポラードは真空蒸着室で三つの指紋を検出した。彼は天にも昇る気持ちだった。結果を報告したかった。興奮しながら妻に電話をした。そしてマシュー・キューンに電話をした。キューンは絶叫した。ポラードは受話器の向こうから歓声が上がるのを聞いた。

ポラードは持ち込まれた四十枚から五十枚のごみ袋のうち、四つから合計二十三個の指紋を検出することに成功した。二十枚はシアノアクリレートを使用して採取した。指紋はすべてが完璧だったわけではない。すべてが十分に精密ではなかったし、データベースから検索できるような紋様の特徴を示すものではなかった。二〇〇〇年十一月九日、最終的にポラードはキューンに十五枚の指紋のコピーを送り、それらはすべてニュージャージー州の自動指紋識別システムに登録された。

キューンとコラントニオはトロントから写真のネガを含む証拠を回収すると、早速、未確認の潜在指紋のコピーを七十五部作成した。次に二人は、様々な州の犯罪研究所に連絡を取った。その数は五十ヶ所にも及んだ。事件について検討するため、陸軍犯罪捜査司令部とインターポールにも資料を送った。二〇〇一年四月、証拠が入った封筒が一斉に郵送された。一ヶ月後、コラントニオのもとに連絡が入った。

＊＊＊

メイン州犯罪研究所の潜在指紋捜査班の法医学者キンバリー・スティーブンスは、コラントニオから連絡を受けて以来、小包の中身を検討し続けていた。小包を受け取ったのは五月十一日だった。三日後の月曜日の早朝、彼女は小包を開けると、中から白黒写真を取り出し、検証しはじめた。十個の指紋の密着印画（コンタクトシート）だった。ニュージャージー州警察と印刷された便せんに綴られた送付状には、こう記されていた。

御担当者様
被害者番号1番トーマス・マルケイヒーの切断遺体処理に使用されたビニール袋から採取した、未確認の潜在指紋九セットが同封されております。切断されたトーマス・マルケイヒーの遺体は、一九九二年七月十日ニュージャージー州バーリントン郡にて発見されました。トーマス・マルケイヒーはブル社において国際的なビジネスに携わっており、世界中を精力的に移動しておりました。
トーマス・マルケイヒー事件捜査に関連すると思われる殺人事件が二件あります。被害者は、アンソニー・マレーロ、そしてマイケル・サカラです。アンソニー・マレーロの切断遺体は一九九三年五月十日にニュージャージー州オーシャン郡で発見され、マイケル・サカラの切断遺体は一九九三年七月三十日（原文ママ）、ニューヨーク州ロックランド郡で発見されました。

彼女はすべてを理解すると、マッチする指紋を探し出せる可能性はゼロに近いのではと考えた。

二十九歳のスティーブンスが赤煉瓦の建物の地階で勤務するようになって、一年半ほどが経過していた。背が高く、オーシャンブルー色の実験用コートを着て、茶色い髪を緩くまとめていた。駐車場を見渡すことができる彼女の事務所は、殺風景だった。鉢植えの椰子の木があり、家族の写真が壁に飾られ、乱雑なデスクの上にはクロックラジオが置かれていた。

スティーブンスはしっかりとした訓練を受けていた。サンディエゴ大学では生物学の学士号を取得し、サンディエゴ郡保安官事務所犯罪科学捜査研究所でインターンをし、証拠に残った潜在指紋の処理を行い、経験を積んだ。彼女は自分の仕事が好きだったが、数年経過したところで、四八〇〇キロ遠く離れたメイン州オーガスタでの仕事のオファーを受けたのだった。

メイン州の研修所で訓練を受け、プロトコルを学んではいたが、彼女はその処理作業だけに従事した。新しく採用された潜在指紋検査官は自動指紋識別システムでの比較を卒業するまで担当することはなかった。数十年前の研究所の方針では、カナダの王立カナディアン警察大学で法鑑定の七週間のコースに合格することが、潜在指紋検査官の採用の条件だった。

スティーブンスは二〇〇〇年に入学した二人の留学生のうちの一人だった。王立カナダ騎馬警察によって行われる大変厳格なコースの講義には、撮影、現像、照合、そして真空蒸着法も含まれていた。ある指導者は、タイヤ痕の専門だった。別の指導者は、血痕が専門だった。講義はとても難しく、厳格で、参加者に規律意識を植え付けるものだった。最終試験では指紋の照合が行われ、完璧なスコアが求められた。たとえ講義の最終日であろうと、基準に達しないものは失格となった。

スティーブンスが卒業した時は、ＦＢＩの統合自動指紋識別システム（ＩＡＦＩＳ）は出来上がったばかりだった。ＦＢＩは指紋照合を何年にもわたって指揮してきたが、それはとても根気のいる作業で、一度に数ヶ月もかかるものもあった。自動化され、時間も短縮されたシステムが出来上がったために、研究所にいる時間が短かったスティーブンスに、地域の自動指紋識別システムに依存している外部機関のために多くの検索作業が与えられた。

このような検索作業が実を結ぶことは滅多になかった。逮捕時に採取された指紋の質により、一致するかどうかの可能性が大きく左右されたからだ。「パトロール警察官や保安官は専門知識がなく、どのように指紋を採取すればいいのか知らなかったのです」と、一九七四年から メイン州の研究所を率いてきたリチャード・アーノルドは語る。パッドのインクが多すぎて、指紋が滲んでしまったり、インクが足りなくて、必要な指紋の細部が採取できないというケースがあまりにも多かった。結果として、メイン州、そしてニューハンプシャーとヴァーモントのシステムに登録された何千もの「十本指の指紋」は、機能的にはまったく無駄なデータであり、潜在指紋検査官たちは任務を果たすことができなかった。

スティーブンスが照合に成功した例は片手で足りる。彼女が訓練生に五月十四日の朝に言ったのは、だいたいそんなところだ。「日課としてやっています。だって捜査機関が互いにやることですから。でもシステム上でマッチするものはないです」

スティーブンスは、自分のオフィスの横の、小さなオフィスに座った。自動指紋識別システムの入ったコンピュータ、スキャナ、そして大きなモニタが置かれている。チューリップの写真以外は、壁にはなにも飾られていなかった。チューリップの写真は彼女がオタワにいた際に撮影したものだった。

密着印画をスキャニングしながら、潜在指紋が自動指紋識別システムで照合できるクオリティがあるかどうかの判断をした。トロント市警の科学捜査班の判断は信頼していたが、自分の目でも確認するのが賢明だと言えた。

スティーブンスは、まずはレベル1情報、つまり全体的なパターンを見ていった。渦状紋かどうか。それは竜巻の鳥瞰図のように見える。それとも海の波に似た蹄状紋になっているのか？　密着印画上の遺留指紋に、彼女はR1からR10までのマークをつけた。それは蹄状紋と弓状紋に見えた。次に彼女はレベル2情報を見た。隆線だ。どのように流れている？　終端はどこ？　厚さは？　分岐は？

カナダが採取に成功した潜在指紋は、確かに状態がいいと彼女は思った。次にそれをモニタに映し出し、コントラストを調整し、自動指紋識別システムに蹄状紋か渦状紋かを入力し、各指紋の隆線の末端を記していった。それを一枚ずつ、照合していった。その間も、何かが発見されるかどうかは、疑ったままだった。

研修生に言った。「信じられない」

時間は午前十時五十一分。指紋の照合は終了した。スティーブンスがシステムに入力した十枚の指紋について、自動指紋識別システムは三十もの照合の可能性のある指紋をはじき出したのだ。

自動指紋識別システムが指紋を映し出すたびに、スティーブンスはトロント市警がごみ袋から検出した潜在指紋と比較した。そしてもう一度、レベル1情報とレベル2情報を調べた。ほぼすべての照合結果は、一つないし二つの理由で不完全だった。隆線が同じ方向に傾いているが、指紋の中心部にある隆線の数が合わない。これはスティーブンスにとっては驚きではなかった。インクで採取された指紋はシステムの中に埋もれ、潜在指紋と一致することはないと骨身にしみて知っているからだ。

それでも、この特別な日の朝は、二種類の指紋が目立っていた。Ｒ１の人差し指、そしてＲ８の薬指。

二つは同じインクを利用した指紋カードのものだった。

スティーブンスはまずＲ１を引き出した。そしてレベル１情報の検証をした。次にレベル２情報だ。訓練生たちに伝えたことに反して、身元不明の指紋の詳細と、インクによって採取された指紋が一致しつつあることにスティーブンスは気づいたのだ。

「確かに」と彼女は言った。「可能性はあるかもしれない」。そして次にＲ８を引き出した。こちらもだ。特徴が似ている。彼女は驚愕した。

インクを使用した指紋カードには名前も生年月日も記載されていなかった。より多くの情報が必要だった。それはインクを使用した指紋カードの実物を州捜査局に貸し出してもらうという意味だった。

彼女は徐々に興奮してきたが、この時点では指紋が一致する可能性があるというだけのことだった。自動指紋識別システムだけで身元を特定することは禁止されていた。当時、実際の指紋カードと不鮮明な自動指紋識別システムのイメージの品質には差があった。「ですから、あの時点では、参考人のレベルであって、人物を特定できるわけではなかったのです」

スティーブンスは指紋カードの番号を書いて、近くのビル内にある本部に電話をした。州身元確認局は、スティーブンスのオフィスと同じように、地階にあった。身元確認局には、何年もの間に採取された、山ほどの箱に入った指紋があった。

指紋カードは数分で手に入れることができた。ほぼ三十年前に作成されたものだった。片面には左手の指紋と右手の指紋があった。裏面に書かれた情報によれば、流線と蹄状紋が注意深く記録されていたこの若い男性は、一九七三年五月一日にメイン州警察によって逮捕された。オロノに住む学生で、生まれはマサチューセッツ州プリマスだった。罪名：殺人。

カードの裏面には無罪であったことがはっきりと記されていた。前科消滅！ 公表しないこと。[*1]

スティーブンスは指紋カードに書かれた文章を読むと、潜在指紋とインクによって採取された指紋の、最後の比較を行った。横長のテーブルにかがみ込み、彼女は四倍に拡大するルーペを覗き込んだ。

指紋は完全に一致している。

スティーブンスは捜査官たちに連絡を入れたくてたまらなかった。しかし、まずは潜在指紋の一致を確認するのが手順だった。スティーブンスは同僚を呼んで、ダブルチェックを頼んだ。彼も、四倍の拡大鏡を覗き込んだ。すぐに彼は体を起こして、スティーブンスに向き直って、こう言った。「確かに、一致してる」

「喜びのあまり、ジャンプしちゃいましたよ。信じられませんでした」と、スティーブンスは言う。スティーブンスは、まずはニュージャージーに電話をしてマシュー・キューンを呼んでもらったが、不在だった。そこで彼女はスティーブン・コラントニオに電話をした。「メイン州から電話をしています」と、彼女は言った。「お伝えしたいことがあります。名前がわかりました」

コラントニオはスティーブンスに、少し待ってくれと伝えた。ペン、それから落ちついて座る必要があったのだ。

スティーブンスは捜査官に殺人事件での逮捕と逮捕記録の抹消について伝えた。「指紋の持ち主の名前は」と、彼女は言った。「リチャード・ロジャースです」

注1：逮捕記録の抹消が行われたにもかかわらずロジャースの指紋が自動指紋識別システムに存在した理由を尋ねた著者宛にメイン州警察専属弁護士から届いたメールによると、「ロジャース事件に関する質問にはお答えすることはできませんが、問い合わせたところ、一度メイン州において指紋が自動指紋識別システムに登録されると、メイン州がそれを削除することはないということです」とあった。

第十一章　森の外れ

一九七三年四月三十日

月曜日、ジェイソン・マンチェスター（仮名）は洗濯をした。月曜日は洗濯の日だった。メイン大学の院生のマンチェスターは、その名を冠したカヌー製造会社で有名な人口九〇〇〇人の町オールド・タウンのコインランドリーから徒歩で出てきた。[*1] きれいに洗濯された衣類を持ち歩いていると、友人が汚れた衣類を持って店に入ってきた。二人とも外国語・古典学科でフランス語を専攻している学生だった。前の週の金曜の夜、ドイツ語クラブで上映された『カリガリ博士』と『吸血鬼ノスフェラトゥ』を三人で観に行っていた。映画が終わってから「パットのピザ屋」と、数軒先のガンビーノという名のパブに行った。どちらもオロノにあった。

「ちょっと待て」とマンチェスターは言った。「今朝、洗濯は土曜にやったって言ったよな」

「ああ」とリチャード・ロジャースは口ごもりながら答えた。「下着を土曜の夜に洗ったんだ」

マンチェスターは家に戻り、シャツを干した。おかしいなと彼は思った。この日の朝、九時から始まる授業の直前、彼とリチャードはリトル・ホールの階段で出くわしていた。リトル・

ホールには言語学部がある。マンチェスターはリチャードに土曜の夜について聞いた。自分自身の土曜日は普通と変わりなかった。家主の女性と夜遅くまで話し込んでいた。

「洗濯を、洗濯をしたんだ」とリチャードは答えたのだ。

翌朝の五月一日火曜日、二人は授業補佐として語学研究室にいた。学生たちは一週間に五十分、教室に座りテープを聴かなければならない。授業補佐は彼らが集中して聞いているかどうかの確認をしていた。マンチェスターはリチャードに、翌年、ハワード大学がフランス語講師を募集するらしいと言った。

学生が駆け込んできた。

「ムッシュ、殺人事件があったんです。オールド・タウンで死体が発見されたんですよ！」

「うそだろ、リチャード、聞いたか？」と、マンチェスターは言った。「想像できるか？メイン州の退屈極まりないオールド・タウンでようやく楽しいことが起きたみたいだな」

リチャードは少し不安そうに見えたが、酷く狼狽えた様子はなかった。マンチェスターは生徒に集中した。

十時四十五分、次のクラスが始まる十五分前、スーツ姿の男たちが玄関の前に現れた。

リチャードは立ち上がると、教室から出て行った。一分後に彼は戻ってきた。

注1：この一年前、オールド・タウンカヌーは映画『脱出』に登場した。

「ジェイソン、クラスが始まるときに、もし僕が戻っていなかったら、学生たちのためにテープを流してやってくれないか?」

「ああ、もちろんだよ」とマンチェスターは言った。二人は互いの手伝いをよくしていたのだ。

マンチェスターは授業を終えたが、リチャードは戻ってきていなかった。語学研究所の所長が現れた。リチャードはおかしなやつだなとマンチェスターは考えた。

「ヘイ、ムッシュ。友達はどこだ?」と所長が聞いた。「勤務中ですが」とマンチェスターは答え、スーツを着た男性たちのことを話して、リチャードがどうなったのかは知らないと言った。

午後になってマンチェスターはアパートに戻った。電話が鳴った。

「おい、リチャード! どうしたんだ? 今、どこにいる?」

「君、今、なにしてる?」とリチャードは答えた。

マンチェスターはクラスメイトの声に緊急性があるのを感じながら、何もしていないと答えた。

「悪いんだけど、州警察本部まで来てくれないか?」

州警察本部はオロノの国道2号線から五分の場所にあった。車を運転しながら、マンチェスターはリチャードが警察に拘束されているもっともらしい理由を考えていた。ドラッグか?

もしかしたら故郷で誰かが亡くなって、警察がリチャードに連絡を入れたのかもしれない。もしかしたら母親が亡くなったのかも。いや、姉、あるいは妹か？

マンチェスターが狭い本部の建物に入ると、部屋の右手に机があった。

「何か御用ですか？」と女性が聞いた。

「ここにいるという人から電話をもらいまして」

「どなたですか？」

「リチャード・ロジャースです」

女性はマンチェスターに少し待つように言い、ブザーを鳴らした。スーツを着た男性が暗い廊下の先からこちらへとやってきた。

「名前は？」と彼は言った。

マンチェスターは直立しながら、フルネームを伝えた。

「お住まいは？」

「メイン州オロノ、ファイブクリスタル・レーンです」[*2]

地方検事だというその男性は、ついてくるようにとマンチェスターに指示した。二人は廊下

注２：住所は変更されている。

を歩いた。地方検事は狭い部屋へと続くドアを開けた。

リチャードは椅子に腰掛けていた。まるで怯えた犬みたいだとマンチェスターは思った。小さい机の上には十セントのコーラが半分残ったまま置かれていた。

机の上にはジェイソン・マンチェスターという名前、そして電話番号が書かれた紙が置いてあった。

マンチェスターはリチャードを見て、「君が知っている電話番号って、俺のだけだったのか？」と聞いた。

地方検事は「しばらく二人で話してくれ」と言った。

マンチェスターはリチャードの斜め前に腰を下ろした。

「リチャード、一体どうしたんだい？」

リチャードは、土曜日の朝に寝室に行くと、同居人のフレッドが整理ダンスを漁っている現場に出くわしたそうだ。

フレッドはハンマーを振りかざして襲ってきて、「それで死んだんだ」。数年後、マンチェスターは、リチャードにもみ合ったような形跡はなかったと回想した。

マンチェスターはリチャードに、警察に通報したのかと聞いた。

「いいや。恐ろしくて通報はしなかった」

それじゃあ、死体はどうしたのか？

「夜になるまで待って、遺体をボーイスカウトで使うテントで包んだよ。それから家に誰もいないのを見計らって、家から遺体を引きずり出して、駐車場を横切って、自分の車に乗せた。それからオールド・タウンを走って森に行った」

マンチェスターはフレッドの遺体が階段を引きずられる様子を想像した。階段に何度も打ち付けられ、そのたびに跳ね上がるフレッドの頭部を。

リチャードは警察が寝室のラグを証拠として押収したと言った。

「ああ」とマンチェスターは言った。「フレッドの血を洗い流せなかったのか？」

リチャードは真っ青になった。

「誰にも言わないでくれ」とリチャードは言った。「火曜日には学校に戻るんだ。誰も何が起きたかは知らなくていいんだ」。翌日はナショナル・メイン・デイ［合衆国の二十三番目の州へと昇格した日を記念する休日］で学校は休みだった。

「リチャード、がっかりさせたくはないが、これはウォーターゲートよりも重大な事件だぞ」［ウォーターゲート事件により元大統領顧問のジョン・ディーンが前の週に更迭されていた］とマンチェスターは言った。「これが新聞やラジオやテレビで大々的に報道されないと思うなんて、お前、どうかしてるぞ」

＊＊＊

バンガー・デイリー紙の記者がオールド・タウン警察に付き添い、現場に向かった。このエリアは数日前にオールド・タウンを湖のようにした、この半世紀で最悪の洪水から復興を遂げている途上にあった。国道116号に到着すると、記者は考えた。俺は本当にこの現場を見たいのだろうか？　彼はそれまで一度も死体を見たことがなかったのだ。それでも彼は車を降りて、被害者から十五メートルの場所に立った。被害者は道路脇に横たわっていた。死体を見て衝撃を受けたと彼は回想する。なぜなら、死体には特に目立った外傷がなかったからだ。

この日の午後早い時間に、二人の自転車乗りが遺棄された若い男性を森の外れで発見した。道路から六メートル程度離れた場所だった。男性はシャツを身につけておらず、血だらけで、緑色のキャンバス地に似たテントに包まれていた。近くにはタイヤ痕があり、警察は男性が遺棄された際に車両が残したものだと推測した。遺体の身元を示すものは何もなかったが、捜査官が被害者の衣類のなかに鍵を発見した。

鍵はオロノ郵便局の私書箱のもので、メイン大学の学生が借りていた。名前はフレデリック・アラン・スペンサーだった。

＊＊＊

フレッド・スペンサーの両親は、クロード・スペンサーとルイーズ・ウイブルで、第二次世界大戦の終戦間近にミシガン大学で出会った。二人は恋に落ち、結婚し、それぞれが化学の修士号を取得した。一九四六年にボストンに引っ越したあと、クロードはマサチューセッツ工科大学で化学の博士号を取得した。息子のフレッドは一九五〇年五月十三日に誕生した。医薬品メーカーのメルクで十年勤務したあと、フレッドが九歳の時、クロードはニューヨーク州シェナンゴ郡にあるノーウィッチ・ファーマカル社に化学者として採用された。スペンサー一家は街の最も治安のよい場所にある、大きな青い家に引っ越した。

シラキュース市から九十七キロ、マンハッタンから三二〇キロの距離にあるシェナンゴ郡はアパラチア地域の北の外れに位置した。郡の首都ノーウィッチは西に小川があり、東に川が流れていた。騒然とした時代だった一九六〇年代、この地域は反戦感情や公民権運動とは無関係だった。周辺にあった市や地域と同様、ノーウィッチも信心深く、白人が多く、保守的な地域だった。しかし同時に、この地域はある意味、離れ島のようだった。ノーウィッチに住む八〇〇〇人の人々は裕福で、教育を受けていた。ノーウィッチで分断があるとすれば、それはファーマシーとして知られるノーウィッチ・ファーマカル社で働いているか、そうでないかだった。

ファーマシーの創業は一八八七年。一八九三年にはじめて殺菌済みの包帯を発売し、その八年後にはペプトビスモルと呼ばれる胃腸薬を発売して成功を収めた。一九五〇年代までには、ファーマシーは数千人を雇用した。その中にクロードが含まれていたのだ。

クロードとルイーズは、子どもに自信を与える、熱心に愛情を注ぐ親だった。二人はフレッドに学業面でプレッシャーを与えることはなかったが、フレッドは優秀な子どもだった。彼はとてもきれい好きだと記憶されていて、常に身なりを整え、緑色のズボンが好きで、ほぼ毎日それを穿いていた。ユーモアのセンスはあったが、ひょうきんな子どもというわけではなかった。とても物静かでもあった。優しく、穏やかに話をする子どもだった。知性は高かったが、フレッドがそれを誇示することはなかった。一生懸命勉強に励み、そして謙虚であり続けたのだ。フレッドに物理を教えていた教師は、彼を「とても行儀の良い、品行方正で聡明な学生だった」と言い、実習の報告書はよく書けていて、締切までに提出されていた。フレッドは両親と同じく、化学に秀でていた。最終学年では、アメリカ化学学会から賞を与えられた。

フレッドは背が高くなかった。たぶん一七〇センチ程度だったが、体格は良かった。卓球が好きで、実家の地下室で楽しんでいた。相手との接触を伴うスポーツには興味がなかったようだ。彼が最も愛していたのはアウトドアだった。スペンサー一家がメイン州で休暇を過ごしたとき、彼はアパラチアン・トレイルを単独で歩いた。故郷ではボーイスカウトに熱心に参加していた。そんなこともあって、スペンサー一家はロッキー山脈で行われる、一ヶ月に及ぶボーイスカウトのキャンプに彼を参加させた。そこではトレイルをハイキングし、馬に乗り、牛の世話をした。フレッドは第六十三隊に所属する二人のノーウィッチの少年のうちの一人だった。クラスメイトとはテントをシェアし、調理を担当したそうだ。

賢い子どもは賢い子どもと付き合う傾向があったようだ。これは黒髪で情熱的な表情を持つ少女ジェニー・ライリー（仮名）にも言えて、彼女はフレッドの高校卒業記念指輪を首飾りにしていた。二人は大学三年のときにクラスで出会った。「人間の脳に興味があったんです。彼はとても賢い人でしたから」と彼女は言った。「なんだかおこがましいですが、自分は彼にぴったりだと思ったんです」

フレッドとジェニーは付き合いはじめた。退屈なノーウィッチでは月に一度のダンスと映画がデートと呼ばれるものだった。『冬のライオン』を一緒に観たことを記憶しているという。とあるクリスマスの日、彼女はフレッドに三六五枚のチョコチップクッキーを焼いてプレゼントした。彼の好物だったからだ。

卒業式のプロムに行くためにフレッドはジェニーをステイションワゴンで迎えに行った。ダンスの前にディナーに行くのがお決まりだったが、この年は、スペンサー家ではトルコからの交換留学生とその交際相手のために夕食会を開いていた。ルイーズは豪華なディナーを料理して、両親の邪魔なしで食べることができるように、四人だけで食事をさせることにした。ディナーの後、タキシードを着たフレッドがピンクのリネンのロングドレスを着たジェニーを高校へとエスコートした。ダンスは体育館で行われていて、『海中』というテーマ通りに飾り付けされていた。大きな貝殻のなかに、プロムキングとクイーンが座っていた。

「彼は私の初恋で、本当に素敵な人だった」とジェニーは語った。二人ははっきりと別れたわけではなく、フレッドが大学に行くまで会い続けた。両親と同じく、彼はミシガン大学に進学した。ジェニーはインディアナ州サウスベンドにあるカトリック大学に通った。彼は彼女に連日のように手紙を書き、大学一年の時は何度か彼女に会いに出かけている。彼女もミシガンまで彼に会いに行っている。しかし、ジェニーが大学二年の一年間をフランスで過ごしていた時期は、しばらく会うことが叶わなかった。大学四年になる前の夏に、二人はノーウィッチからアナーバーまで一緒にドライブした。

フレッドとジェニーは徐々に疎遠になっていったが、連絡は取り合っていた。高校時代、彼は彼女が好きだった木の白黒写真を撮影して彼女に贈っていた。一九七三年の春、似た木を撮影した写真を再び彼女に贈った。今度はカラー写真だった。その時までに、彼女は別の男性と恋に落ちていて、一年が経過していた。大学四年の時、フレッドはサンクスギビングの週末に会いたいと連絡してきた。ジェニーは断った。「前に進みたいという気持ちがあったし、彼を引き留めたくなかったから」

ジェニーはスペンサー夫妻とは親しくし続けた。フレッドが殺害されたと電話連絡を受けたときは、彼女はサミット通りにある二人の家に駆けつけ、共に過ごした。彼女はフレッドの人生にとっては特別な人で、彼の両親を慰めなくてはと感じていた。スペンサー夫妻はジェニーがフレッドと結婚することを望んでいたようだけれど、二人がそうならなかったことを腹立たしく思っている様子はなかった。二人は彼女を受け入れ、三日にわたって息子の元ガールフレンドは悲しみに包まれる二人を癒やした。もちろん、涙もあったし、混乱もあった。誰がこんなことを？　一体なにが起きているというの？　子どもを失うだけでも十分悲劇的なのに、殺された、ですって？　理解することなんて不可能だった。スペンサー夫妻が立ち直ることはなかった。

フレッドが殺害されてから、ジェニーもスペンサー夫妻も、警察の捜査対象になるとは考えていなかった。オロノで何が起きていたのか、まったく知らなかったからだ。しかし、フレッドの突然の死が高校時代のガールフレンドに深刻な啓示を与えた。二十三歳という若さで彼女は「すべては一瞬で変わり、あなたがだれであろうと、何者であろうとそれは起きる」ことを学んだ。

＊＊＊

五月一日火曜日、州警察はオロノのメイン通り10番地にある二階建ての家を訪れ、玄関と裏口をノックした。哲学を専攻していたウィリアム・マゼロールは家のなかにいて、震えていた。週末、階段の吹き抜け部分に敷かれた赤いカーペットにシミがあるのを目撃していた。それに気づいた理由は、大家が掃除をしたら家賃を安くしてくれると言ったからだった。シミは黒くなっていて、彼は油染みだろうと考えた。同居人のフレッドは車の修理が好きだった。ドアがノックされたときも、彼はシミについて考えていた。

マゼロールは警察を招き入れた。彼は二階に上がり、寝室のドアをノックして叫んだ。

「フレッドは？」

「フレッド！　フレッド！」

返事はなかった。同居人にしばらく会っていないマゼロールにとって、これは困ったことだった。

彼は階下に戻った。警察はフレッドの顔と肩の写真を見せた。肌は青黒く見えたが、重傷を負っているようには見えなかった。「確かにフレッドです」とマゼロールは答えた。靴を履いて、詳細な話をするため警察官とともにオロノの兵舎まで向かった。

捜査官が生徒にプレッシャーを与えることはなかった。捜査官は、マゼロールに家の見取り図を書くよう頼んだ。フレッドは二階の廊下の突き当たりにある部屋で暮らしていた。リチャードが真ん中で、マゼロールが廊下の端の三室目、バスルームの斜め前だ。四人目の同居人は地階に住んでいた。

マゼロールは同居人について話をした。リチャードは物静かで、奇妙な男で、フランス語を教え、ニューマン・センター教会のフォークグループで歌っていた。表向きは怖がりで、『時計じかけのオレンジ』の暴力的な人格矯正療法のシーンでは目を覆っていた。フレッドは大らかな性格の長髪の大学院生で、週末はメイン州西部やニューハンプシャーの自然のなかで過ごしていた。ライフサイエンス・アグリカルチャー大学に採用されており、指導教官は「優秀な成績とリサーチ・サイエンティストとしての約束された未来に基づき、彼を推薦する」と書いた。

マゼロールによると、三人の男性は仲がよかったわけではなく、ただの知り合いといった程度の関係だった。彼らが過ごしたわずかな時間はキッチン内で、食事を作るときだった。フレッドが後片付けをしているリチャードに、残り物を勧めたことがあった。「これ、いるかい？もしいらないなら、捨てるつもりだけど」とフレッドは言った。

「ごみ箱の一歩手前かと思うと、うれしいね」とリチャードは返したとゲストの一人は記憶していた。

フレッドもリチャードも、互いに興味を抱いていなかった。マゼロールは二人の間にある緊張感に気づいていた。フレッドはリチャードを面白いやつだと思っていたふしがある。リチャードは常にナーバスで酷く傷ついているように見えた。話すときには呼吸が不自然になる。口呼吸をしていて、それが人を苛つかせた。短髪で弱々しく奇妙なリチャードを見て、フレッドは面白がっているのだろうとマゼロールは考えていた。しかし、それだけのことだ。

暴力沙汰が起きたこともなく、一方がもう一方を襲撃するような気配もなかった。

捜査官はパットのピザの店にマゼロールを連れて行った。昼食のためだ。パットの店は有名だった。メイン大学の学生でパットのピザを一度も食べずに卒業する者はいないとさえ言われていた。[*3]

三人の警察官がメイン通り10番地にマゼロールを送っていった。二階に上がると、スポンジのようなものが廊下に置かれているのを発見した。警察官は同じスポンジをすでに目撃していた。前の晩、フレッドの遺体が包まれたキャンバス地の中に紛れ込んでいたのだ。警察官がその痕跡を辿ると、リチャード・ロジャースの部屋に行きついた。壁には血痕が飛び散り、ベッドルームに続く入り口のドアには血にまみれた指紋も残っていた。バスルームの前の廊下には六角形の靴底の跡が残っていた。それも、血痕だった。

リチャードの部屋にはハンマーが置いてあった。

リチャードは警察兵舎に連行され、尋問を受けると、フレッド殺害を自供した。フレッドは後頭部を八回殴打され、リチャードはそれ以上の侮辱を与えるべく、彼の顔にビニール袋をかぶせた。どの一撃も致命傷となったと言えた。

翌日の午後、フレッドの遺体が故郷であるノーウィッチに送られた後、リチャードは罪状認否を求められ、無罪を主張した。バンゴーにある郡刑務所に保釈金なしで収容された。指紋、身長、体重が記録された。リチャードは身長一八五センチで、体重は六十三キロしかなかった。刑務所の記録には、彼の目は茶色で腹部に傷があると書かれている。

防御創がないことは記録されていなかった。

フレッドの遺体が発見された五日後の土曜日、ジェイソン・マンチェスターはリチャードを郡刑務所に訪れた。待合にマンチェスターが座っていると、リチャードの母親のマーガレットと養父のアール・ベーカーが到着した。彼は自己紹介をした。マーガレットはマンチェスターに、息子が面会できるのは一度に一人だけだと話した。だから、彼はリチャードに会うことができない。「ごめんなさいね。あなたよりも、母親に会う必要があるから」

三十分の面会後、ベーカー夫妻はリチャードの本や食べ物を整理するのを手伝ってくれないかとマンチェスターに声をかけた。

リチャードに直接会ったあと、マンチェスターはメイン通り10番地に向かった。ベーカー夫妻はキッチンにいた。同居人たちはそれぞれが食品を入れるキャビネットを持っていて、彼女は息子のキャビネットのなかを整理していた。

マンチェスターはリチャードの母親の落ち着き払った様子に驚いた。彼女は缶を手に取る度に、マンチェスターに話しかけた。あら、子どもが食べたいって言うわ。あら、ピーナツバター

注3：この数年前、英語を専攻していたスティーブン・キングがこの店のカウンターに座ってビールを飲んでいたそうだ。

があるじゃないの。子どもがピーナツバター大好きなのよ。あなたこれ、いる？　マンチェスターは自分の母親のことを考えた。もし母がベーカーさんの立場だったとしたら、こんなふうには振る舞えないだろう。リチャードの母親は保身に走っているようにマンチェスターには思えた。

別のクラスメイトもリチャードに面会した。ニューマン・センターのフォークグループのメンバーも面会にやってきたらしい。郡警察に収監されていた半年の間、彼女は毎月リチャードに面会していた。月に二日ないし三日、土曜日を選んで彼女は彼を訪れた。彼は知り合いが来てくれることを喜んでいた。事件について話すことは許されていなかったので、会話は簡単なものだった。本、映画、そしてそれぞれの活動についてなどを話した。二人は互いをあまり知らなかった。

「なんだか気まずかったわ」と彼女は振り返る。

＊＊＊

十月二十九日月曜日、フレッド・スペンサー殺害事件に関する裁判がバンゴーの上級裁判所にて始まった。フォーダー・サリーム司法次官補が州側の弁護士を務めた。彼はきちんとした人物で落ちついており、優秀な弁護士とされていた。リチャード側の弁護士はエロール・K・

ペインで、地元では著名な弁護士で、人々の注目を集める事件を担当していた。彼は、公判前手続きに関する準備をしないタイプだった。戦略を仲間と共有するでもなく、すべてを自分の頭のなかに納めておくことを選んだ。起訴状のコピーしか持たずに裁判所にやってくることも多かった。ペインとロースクールで出会い、一九六七年に共同で事務所を設立したウィリアム・コーヘン曰く、何も持たずに連邦裁判所にやってきたこともあったそうだ。[*4]

裁判を回避しようという試みもあった。法廷で判事は原告側と被告側の間で司法取引を行うよう促した。しかしリチャードは説得に応じようとしなかった。依頼人が申し立てしたい罪状はあるかと問われると、「ごみのポイ捨てですね」とペインは答えた。

証言は十月三十一日水曜日に始まった。[*5]検死官が法廷でフレッドの死因は「頭部に加えられた複数の外傷」だと証言した。陪審員は月の形をした殴打跡をカラー写真のスライドで見せられた。リチャードともみ合った際にフレッドは小指を骨折した可能性があるとも指摘した。

検察官サリームはマンチェスターを証言台に呼んだ。マンチェスターはすでに大学を卒業して、別の州に住んでいた。マンチェスターは兵舎で交わしたリチャードとの会話を次のように

注4：コーヘンはずいぶん後になってビル・クリントン大統領によって国防長官に任命されている。
注5：裁判記録は保存されておらず、新聞にも冒頭陳述の記載はない。

証言した。寝室に入ると、フレッドが整理ダンスの近くに屋根ふき用ハンマーを持って立っていた、リチャードはハンマーでフレッドを繰り返し殴打したが、死んだようには見えなかった、ただ、意識を失っていただけに見えた。

裁判は木曜日も引き続き行われた。法廷の雰囲気はリラックスしたものだった。サリームはこの事件については自信を持っているようだった。ペインにも、彼なりの自信があった。大学内の警察も、州警察も、証言を行った。昆虫学部の教授がフレッドの人柄の良さを証言した。教授は質疑の内容を「馬鹿げている」と言った。ペインは州側の証人への反対尋問を拒否した。「質問はありません。ないです」と、彼は裁判官に言った。

ペインの同僚らは混乱していた。殺人事件の弁護を担当しておきながら、質問がないだって？「意味がないとしても、反対尋問するのが当然のことなのに」と、数年後に同僚は回想している。

その日の終わり、ペインは殺人罪から故殺罪への減刑を申し立てた。申し立ては認められた。証拠はリチャードが事件を誘発させられたことを示しており、それゆえ、「陪審は被告の行為が故殺罪を上回ると判断することはできなかった」と、裁判官は述べた。

リチャードの評判の良さを数人が証言したあと、被告人本人が証言台に立った。「エロールは、この子どもに準備させる必要はないと考えていたのだろう」と、法廷記者は記憶している。マンチェスターを真似るようにリチャードは、フレッドが整理ダンスの近くに立ち、ハン

マーで襲いかかってきたと証言した。バンガー・デイリー・ニュース紙は、

ロジャースはスペンサーともみ合いになりハンマーを奪うと、自己防衛のためにスペンサーの頭部を八回殴打したと証言した。それでもスペンサーは「四苦八苦」しており、気絶させるためにスペンサーの顔をビニール袋で覆った

と書いた。

証言台のリチャードはうまく立ち回ったと傍聴人たちは考えた。簡潔で、集中し、そして説得力があった。彼の弁護士が言うように「突然の挑発により」フレッドを殴打したと主張したのだ。しかし、そうであったとしても、リチャードの事件はペインの同僚を居心地悪くさせた。「ビニール袋で顔を覆った時点で、正当防衛が成り立つとは僕には思えませんでしたね」

反対尋問で、フレッドを殺すつもりはなかったとリチャードは証言した。「ぼんやりとした記憶のなかで、部屋と血のついた絨毯をきれいにしたと言った。「どうしたらいいのかわかりませんでした。警察には行きたいと思いましたが、きっと怪しまれるに違いないと考えました」。警察に行くかわりに、夜中、リチャードはフレッドの遺体を一九六八年産ダッジ・ダートに乗せ、スティルウォーター川を渡り、右の急カーブを走って国道16号線に出た。そこは暗く、住宅のない、交通量の少ない道だ。彼は国道16号線を十五分ほど走り、再び右折して国道

116号線に出た。このあたりですでにオールド・タウンには到着していた。数分走るとスティルウォーター川に注ぎ込むバーチの小川に辿りついた。フレッドの死体を車から降ろしたのはこのあたりだった。木々と水に囲まれ、住宅も見当たらない。リチャードにとって、この場所は辺鄙（へんぴ）な場所に思えた。

金曜日の朝、リチャードが逮捕されてから六ヶ月と一日目、裁判官は男女各六名の陪審員らに指示を与えた。**被告を有罪とするには、被告の行いが正当防衛ではないと確信しなければならない**と彼は言った。

記録が存在しないため、陪審員がどのような事実を元に判断を行ったのか確認することは困難である。ペインがゲイ・パニック・ディフェンス［犯行に至った経緯が、被害者による性的な誘いであり、被告が恐怖を感じたために、一時的に心神耗弱状態になり、暴力を振るう結果に結びついたとする抗弁］の手法をとったかどうか、報じる新聞報道も存在しない。しかし、一人の傍聴人が陪審員に影響を与えたかもしれないことがらを記憶していた。数十年後、オロノの住民がこの悲劇に「ゲイの視点」があったことを記憶していたのだ。フレッドがリチャードに言い寄ったことで、殺人事件が起きたと耳にしたという。「噂が飛び交っていましたね」と、とある教授の妻は言う。「いろいろな憶測がね」

陪審員はたった三時間の審議時間を終えた。有罪の評決が予想されていた。[*6]

陪審員長は立ち上がり、リチャードは故殺罪で無罪の評決に達したと発言した。リチャードは微笑み、エロール・ペイン弁護士にむかって微笑みかけ、そして「本当にありがとうございます。感謝してもしきれません」と言った。

彼の同僚によると、法廷のなかでこの評決に驚いていなかったのは、ペインだけだったそうだ。

陪審員が法廷から出て行くと、リチャードはペインに言った。「ありがとうございます。あなたは正しいことをしましたよ。私が保証しますから」

＊＊＊

マンチェスターが最後にリチャードに会ったのは、一九七八年二月、数十年に一度の猛吹雪から立ち直りつつあったマンハッタンでのことだった。マンチェスターは人々の行き来の多い場所で会うことを望み、二人はロックフェラー・センター近くのレストランで待ち合わせをした。

元同居人二人は席について飲み物をオーダーした。マンチェスターは重苦しい雰囲気を察知

注6：法廷記者もそう願っていた。有罪判決が出れば、裁判記録を何部もタイプする必要が出てくる。それをタイプすることで、ガレージを建てられるほど儲けることができた。

していた。二重危険条項（ダブル・ジョパディ）［同じ違反に対する無罪判決後の二度目の追訴、有罪判決後の二度目の追訴、同一違反に対する複数の刑事処罰を禁止すること］はアメリカ法制度の素晴らしい一面だと言った。そして「ひとつ質問がある。あの時、本当は何が起きたんだ？」

リチャードは素早く息を吸って、そして吐き出すと「それは、それは、僕が言った通りのことだ」。マンチェスターは飲み物を手にした。「へえ、そうなんだ？」と彼は言った。「ひとつ言わせてもらうよ。当時も信じていなかったし、今も信じちゃいない」

リチャードには貸しがあるとマンチェスターは考えていた。何せ、裁判に巻き込まれたのは事実だ。それなのに、マンチェスターには、リチャードが正直さも後悔さえも見せていないように思えた。彼は自分の無実を確信しているかのようだった。それでもマンチェスターは席を立たずに、二人は夕食を注文した。

「なあリチャード」彼は続けた。「僕らが大学院にいたときのことだが、君は自身のセクシュアリティについて少し混乱しているんじゃないかと僕には思えたんだ。本当のところはどうなんだい？　君はゲイなのか、それともストレート？」

リチャードは左を向き、そして右を向いて囁くように「ストレートだ」と言った。

マンチェスターは、それも信じなかった。マンチェスターはリチャードがゲイかどうなのかなんて、実はどうでもよかった。ただ、嘘をつかれたことが嫌だった。

二人は夕食を終えて、マンハッタンを散歩し、結局、ポート・オーソリティ・バスターミナルから二ブロック離れた場所にあるバーに行き着いた。二人は更に飲んだ。アルコールの酔いが手伝っても、二人にはさして話題もなく、フランス語の話に終始した。それから少しして、マンチェスターが夜を締めくくった。バーの前で二人は別れの言葉を口にした。ハグしたかもしれない。もしかしたら握手だったのかもしれない。「もう二度と会うことはないだろう」。そうマンチェスターは言ったが、リチャードがその言葉を耳にしたかどうかはわからない。

第十二章　疑う余地のない証拠

二〇〇一年五月十四日

夕方六時、ロックランド郡スティーブン・コラントニオ刑事はニュージャージー州警察の捜査関係者に連絡を入れた。この日は月曜日で、数分前に、三年間にわたり四人の男性をニューヨークで殺害した犯人が、マウント・サイナイ病院に勤務する看護師リチャード・W・ロジャースであることが判明したと報せるためだった。複数の州と管轄区域で多くの捜査官たちが事件解決のために八年も捜査を重ねていた。コラントニオはまず、マシュー・キューンにこれを伝えなければと考えた。しかし問題は、その日、マシュー・キューンは彼の二十五回目の結婚記念日を祝っているところで、できれば邪魔をしないほうがいいと周囲からは言われたのだ。しかし、コラントニオは**当然のように**それを無視した。長年にわたって肩を並べるようにして犯人を追ってきた仲間が、これほど重要な容疑者の名前を新聞紙上で知ることだけは避けたかった。

コラントニオは電話をした。キューンは少しも腹を立てなかった。

十日後、戦没者追悼記念日の週末前の木曜日、キューンとコラントニオは、マンハッタンのブルックリン橋そばにあるニューヨーク市警本部ワンポリス・プラザで警部と対面した。二人は計画を披露した。五月二十七日の月曜日から、重大事件捜査班とテロ対策合同本部がロジャースの偵察を開始する。ロジャースは夜七時半から翌朝七時までのシフトで勤務しており、病院を出た瞬間から尾行を開始することができる。偵察は最低でも一週間継続する。

最初から――一九九一年にペンシルバニア州警察が開始したピーター・アンダーソン殺人事件捜査から――ニューヨーク市警察は、せいぜい、二次的な役割を果たす程度だった。そうであっても、ロックランド郡とニュージャージー州の刑事たちは、ニューヨーク市警察に監視作業を任せることを迷いはしなかった。悩む必要はないのだ。犯行現場は未だ発見に至っていなかったし、ニューヨーク市内で男性たちが殺害された可能性は大いにあった。それに、このように流動的で予測できないオペレーションは、五つの行政区で毎日実際に働いている本物のニューヨーカーにやってもらうのがベストなのは常識だった。覆面パトカーを乗り回す男たちは、観光客や街の外からやってきた田舎者の警察官に見えないことが重要だった。たった一つのミスが、ターゲットを怯えさせる。

もちろん、ニューヨーク市警の役割に関して若干の落胆があったことも事実だと、オーシャン郡のトーマス・ヘイズは言う。「でもそれは仕方がないことだ。ニューヨークは彼らの裏庭のようなものなんだから」

賃貸であれ所有物件であれ、誰も知らない場所までリチャードが捜査官たちを導いてくれるのではという期待もあった。別宅かもしれないし、地下牢の可能性もある。非常識だと思えたとしても、可能性は捨てきれない。どこかで、殺人事件が発生したのは確かなことなのだから。しかしリチャードが漏らすのは、銀行口座や郵便局の私書箱の存在程度の可能性が高い。あるいは、少なく見積もって、基本的事実程度しかわからないかもしれない。どこで朝食を食べるとか、どこで買い物をするとか、洗濯するのかといった情報だ。とても平凡なことだが、このような手がかりは最終的な起訴の手立てとなる可能性もある。

少なくとも、リチャードがどこにいるかわかれば、例えば会合や式典に行く道すがらとか、バーで楽しんだ夜のあとに、捜査官がそれぞれの判断で逮捕に持ちこむことができる。彼を驚かすという要素を保ちつつ、同時に彼を冷静な状態にしておくことが目的だった。誰もリチャードに、身構えたり動揺したりしてほしくはなかった。「控え目に近づくのです。彼を混乱させたくなかったんですよ」と、ニュージャージー州警察重大犯罪捜査チームを率いていたジャック・ラプシャは言った。

ニューヨーク市警の警部はこの計画を気に入った。**成功する確率は低いからといって、みすみすチャンスを逃すわけには行くまい。**彼はターゲットの監視を月曜の朝から開始すると約束した。

五月二十七日日曜日の夜——尾行開始の十二時間前——捜査官はようやくリラックスした。

トーマス・ヘイズと妻はジャージー・ショア・レストランで夕食をスタートさせるところだった。ヘイズのボスのマイケル・モーはバーベキューをしていた。ラプシャは裏庭で裸足になって、ジントニックを飲んでいた。コラントニオも裏庭にいて、メモリアル・デイを祝っていた。

六時頃、コラントニオの電話が鳴った。ニューヨーク市警の警部からだった。彼は余分なことは一切言わなかった。**リチャード・ロジャースがワンポリス・プラザに向かっている。**マウント・サイナイ病院に、本件捜査を率いてきた捜査官二人が彼を訪れ、本部への出頭を要請した。二人はリチャードに、クレジットカード詐欺の被害に遭っていると伝えたようだ。彼はもうすぐ逮捕される。

「容疑は？」とコラントニオは言った。「引っ張ってくる容疑がないじゃないですか」。警部はそれには答えなかった。コラントニオには手も足も出ない。全員が召集された。コラントニオはロックランド郡から、他の捜査官たちはニュージャージーから。

本部に到着すると、コラントニオ、モー、そしてラプシャは会議室に集められた。かつて警察本部長だったセオドア・ルーズベルトの肖像画が飾られている部屋だ。三人はニューヨーク市警察捜査官のトップ、ウィリアム・アリーに迎え入れられた。

捜査官たちの怒りを認めながら、アリーはリチャード逮捕の決断を支持する立場を取っていた。ニューヨーク市警は慎重になっているだけだと彼は言った。三日前にある容疑者を釈放したところ、男を殺害して遺体を解体したのだという。

モーは自分を抑えるのに必死だった。「こんなこと、でたらめだ」と、彼は本部長に言った。捜査官たちはこの事件に十年を費やしていた。もちろん、彼らは激怒していた。頭のなかでストーリーを描いた者までいた。**もしニュージャージーが手を引き、ロジャースと犯罪を結びつける手がかりも持たず、彼を拘留する正当な理由もない青い制服のやつらに、勝手にやれと言ったらどうなるだろう？　さあどうなる？**　捜査を省くという決断をしたことで、ニューヨーク市警は危うい立場に立たされる可能性がある。しかしこれは理論上というだけで、当然、ニュージャージー州がニューヨーク市警を実際に弱体化させることはないのだ。この事件は、ニューヨーク市警の大きなヘマよりも重要だった。

捜査官たちは結局、リチャードをワンポリス・プラザに連行した二人の刑事から残りの話を聞くことになった。この悲劇の間接的なきっかけとなったのは当時ニューヨーク市長だったルドルフ・ジュリアーニで、彼の母のヘレンが五月二十一日からマウント・サイナイ病院に入院していたというのだ。ジュリアーニ自身は、自分の母親が殺人事件の容疑者の比較的近くにいることを心配してはいなかったし――彼がそれに気づいていたかどうかも定かではない――ロジャースが狙うタイプを考慮すれば、心配する必要もなかった。[*1]

それでもニューヨーク市警上層部は心配した。リチャードを逮捕しろという命令は署長のバーナード・ケリックその人から下された。

数年後、ニューヨーク市警の動きについてケリックに尋ねると、彼は否定した。「意味がわかりませんね。まったく記憶にないものです。そこまで大きな事件ではなかったのではないか。それであれば記憶しているはずだ」と語った。別のインタビューでは「私が知っているのは**これだけ**です。もしジュリアーニの母親が病院に入院しており、同じ病院にサイコパスがいることがわかっている場合、その二人を隔離しようというのなら、アリーが私の事務所に来て、それを個人的に伝えるでしょう。それだけだ。それ以外に考えられないし、そんなことは起きなかった[*2]」

このニュースが報道陣に知れ渡るまで、一週間を要した。「ゲイ殺しの容疑者リチャード・ロジャースを追いかけてきた特別捜査班のメンバーは、ニューヨーク市警によるロジャース逮捕は時期尚早だったと考え、別の殺人事件と彼を結びつけるという希望が絶たれた」とデイリー・ニュース紙は書いた。ニューヨーク市警とニュージャージー州警察関係者から情報を得たとするタブロイド紙は、尾行のこと、ヘレン・ジュリアーニのこと、そしてその責任はニューヨーク市警捜査官トップのアリーにあるとした。情報筋はニューヨーク市警の決断によって失われたものをはっきりと示した。

注1：このことについて、二〇一九年十月にジュリアーニ自身に尋ねると、彼は「でたらめだ」と答えた。
注2：その後、オフレコという条件でさらに聞いたところ、ケリックは別の証言をしている。

「私たちが欲しかった答えは……一九九三年以降、彼は一体なにをしていたのかということですよ。友達はいたのか？　北部に家を持っていたのか、それとも別の名前でジャージーにいたのか？」と情報筋は語った。「まったく別の人生を送っていたのかもしれないし、我々はもうそれを知ることができないかもしれない」

「徹底的に事情聴取をする機会を失い、彼が関与している可能性のある未解決事件についても知る機会を失った」と二人目の捜査当局筋は語った。

当時捜査官たちが公に話すことはなかったが、リチャードが何十人もの男性を殺害していると全員が確信していた。実際のところ、リチャードが休暇に出る度に彼は誰かを殺害していたはずだと考えていたのだ。

「世間もゲイのコミュニティも、捜査にどれだけのダメージが与えられてしまったか、気づいていないんですよ」と、情報筋は同紙に語っている。

＊＊＊

オーシャン郡検察局の巡査部長トーマス・ヘイズはと、ニュージャージー州警察の刑事デビッド・ダルリンプルの二人はリチャードの事情聴取担当に選ばれていた。ダルリンプルは背が高く、細身で、美しく服を着こなしており、落ちついて論理的に尋問する者として知られていた。まるでCEOと会話するようにホームレスの男性との会話もできる人物だった。

ヘイズはリチャードが何かヒントになることを話す可能性は低いと考えていた。リチャードはニューヨーク市警本部で数時間過ごしており、クレジットカード詐欺の被害者が通常ワンポリス・プラザに連れてこられることはないと気づいているようだった。モーが言ったように「あいつはシリアルキラーだが、馬鹿じゃない」のだ。

五月二十八日午前十二時三分、ヘイズとダルリンプルはスーツ姿で1108－A号室に入った。狭いこのスペースは十一階にあったが、正規の取調室ではなかった。小さな机と、椅子が数脚、そしてロッカーがあった。リチャードは机の側に座り、手錠をかけられておらず、ピンク色のオックスフォード・シャツと、カーキ色のパンツを穿き、足元はペニーローファーで眼鏡をかけていた。緊張している様子だったが、礼儀正しかった。捜査官たちは自己紹介をし、リチャードと握手した。ヘイズの見たところ、リチャードは物腰が柔らかく、特に鍛えているような印象もなかった。**一体どうやってあんなことをやり遂げたというのか？** 取り調べが始まる前に部屋を覗き見た別の捜査官は、リチャードは一九二〇年代の漫画『キャスパー・ミルクトースト』に出てくるキャラクターに似ているとさえ思った。

ダルリンプルはリチャードに対してミランダ警告が書かれたカードを読み上げた。それは逮捕状がなくても、リチャードはそこから自由に出ることは許されてないというサインである。

ダルリンプルはリチャードに、その事実を理解しているかと尋ねた。リチャードはカードにサインをした。ダルリンプルとヘイズもカードにサインした。ヘイズはリチャードが権利の行使をすると思ったので、ここで尋問は終わりだと考えていた。しかし、彼はそうしなかった。今は引退したヘイズは、今日に至るまでその理由がわからないという。

リチャードは捜査官がニュージャージー州からニューヨークまで、自分を尋問しにきたなんて不思議だなと感想を漏らした。僕から何を聞きたいというんです？

捜査官は彼に質問を返した。**僕たちが何を聞きたいと思いますか？**

きっと一九八八年の逮捕のことでしょうね、とリチャードは言った。サンディ、あるいはフレッドだったか……リチャードは名前をはっきり記憶していなかったものの、暴行で訴えられ、裁判にもなったと答えた。

いいえ、違います。実際に捜査官たちが話をしたかったのは、一九九一年から一九九三年の間に殺害された四人のゲイの男性のことだった。ダルリンプルはリチャードに彼らの顔写真が掲載された紙を見せた。トーマス・マルケイヒー、アンソニー・マレーロ、そしてマイケル・サカラだ。[*3] この中で、見覚えのある男性がいるかどうか、リチャードに聞いた。リチャードはマイケルの写真を指さし、彼のことは知っている、僕らは「ファイブオークス」の常連客でしたからと言った。アンソニーもトムも、知らない人物だと言った。

捜査官はリチャードの経歴を入手していた。マサチューセッツ州プリマスに生まれ、フロリダに引っ越して高校に通った。そしてフロリダ・サザン大学に入学し、一九七二年に卒業。数年飛ばし、リチャードはニューヨークに引っ越し、ペイス大学看護学科を一九七八年に卒業したと説明。マウント・サイナイ病院に卒業の翌年に採用され、それ以降、不満もなく真面目に勤務を続けている。

リチャードはメイン大学時代のことに触れなかった。

捜査官はロジャースが、礼儀正しく、協力的でさえあると感じていた。捜査官は彼に、旅行は好きかと尋ねた。ええ、よく行きますよと彼は答えた。頻繁に国中をドライブしていますね。カリフォルニア、フロリダ、マサチューセッツ、ウェストバージニア、アトランティック・シティー、ブライスビル、母と継父を訪ねてアーカンサスにも行きましたよ。

捜査官たちは話を殺人に戻した。リチャードが落ち着きを失ったのは、この時だった。

「サカラ氏以外は、僕は誰も知りませんよ」

「リチャード」と、彼を真っ直ぐ見つめたままヘイズは語りかけた。「我々は君の助けを必要とはしていないんだ。君がここにいる理由は、四件の殺人事件と君を結びつける、物的、そして状況的証拠が、議論の余地のない証拠があるからなんだ」

注3：なぜこの紙にピーター・アンダーソンの写真が掲載されていなかったのか、理由を知る捜査官はいなかった。

リチャードは両足を床につけて座り、両手を膝に置いていた。しかし、今は足を組み、腕を組み、背を伸ばして椅子に座っていた。捜査官には、彼が警戒態勢に入ったように見えた。

「さありチャード、我々はこれから、発生した順に、それぞれの殺人事件を説明し、その事件と君を結びつける物的証拠について提示していく」とヘイズが言った。

二人はピーター・アンダーソンの事件から話を始めた。一九九一年五月五日、ピーターの遺体はペンシルバニア州ランカスター郡で、大きなごみ袋に入った状態で見つかった。そのごみ袋には多数の指紋が残っていて、そのうち複数が、リチャードの指紋と一致したと断定できるものだった。

リチャードは何度か頷いた。彼は音を立てながら大きく息を呑み込んだ。ダルリンプルは、人が普通は質問したり非難したりする箇所で、リチャードが息を呑んでいると確信した。彼は放屁までし始めた。「とにかく彼は弁明をしていました」とヘイズは証言した。

捜査官はリチャードに、なぜ殺人をしたのか説明してくれないかと尋ねた。彼は、説明はしないと答えた。そうか、いいだろうと彼らは答えた。そして話を先に進めた。

「それでは次に、一九九二年七月に発生した別の殺人事件について話をしよう」とダルリンプルが言った。「トーマス・マルケイヒーの遺体が発見された。頭部、両腕、上半身はバラバラにされ、バーリントン郡で発見され、彼の両脚は同じ日の午後にオーシャン郡の休憩所近くの景観整備道路脇で発見された」

遺体の一部が入れられていたごみ箱から指紋が採取され、まぎれもなくそれはリチャードのものだった。

二人はリチャードに手術用手袋と鍵穴ノコが発見されたこと、それらはスタテン島で購入されたことを突き止めたこと、そして被害者たちがマンハッタンにあるピアノバーに関連していることを話した。

マルケイヒー事件の証拠の説明が終わると、リチャードは頷いた。ヘイズはリチャードに次の犯罪について話す時間が来たこと、それは一九九三年五月に発生した、アンソニー・マレーロ事件だと告げた。二人は被害者の詳細について説明した。アンソニーはセックスワーカーで、ポート・オーソリティのバスターミナルで最後に目撃されていた。二人は物的証拠を説明した。ごみ袋に付着していた指紋はリチャードのものだった。

アンソニーの頭部が入ったアクメ社のバッグはスタテン島で購入されたものだった。

リチャードは聞き入っていた。そして頷き、息を呑んだ。

最後、捜査官たちはマイケル・サカラの事件を説明した。一九九三年七月にロックランド郡で遺体が発見されている。捜査官はマイケルが最後に生きて目撃された「ファイブ・オークス」を包囲するようにして、全ての関係者に話を聞いた。**マイケルがバーを去る時に一緒にいるのを目撃された男性は、君に実によく似ているんだ**とヘイズとダルリンプルは言った。**バーテンダーに対して自分が看護師だと自己紹介したことを知っているし、偽名や嘘の勤務先を伝えて**

いたとしても、看護師と言ったのは確かだ。目撃者は君とマイケルが明るい色の車両に乗り込んだのを見ている。事情聴取の早い段階で、リチャードは殺人事件が発生した一九九一年に、ライトグレイのトヨタ・カローラを運転していたと供述していた。

リチャードは頷き、真っ直ぐ前を見つめた。彼は犯罪への関与を否定しなかった。**やりませんでした、**とは、決して言わなかった。

「弁護士が必要でしょうか？」と彼は言った。

「弁護士に相談すべきですか？」

「あなたには権利についてすでに説明しました」と、ヘイズは答えた。「いつ何時でも、弁護士を呼ぶ権利を行使できます」

「私たちがその決定を下すことはできません」とダルリンプルは言った。

捜査官たちは物的証拠の説明を続けた。

最終的に、午前十二時三十三分、取り調べ開始から三十分後、リチャードは弁護士を依頼する権利を行使した。

しかし、逮捕はまだ先だ。事情聴取が終了するとマシュー・キューンはニューヨーク市警のヘリコプターに搭乗して、逮捕令状を請求するためにニュージャージー州に向かった。令状に判事が署名したのは夜中のことだった。

＊＊＊

翌日、リチャードはオーシャン郡で発生したトーマス・マルケイヒーとアンソニー・マレーロ殺害事件で起訴され、リチャードの車両、マウント・サイナイ病院内にあるリチャードのロッカー、過去に住んでいた部屋、今現在住んでいる部屋に対する捜査令状が発行された。前年にリチャードはマール・プレイスにあるアパートを売却し、そこからほど近いブリッジ・コート62丁目に建つ二階建ての家に越していた。ニューヨーク市警の捜査官は、マール・プレイスの物件の捜索の重要性を捜査令状の申請書に強調していた。「マルケイヒーとマレーロの遺体の解体は、人里離れたうえ、リチャード・W・ロジャース・ジュニアが周囲に気づかれることなく作業ができると確信していたこの場所で行われたに違いない。加えて、トーマス・マルケイヒーの遺体の一部は宿泊所のような場所では使用されないタイプのブランドもののシーツと、シャワーカーテンで包まれていた」。ニュージャージー州の捜査官と犯罪現場技術者たちは、骨、血液、体液、四人の男性の所持品や衣類といった殺人事件の物的証拠の捜索権限を与えられた。

捜索が始まるまえに、主任刑事のジョン・ホリデイが家のなかを歩き、まだ家のなかが手つかずの状態の写真を隅から隅まで撮影した。これは締めくくりの行為のようなものだった。彼自身が、トムの犯罪現場を九年前に記録していたからだ。ホリデイは家のなかの様子に狼狽した。「汚れひとつない状態だった」と、二十年近く後になって彼は証言している。「俺の妻なら金を払ってでも、あいつに掃除してもらいたいと言うだろう。あの部屋はとにかくきれいだった」

他の捜査官たちはゆっくりと、一部屋、一部屋、確認していった。リビングルームのカーペットにはリチャードが必死になって掃除機をかけたような跡が残っていた。ソファーの背もたれにリモコンがきっちりと等間隔に並べられていた。ロビーのポスターは『シャレード』、『ダイヤルMを廻せ!』そして『昼下りの情事』で、壁に完璧なシンメトリーの状態で並べられていた。何百本ものVHSテープがアルファベット順に、ジャンル別に並べられていた(十五年後、捜査官たちはドラマ『ゴールデン・ガールズ』の録画が多かったことに驚いていた)。その場にふさわしくないものは一つもなかった。

寝室には、手錠、本、ポルノ映画『ボーイズ・ウィルビー・ボーイズ』のコピー、「ナショナルジオグラフィック」誌が何冊か、レコード、映画のテープがあった。ドラマ『グレイズ・アナトミー』と、ロナルド・ヘイヴァーの単行本『デヴィッド・O・セルズニックのハリウッド』[未邦訳]があった。ナイトスタンドにはヘブライ語の聖書が置いてあり、マークしてあるフレーズがいくつかあった。

サミュエル記下四章四節
うばが彼を抱いて逃げたが、急いで逃げる時、その子は落ちて足なえとなった。

サミュエル記下四章七節
彼らが家に入った時、イシボセテは寝室で床の上に寝ていたので、彼らは撃って殺し、首をはね、首を取って、よもすがらアラバの道を行き、[…]

サミュエル記下四章十二節
そしてダビデは若者たちに命じたので、若者たちは彼らを殺し、その手足を切り離し、ヘブロンの池のほとりで木に掛けた。人々はイシボセテの首を持って行って、ヘブロンにあるアブネルの墓に葬った。

地下室には箱が散乱していた。アイロン台が壁に立てかけてあり、格子柄のシャツが物干しに吊されていた。捜査官らは「お買い上げありがとうございます」と印刷された茶色いバッグを見つけた。この袋は一九九二年にトーマス・マルケイヒーの遺体の近くに置かれたごみ袋に酷似していた。

捜査官は塩化カリウムの瓶、塩酸ミダゾラムの瓶、二ミリグラムのジアゼパムの錠剤、そして二ミリグラムのモルヒネの瓶をカウチの下から発見した（リチャードのマウント・サイナイ病院内のロッカーでは、捜査官がより多くの薬剤を発見した。塩化カリウムの瓶、そして二ミリグラムの塩酸ミダゾラムの瓶である）。塩化カリウムは致死注射に頻繁に使用される薬剤であり、塩酸ミダゾラムは手術前の鎮静剤として使用され、死刑執行に使用される薬剤のひとつである。ジアゼパムはバリウムとして知られる鎮静剤であり、硫酸モルヒネは処方薬の鎮痛剤だ。

他にも、一九八二年に撮影された写真のスライドがあり、リチャードの大学の同窓会の様子、ディズニーランドへの旅行、デイトナ・ビーチなどへの冒険の記録が撮影されていた。デイトナ・ビーチはマシュー・ジョン・ピエーロが四月に最後に目撃された場所だ。

少し気まずい瞬間もあった。リチャードの家の二階にある寝室を捜索していたときのことだ。ニュージャージー州の捜査官がアドレス帳を発見した。ニューヨーク市警の捜査官が中を調べると、ニューヨーク市の地方検事の名前があったのだ。この名前があったゆえに、証拠品をめぐって小競り合いが起きた。ニュージャージー州が、「捜査令状を取ったのはニューヨーク市警だが、ここで見つかった証拠はすべてガーデン・ステート［庭園の州。ニュージャージー州のニックネーム］のものだ」と主張したため、結局、そういう運びとなった。ニューヨーク市警が敷地内からアドレス帳を持ち帰ることはできなかった。

最終的に捜査官たちは「十五個におよぶ大きな段ボール箱、フットロッカー、掃除機二台、そしてツールボックスを証拠として運び出した」とデイリー・ニュース紙は報じた。

マール・プレイスで同時に行われた捜索では、価値のあるものは何も発見されなかった。しかし、それは想定内だった。

どちらの捜索も、リチャードを四件の殺人事件と結びつける新たな物的証拠を捜査陣にもたらすことはなかった。

＊＊＊

リチャードはライカーズ島［ニューヨーク市にある島で、全島が刑務所となっている］で自殺しないよう監視下に置かれた。リチャードはニュージャージー州への身柄引き渡しを拒んでいた。

数ヶ月後、彼は身柄を引き渡されることになった。

一方で、被害者の故郷の記者たちは、家族や友人たちに連絡を取り始めた。バンガー・デイリー・ニュース紙は、今はメイン州に住むフレッド・スペンサーの母親ルイーズを見つけ出した。「何年も抱えてきた痛みを、新たに感じているだけです」と彼女は語った。「私たちは痛みのなかで生きてきました。傷口を開き、また生々しい傷にするというだけのことよ」。ピーター・アンダーソンが所属していた部隊の同僚はフィラデルフィア・デイリー・ニュース紙に「答えが見つかったことはなによりです。安心しました」と語った。トムの妻マーガレット・

マルケイヒーはボストン・グローブ紙に「逮捕は喜ばしいことです」と語った。ザ・スターレッジャー紙は、ヤングスタウンを離れフロリダに住むマイケルの母メアリー・ジェーンを見つけ出した。「報復なんて考えちゃいない。でも、もし本当に彼が犯人だとしたら、起訴してほしい」と彼女は言った。「なにか中途半端な気分だわ」

しかし、裁判が始まるまで、さらに四年が経過することになる。

第十三章　やつを連れ出せ

オーシャン郡への身柄引き渡しは捜査の終了を意味せず、単に新たな局面のはじまりというだけのことだった。捜査官らは、リチャードが勤めていたマウント・サイナイ病院の同僚、バーの従業員、常連客など「数十人」から事情を聞いたとスター・レジャー紙は報じた。リチャードが二〇〇三年まで起訴されなかったのはこれが理由だった。当時、オーシャン郡の熱血漢、ウィリアム・ハイズラー検事は「殺人事件の起訴に二年かかるのは珍しいことではなかった」と回想する。

リチャードはトーマス・マルケイヒーとアンソニー・マレーロの殺害および、遺体損壊を理由とする二件の逮捕妨害の容疑で起訴された。[*1]

注1：マルケイヒーとマレーロ殺害事件はヘイズラーの管轄内におけるただ二つの殺人事件だった。ペンシルバニア州はピーター・アンダーソン殺害事件でリチャードを起訴できたが、そうしなかった。そしてニューヨーク州もマイケル・サカラ事件を起訴に持ち込むための十分な証拠がなかった。

リチャードは死刑を免れた。アズベリー・パーク・プレス紙によれば、「遺体が切断されていたという事実が加重要素とはならない理由は、切断が死後に行われているから」と、審査委員会が主張したからだそうだ。

二〇〇五年十月、リチャードは司法取引を提示された。もしそれを受ければ、三十年以下の懲役――二件の殺人事件で科せられた刑期は同時に進行する――となり、十五年服役した後には仮釈放の申請も可能になる。ペンシルバニアとロックランド郡は、彼が両管轄区域で起こした事件については起訴しないと約束した。

一九七三年と同様、リチャードは司法取引を拒否した。当時五十五歳で、その年齢では終身刑となる可能性が高い。無罪評決を得られると期待していたのかもしれない。「被害者から検出されたDNAは私のものと一致しない。まさに驚きじゃないか。そして、当時私が住んでいた家やアパートの部屋から、事件に関連する証拠を警察は見つけられなかった」と、二月に大学の同級生への手紙にリチャードは書いていた。二〇〇三年、別の手紙では、起訴された事件に関する裁判は完全に崩壊するだろうと予想していた。「公判前審問が行われるといいな。証拠不十分で裁判にならなければいいのだが」とも書いている。

裁判は十月にニュージャージー州トムズ・リバーで始まった。陪審員候補者たちは同性愛についてそれぞれの考えを問われた。「公平で公正な判断を妨げるバイアスや偏見がないか知りたいのです」と、裁判官は彼らに伝えた。陪審員たちは物語の一部しか伝えられなかった。フレッド・スペンサーとマシュー・ジョン・ピエーロ殺害事件、そしてサンディ・ハロウへの暴行事件は除外された。しかしながら、裁判官は検察側がピーター・アンダーソンとマイケル・サカラ事件の証拠を提出することは許可した。どちらの事件も、今日に至っても起訴されず、解決もされていないだけに、これは遺族にとっては小さな勝利だった。

冒頭陳述でヘイズラーは被告に不利な証拠を要約していった。「トーマス・マルケイヒーは九本の指による合計十六個の指紋。アンソニー・マレーロは、頭部が入っていた袋に二つの指紋、そして掌紋がひとつ。ピーター・アンダーソンの事件においては、十七個の指紋とひとつの掌紋。マイケル・サカラについては、被告と一緒にいるところを目撃されてから二十七時間後に死亡が確認されています」

そこから二週間にわたって、陪審員はトムの妻マーガレット・マルケイヒー、ピーターの妻シンシア・アンダーソン、アンソニーの友人のカルロス・サンティアゴ、「ファイブ・オークス」のバーテンダーでマイケルの親友だったリサ・ホール、タウンハウスで当時も毎週土曜日にピアノを演奏していたリック・ウンターバーグによる証言を聞いた。ニュージャージー州、ロックランド郡そしてペンシルバニア州の捜査官たちからも話を聞いた。一部はすでに引退していた。

州側の弁論は力強いものだった。一九七三年、そして一九九〇年の裁判とは異なり、リチャードは証言を行わなかった（法廷記者は「まるでネズミみたいに従順でひとことも話さなかった」と回想した)。リチャードの弁護士は、状況を踏まえて、堅実な路線を取った。ごみ袋に依頼人の指紋が付着していることについては異論を唱えなかったが、州の専門家が、その指紋が付着した時間は正確に立証できないのではないかと主張した。そして、ニュージャージー州内で殺害されたという証拠は一切ないとも主張した。確かにそれは真実だった。最初の犯行現場は、その当時も、この事件の最も大きな謎の一つだったのだ。

最終的に、合理的な疑いとしては十分ではなかった。陪審員たちが行った審議はわずか数時間だった。彼らが知る限り、リチャードの責任は疑いようもなかった。目撃者と指紋によって心が揺り動かされた。弁護側最終弁論も捜査の管轄権に頼る部分が多く、説得力に欠けるものだった。「強い印象はありませんでしたね」と、リチャードの弁護士について陪審員のひとりは語った。

二〇〇五年十一月十日、涙目の陪審員長が人でごったがえす法廷に向かって言葉を発するために立ち上がった。陪審員の一人が彼女の手を握っていた。

「トーマス・マルケイヒー殺害の罪で被告人リチャード・W・ロジャースを起訴するために提出された起訴状の第一訴因について、有罪でしょうか、無罪でしょうか」と裁判長は彼女に聞いた。

「有罪です」と彼女は答えた。「アンソニー・マレーロ殺害の罪で被告人リチャード・W・ロジャースを起訴するために提出された起訴状の、第三訴因について、有罪でしょうか、無罪でしょうか」と裁判官は聞いた。[*2] 彼女は「有罪です」と答えた。
元看護師は無表情でそれを聞いていた。

＊＊＊

二〇〇六年一月、裁判長が判決を言い渡す満員の法廷内にリチャードは立っていた。裁判長は、リチャードに父親の命を奪われたことで、何が失われてしまったのかをトレイシー・マルケイヒーが語る姿を見ていた。彼女は、こう語った。

父は世界中のあらゆる地域の人たちと友好な関係を築くことができました。彼は誰に対しても思いやりの心を持っていましたし、私に、そして私の兄弟に、母に、命を与えてくれました。父は善良な人で、働き者で、最高の人生を送る資格があった人です。私は、その事実こそ、リチャード・ロジャースが行ったことをより悲劇的にしているのだと感じています。

注2：起訴状の第二の訴因においてリチャードはトムの殺害に関して「捜査妨害」で起訴されていた。

リチャードは二度の終身刑に加えて、捜査妨害の罪で十年の刑期を言い渡された。

裁判長は「これ以上罪を軽くすることは、あなたが引き起こした罪の恐ろしさを消し去ることになるでしょう」と、鋭く睨み付けながら言い放った。「この判決の目的は、あなたが二度と自由に外を歩けず、刑務所の穴の中で息絶え、決して自由を手にしないと社会に保証するため、私が持ちうる力の全てを公使することです。そして願わくは、社会がそのなかに、ささやかであっても正義を見いだしてくれることを願っています[*3]」

「さあ、終わりです」と裁判長は続けた。「やつを連れ出せ」

注3：リチャード・ロジャースは私と話そうとはしない。二〇一八年五月、二〇一九年五月、そして二〇一九年十一月に私が送った手紙の返事も拒んだ。二〇一九年七月には、刑務所での面会も断られた。

エピローグ

二〇二〇年一月十八日

ピーター・アンダーソンが殺害され、ランカスター郡の国道脇に遺棄されてから三十年あまりが過ぎようとしている。評決から十五年。本書の執筆に着手してから三年の月日が経過した。

この事件を知ったのは偶然のことだった。インターネットを検索していて、たまたま目にしたのだ。いわゆる未解決事件(コールドケース)の多くは僕の記憶に残らないが、この事件だけは違った。殺人事件とその捜査、そしてそれらすべてが忘れ去られてしまっていることへの居心地の悪さ。ニューヨーク市で発生した一連の殺人事件が、ウィキペディアにさえ掲載されないとはどういうことなのか? 僕は被害者の人生に夢中になった。彼らが手に入れたかったはずの生涯に心を奪われた。堂々と、ゲイであることを表に出して生きることができなかった時代の男たち。本当の自分になることができなかった男たちがいた。

一年以上にわたって、被害者家族、友人、同僚、そして恋人たちに話を聞いた。彼らの死を捜査した男性、女性。捜査することで彼らの人生を身近に感じてきた人々。ニューヨークの裁判所、警察、そしてニューヨーカーや、アメリカ中の国民に、クイアを標的にした暴力を真剣に取り扱い、犯罪をしっかりと捜査するよう働きかけてきたクイアの活動家たちとも話をした。

僕が話を聞いた人たちは誰一人として、この十年、ジャーナリストから連絡を受けていなかった。なぜそんな状況なのかと何度も言い合った。**被害者のことなんて、どうでもいいっていうのか？　管轄区域が異なる事件を追うことが、そんなに重荷なのだろうか？　それともあの時代、殺人事件なんてありふれたことは、誰も気にもしないというのか？　九・一一が、十年の時を経て犯人が逮捕されたという事実を覆い隠してしまったというのだろうか？**

これらの疑問に対する答えはなかった。何年も考えた末、このどれもが当てはまるのだろうと僕は思うことにした。

最終的に、書籍化に必要な企画書を仕上げることができた。編集者に会ったとき、僕は自分の計画を伝えた。僕はソーントン・ワイルダーの『サン・ルイ・レイの橋』に登場する修道士になりたかったのだ。ワイルダーの小説で、修道士ジュニパーはペルーの縄の橋の崩壊で人々が転落死する様を目撃する。彼は、「命を落とした五人の隠された人生を調べる」ことを決めた。

なぜ、彼らは橋を渡っていたのだろう？　ワイルダーの修道士はそこに神の意志があったかどうかを知ろうとした。その点については、僕は違っていた。僕は単に、犠牲者となる前のアンソニー・マレーロ、マイケル・サカラ、トーマス・マルケイヒー、フレッド・スペンサー、そしてピーター・アンダーソンのことが知りたかったのだ。彼らは一体誰だったのだろう？

何が彼らをリチャード・ロジャースの世界に引き入れてしまったのだろう？　誰が彼らをニューヨークに連れてきたのか？　ポート・オーソリティに？「ファイブ・オークス」に？オロノに？「タウンハウス」に？

＊＊＊

ピーターが最後の夜を過ごした「タウンハウス」は、ニュージャージー州刑務所で十四年間服役していたリチャード・ウェストール・ロジャース・ジュニアのことをすっかり忘れていた。ロジャースは映画を観て、世間の話題にも乗り遅れることなく、手紙を書いたりして過ごしている。月初めに知人に送った手紙には、もうすぐ七十歳になる心境が書かれていた。夜中まで起きて、タイムズスクウェアのタイム・ボールが落下するのを見たこと（「**すごく**おいしいローストビーフが夕食として出た。それから、いつもよりはずっと美味しいスパゲティも食べたんだ」）、そしてドナルド・トランプの弾劾についても書いていた。「最近になって出てきたメールやドキュメントに関しては、きっちりとした弾劾裁判なしで共和党が面子を保てるとは思えない」と書き、しかし「一部の共和党員のやつらは、トイレットペーパーが我々にするのと同じことを、トランプにし続けることになる」と書く。仮釈放の申請は二〇六六年九月十八日以降に可能になる。彼はその時、一一六歳だ。彼が再び「タウンハウス」に足を踏み入れることは不可能に近い。

しかし、もし彼が来たとしたら、元マウント・サイナイ病院の看護師は、以前と全く変わらない店がそこにあることを知るだろう。

一月、本の校正作業をしている最中に、僕はリチャードのお気に入りのピアニスト、リック・ウンターバーグに会うために「タウンハウス」を訪れた。なんと彼は、その時も土曜の夜にピアノを弾いていたのだ。僕は「タウンハウス」が大好きになり、誰かに話を聞こうという気分でない日も、店を訪れるようになっていた。

いつも僕に飲ませてくれる常連客と話しながら、実際のところ、僕でいいのかと考えたものだった。クイア・コミュニティとその歴史に対して、僕は正しいことができるのだろうか？僕にその判断はできない。僕が本書の執筆で目指したのは、僕が集めた情報に物語を語ってもらうことだったのだから。

この特別な土曜日に、僕は「タウンハウス」でリックや常連客たちと、過去二十年の、この店の変化を語り合った。

明らかに、全く変わっていない部分もあった。数年前、当時ヴィレッジ・ヴォイスのコラムニストだったマイケル・ムストーに「タウンハウス」について聞いたことがある。彼は客層は相変わらず大部分が年配の男性だと話してくれた。これは内装が寄与しているのではと彼は言った。「エレガントで、まるで葬儀場みたいだろ」

これは事実だった。かつてリックが言ったように、一九八九年の夜にオープンした当時と明らかに変わったのは、壁の絵の配置だけだった。酒は相変わらず高級なものばかりで、たっぷりと注がれる。

僕が「タウンハウス」に到着したのは、リックのシフトが始まる一時間も前だった。奥の部屋は暗かったので、僕は入り口付近にあるバーに腰掛けた。向こうの席には四十年も演奏し続けているピアニストのミッチ・カーンがいて、どうしたことか、彼はとても若々しかった。ミッチは「タウンハウス」がオープンした週には演奏していたというのに。

「ほとんど変わっていないよ」と、彼は言った。そしてしばらく口をつぐんだ。「年配の男に惹かれる若い男にとっては魅力的な場所だった。その反対もしかりだ。常連客の年配の男の多くは、三十年前は若者だったのさ。いつだって彼らが好きなのは年配の男。気の毒だろ。だって今は**自分たちが**年配になっちまったんだからなあ」。考えさせられるよね、ともミッチは言った。

「『タウンハウス』は、いわば最後の砦なのさ」。かつて栄華を極めた東50丁目の「ハスラー・ブッフェ」も、今となっては見る影もない。

僕たちはしばらく話をした。主にゲイバーの数が減ったこと、そして「ファイブ・オークス」のこと。ミッチはマイケル・サカラがリチャード・ロジャースと出会った夜に「ファイブ・オークス」にいたが、夕方早くに店を出ていた。彼は携帯電話を取りだして、一九八九年の「ファイブ・オークス」のメニューを見せてくれた。そこにはスタッフと常連客たちからのメッセージが記されていた。「休暇を楽しんで」とマイケル・サカラは書いていた。「ショパンをありがとう」

僕は奥の部屋に行き、ピアノのすぐ側のカウチに腰掛けた。そろそろリックの演奏が始まる時間だ。二人の年配の男性が斜め向かいに座っていた。二人とも街の外から出張でやってきては、「タウンハウス」に何十年も通っているという。二人はその夜出会って、お互いに好みではないと気づいたらしい。

僕はスコッチを片手に、リックが弾く古いスタンダードを聴きながら、ピアノに置かれた彼の指紋がついたガラス瓶のチップ入れを眺めていた。七十代後半だが、溌剌とした雰囲気の男性に、バーについて聞いてみた。

「一九九二年に初めてこの店に来たときは、いろいろな年齢層の客がいて、落ちついて、平等な雰囲気のある店でしたよ」と彼は言い、ラム・スクリュードライバーを一口飲んだ。「若手にとっても、年配にとっても、天国みたいな場所でしたよ」

「五十歳ですべてが終わると考えていたのはほんの数年前のことで、それから後はなにもしなかった。それから五十五になって、六十になって、**おい、新しい世界があるじゃないか！**って気がつくわけさ」。若い男が、年配の男に熱を上げていると彼は気づいた。彼の好みはアジア系の二十五歳から三十五歳ぐらいの男性だった。「二十五歳以下は子ども過ぎる、そして三十五歳以上は、絶対にダメ」。彼はこれについては頑なで、我々の横に座っていたとしてもハンサムなアジア人男性の誘いをにべもなく断った。「五年前だったらよかったのに」

彼の新しい友達は数歳年下で、バーの変化を目撃していた。「海外からの客がたくさんいたんですよ。インターナショナルなタイプの人たちが」と彼は言った。コネチカットから来た男性が、彼がバーに来る度に、追いかけてきていた。彼は少し苛ついていた。「ちょっと落ち着かないけど、彼は人畜無害だよ」

「タウンハウス」のピークは十年前だと男たちは言い、それ以降は失策もあったという。数年前はしばらくの間、オーナーがゴーゴーダンサーを地階のバーで踊らせていた。今はもう彼らはいなくて、求められてもいない。ムストー曰く「起業家精神がみなぎる空気は消えたのさ」。

一時間程度の演奏の後、リックは休憩を取った。僕らは地階に向かった。地階は何十年も前にダグラス・ギブソンがトーマス・マルケイヒーからやんわりと拒絶された場所だ。リックと僕は部屋の隅に座った。僕たちの周辺には数人しか人はいなかった。

僕たちは仕立てられたスーツがいかにして消えてしまったのかについて語り合った。スーツとボタンダウンのシャツはすでに必須条件ではなかったが、常連客の一部はいまでもその習慣を守っていた。それにしても、客の数は減っていた。二〇〇三年に禁煙条例が施行されてからは多くの客が店を離れた。出会い系アプリの登場も、明らかに問題を解決してはくれないようだ。残っているのはトレンドを追い求める若者だ。「夕べ、俺のことをダディと呼んだやつがいて、死にたいって思ったね」とリックは言った。「三十年の変化がまさにそれだと思う。誰かの父親になれるぐらい、年を取ったってことだよ。今は誰かの爺さんにだってなれる」

　エイズの恐怖が消え去ったことについても語り合った。「プレップ〔PrEP。曝露前予防内服〕を飲んでいる友人は、自分はエイズにならないと思っているよ」とリックは言った。「ウイルスが検出されないことは、陰性と同じだと考えているんだ。ウイルスが検出されない状態を保つために、どれだけ薬の服用が必要かに気づいていないんだろう」

「俺はこれを9・11と同じようなものだと考えている。今となっては大昔の出来事で、歴史の本に書かれているようなことだからな。新しい世代は、あの時、ここにはいなかった」

　エイズは初期の「タウンハウス」で演奏していた三人のピアニストのうち、二人の命を奪ったという。

　僕たちは十分ほど話をしただろうか。リックの休憩は終わった。彼はこの日からわずか三ヶ月後、僕らが暮らすこの惑星を徹底的に打ちのめした歯止めの利かないパンデミックにより、命を落とすことになる。

　でも、それはまだ先のことだ。彼は慎重に階段を上がると、ピアノの演奏を続けた。

「タウンハウス」再訪

二〇二一年七月中旬の土曜日、コロナウイルス感染症のデルタ株が感染拡大を開始した時期だった。私たちの暮らしは、再びマスクと不安に包み込まれた。しかし「タウンハウス・バー」は、経営にとっては不利な状況にもかかわらず、パンデミックが始まる前の昔ながらの姿のように僕には見えた。マスクなし、アクリルのパーティションもなかった。店内に入る際に必要なのはワクチンの接種証明だけだった。一九八九年にバーをオープンしたポール・グルッチオは、八十三歳でこの数ヶ月前に他界していたが、ビジネスパートナーが入り口近くで常連客にもてなされていた。友人の酒飲みと僕はピアノニストが出てくるまで時間を潰していた。常連客は、パンデミックが始まった直後に他界したピアノの名手、リック・ウンターバーグの不在をいまだに嘆いていた。彼は、友人らがマスクとガウン姿で見守るなか、ランゴーン病院にて人口呼吸器を装着した状態で、人生最期の瞬間を迎えた。

＊＊＊

「タウンハウス」でのリックの最後の夜は、二〇二〇年三月十五日の日曜日のことだった。この数日前、ニューヨーク市長が緊急事態宣言を発令し、学校が閉鎖されることになった。レストランは先だってシャッターを下ろした。「タウンハウス」には、張り紙が出された。

その日の夜、バーはほとんどガラガラだった。七人から八人の常連客がピアノの周りに集まっていた。一人はリックに励まされてやってきた。彼はひと晩じゅう歌って「今、世界に起きていることについて忘れたい」と考えていた。リックはそのリクエストを受け、常連客たちは声を合わせて歌っていたのだ。

その時だった。ある常連客の携帯電話にCNNの速報が入った。食事の提供をしないバーは店を閉めること。この日を境に、しばらく「タウンハウス」に入店することはできないだろうと誰もが理解した。マネージャーが、営業は通常より早めの十一時半頃に終えると告げた。常連客は店を出た。リックはドアから出る前に、マネージャーに歩み寄った。そして彼に抱きしめられた。「当時の状況に不安を感じていましたね」と、リックの追悼式でマネージャーは語っていた。二人は、抱き合って涙を流したそうだ。「彼のところに戻って、もう一度抱きしめたんですよ。そうすべきだと思ったから。それが、僕がリックを見た最後になりました」

数週間後、元気かどうか確かめるために、僕はリックに連絡を入れた。本を書きはじめてから数年間で、僕は彼のことが大好きになっていた。彼は暗闇のなかの、光り輝くような存在だった。女性が電話に出た。衝撃だった。

「リックが感染したわ」と、女性は言った。

＊＊＊

二〇二一年三月、『ラストコールの殺人鬼』は出版された。投獄中のリチャード・W・ロジャースは、どうもそれを喜んでいないようだった。「イーロン・グリーンの書いた本だけれど、僕は読むことはないだろう。というのも、ここでは犯罪に関わる書籍や定期刊行物の検閲が厳しいので」と、彼は知人に手紙を書いていた。そして、こう続けた。

グリーン氏の手紙から得た印象だが、彼は「実録犯罪（トゥルー・クライム）」という言葉を弄（もてあそ）んでいるようだね。彼の「本物の」犯罪ノンフィクションとやらは、「ニュース」メディアやインターネットに溢れる、様々なバリエーションの真実と、デタラメのごみ溜めに直行するだろう。万が一、彼の書いた作品を手に取るチャンスがあれば、名誉毀損訴訟できる箇所があるかどうか、詳しく調べようと思う。しばらくは、スティーブン・キング、ジョン・グリシャム、ダン・ブラウン、その他、素晴らしい作家たちの作品を楽しむことにするよ。

一方で、本書を実際に読んだ人たち（リチャードのようではない人たち）からは、時折連絡が入る。自らが生きた忘れがたい時代を描いてくれたと感謝を伝えてくれる人たちがいる。引退した元警察官らは、ラストコール事件に関連するかもしれない事件があると教えてくれる。連絡をくれる人の多くは、僕が書いた人々の知人や、被害者たちの元パートナーだ。

P・Aと名乗る男性は、一九九二年にリチャードを自分のアパートに連れ帰ったと書いていた。これは確かだという。16丁目に住んでいて、その日の夜は遅くまでダウンタウンのバーで飲んでいた。場所は「ファイブ・オークス」だったはずだ（彼はそこの常連で、マイケル・サカラは知り合いだった）。P・Aは当時三十代前半。スポーツジャケットを着て、大きな眼鏡をかけた、青い瞳の男と話をしはじめた。その男のジャケットは「なんだか不釣り合いだな」とP・Aは考えた。なぜなら、その男の持っていたキャンバス地のバッグが工事現場を連想させたからだと回想する。「本当に些細な矛盾が記憶に残るんです」と、P・Aは僕に言った。

アパートまで徒歩で戻る道すがら、P・Aはフラフラになってしまった。おかしい、いつもだったらいくらでも飲めるのに。店の中の全員が倒れたって平気なのにと考えた。P・Aは、リチャードが薬を盛ったのではないかとふと気づいた。しかし、何かするには遅すぎると思ったそうだ。

P・Aがアパートのなかに入ると、リチャードはキャンバス地のバッグを寄木細工の床に置いた。今からセックスをしようとしている男にしては、あまりにも冷たい態度だとP・Aは思った。この男はここに、まったく別の目的で来ているに違いない。

リチャードがトイレを使っている間に、P・Aはバッグの中身を盗み見ることにした。それは異常に長い袋で、ディルドなどのセックストイが入っているのではと彼は想像した。リチャードが小便をしている間に、P・Aはバッグを数センチ開き、そしてナイロン製のロープ――船員用のロープ――と、ノコギリのような物を目にした。バッグを閉め、彼は「こいつ、俺を切り刻もうとしてる」と考えたそうだ（ボンデージがリチャードの性癖だったとしても、P・Aには興味がなかった）。

さらに最悪なことに、P・Aは、酷い目眩（めまい）を感じていた。しかしそのとき、過去に自分が妹に与えたアドバイスを思い出したのだ。「もし何かトラブルに巻き込まれたら、喉の奥に指を突っ込んで、男に向かってすべて吐きだしてしまえ」。P・Aはその通りやることにして、嘔吐しはじめた。アパートのドアを開け、リチャードに部屋から出ようと伝えた。リチャードはバッグを抱えると、廊下に出た。リチャードが戸口を出た瞬間、P・Aは勢いよくドアを閉め、鍵をかけた。リチャードがドアノブを握ると、P・Aは気分が悪いと叫び、エレベーターのドアが開き、そして閉まる音がするまで静かに立って待っていた。しかし、音は鳴らなかった。リチャードは階段を使ったのかもしれない。直後、P・Aは意識を失った。

それからしばらくの間、Ｐ・Ａは「家に人を連れ帰るのをやめましたよ。デートもやめて、セックスもやめました。怖くなってしまったんです」それからリチャードには一度も会っていない。

二〇〇一年にリチャードが逮捕され、彼の写真がタブロイド誌を飾って初めて、Ｐ・Ａは自分がアパートに連れ帰ってしまった人物が誰かに気がついた。あの、青い瞳をした冷血な男だった。

「リチャードとの経験は非常に奇妙で、あっという間の出来事でした」と、彼は振り返る。「それが実際に起きたときは、時速一四〇キロでレンガの壁にぶち当たることを避けられたような気持ちになりましたよ。それも、数センチ手前でね」

＊＊＊

リチャードの同級生カレン・クラリーダも手紙をくれた。

七十歳のカレンは、ジェイソン・マンチェスターと大学院時代に交流があり、リチャード本人ともある程度交流があったそうだ。彼らはフランス語の授業を一緒に受けていたそうだ。「私は彼の向かい側に座っていて、ときどき話をしたりしていました」と彼女は教えてくれた。

リチャードは殺害事件直後の日曜日に教会の合唱団で歌っていたそうだ。

殺人容疑でリチャードが逮捕されたとき、彼女は驚いたそうだ。とても優しい人だと思っていたからだ。ラジオでニュースを聞いて、とても奇妙だと思った。言語学の授業で目の前に座っているあの男性の名前もリチャード・ロジャースだわ。「私の印象では、彼は優しくて控えめな人だったんです」と彼女は言い、悔しそうに「だからこそ、殺人の罪を逃れたのだと思います」とも語った。

カレンはリチャードが気の毒だと思ったので、郡刑務所にいるリチャードに手紙を書き、面会にも行ったそうだ。この優しい行いに、彼女の母親は激怒したそうだ。「母は、『あの男はルームメイトを殺したのよ。頭に袋をかぶせて、何度もハンマーで殴りつけた。あいつが刑務所から出ることはないわ』と言いました」

無罪放免で釈放されたリチャードはカレンに電話をしてきた。彼が刑務所から出てきたことを知らなかった彼女は、どうしているのかと尋ねた。リチャードは地元の宿に宿泊していると言い、「お祝いに一杯飲まないかい?」と誘った。「何を祝うの?」と彼女は聞き返した。「無罪になったのさ」と彼は答えた。

カレンは、友だちといるから行けないと言った。リチャードは二度と電話をかけてこなかった。

＊＊＊

七月に「タウンハウス」に戻ると、七十六歳のシャロン・ブランドと話をすることができた。彼女はリチャード・ロジャースを家に連れ帰り、それを証言したジョー・ギャラガーの知り合いだった。シャロンが、ビング・クロスビーの「スモール・フライ」を歌い上げるジョーに出会ったのは、数十年前、「マリーズ・クライシス」でのことだった。

シャロンと僕は「タウンハウス」のカウチに座った。年上のストレートの女性は男性陣のなかではとても目立つので、彼女のことは誰もが知っていた。定期的に店のスタッフが寄ってきて、挨拶をして、軽口を叩いた（「僕とシャロンが恋仲だって、彼女、君に言ったかい?」と髭を生やしたマネージャーは言った。「君が夫を捨てたときから僕らは付き合ってる。僕はラッキーだね」）。僕らはその晩の担当だったグレイヘアのピアニスト、ベン・フランクリン風の男性（モウリースという名だった）の演奏を聴いた。彼はとても上手だった。でも彼はリックじゃない。

シャロンは、ランチの席で孤独な誰かと知り合いになるのが好きな人だった。それこそまさに、彼女の友人であるクレイグとリチャードが出会った方法だった。二〇〇一年に逮捕される、わずか一週間前のことだ。「ブランディーズ」でリチャードは一人で座っていたらしい。リチャードは音楽に合わせて歌詞を口ずさんでいた。彼は二人に自己紹介をした。二人は彼の名前をたいそう面白がった。リチャードは、音楽が大好きだけれど、ピアノバーはあまり行ったことがないと二人に言った。そこで二人は看護師を、「リージェンツ」と、その次に「タウンハウス」に連れて行った。そして二人は彼をジョーに紹介した。ジョーと同じく、シャロンも「タウンハウス」の重鎮だった。シャロンはパティ・ペイジの「オールド・ケイプ・コッド」をリックに歌ってあげたことを思い出していた。ピアノの横には常連客の熱を冷ますための扇風機が置かれていた。リックはリズムを外すことなく、ティッシュをちぎり、扇風機に投げ入れ、彼女は紙が舞うなかで歌った。彼のこのようなおおらかさと、人当たりの良さは、何ものにも代えがたい。

今でもリックの古いチップジャーが置かれ、モウリースが「星に願いを」を弾くピアノに向かって頷きながら、彼女は「なにもかも変わってしまった」と言った。しかし、そうであっても、「タウンハウス」の存在には心から感謝している。リックがいなくなってしまった今、この店は一九九〇年代初頭の偉大なるゲイバーとクラブシーンの、失われつつある繋がりのひとつだ。恐ろしい過去と現代を繋ぐ、生きた歴史なのだ。

シャロンとクレイグがリチャードの逮捕をテレビで見た直後、ジョーのことを心配してパニックになった。でも、彼は無事だった。夕食とピアノの演奏を聴くために「リージェンツ」に行った二人に、身なりの良いＦＢＩ捜査官二名が近づいてきたのは、それから間もなくのことだった。二人はリチャードについて知りたがった。どちらも、捜査官に言うことはあまりなかった。リチャードの堕落の兆候を捜査官たちは見逃していなかった。シャロンはこう言った。「自分は今まで、人のことを読むのが上手だと思っていたのよ、でも、あの男が人を殺していたなんて、青天の霹靂（へきれき）だったわ。ありえない。まったくわからなかった！」

シャロンに歌ってもらうことができなかったので、僕はカウチを離れて「私の夢を見ておくれ」を歌い、まばらな拍手を頂戴した。僕がカウチに戻ると、男性がやってきて、僕が着ていたバナナ・リパブリックのシャツを褒めてくれ、名前を訊いた。僕が自己紹介をすると、「ボブの方がいいんじゃないの」と言い、去っていった。

シャロンと僕は、彼女の健康状態や共通の知人のこと、そして子どもたちのことについて、少し話をした。僕の書いた本の世界に精通する人物と話をするのはとても楽しい時間だった。

一時間ほど経過したあと、飲み物をウイスキーから水に替え、僕らは別れた。「タウンハウス」を去る時が来た。ひとつのパンデミックのさなかに誕生したバーは、次のパンデミックでも生き延びるのではないかと思えた。僕はタクシーに乗り、マンハッタンの東側を家まで戻った。

訳者あとがき

一九九〇年代、ニューヨークのクィアコミュニティを連続殺人の恐怖に陥れた「ラストコール・キラー（ラストコールの殺人鬼）」こと、リチャード・W・ロジャースは、現在七十三歳で、ニュージャージー州トレントンにあるニュージャージー州刑務所で服役している。二件の第一級殺人事件で起訴され、それぞれ、終身刑が言い渡された。しかし、ロジャース本人が関わった殺人事件は、判明しているだけで四件とされる（二件で起訴され、残り二件は証拠不十分のため不起訴）。そのすべてにおいて、殺害後に死体を切断のうえ、遺棄している。しかし、警察関係者の大方の見方は、ロジャースが殺害したのは四名だけではなく、少なくともあと二名は被害者が存在し、そのうえ、判明していない事件も存在する可能性があるということだった。

リチャード・W・ロジャースが、初めて殺害事件に関わることになったのは、二十三歳の大学院生のときだった。ルームメイトのフレデリック・スペンサーの頭部を複数回にわたって激しく殴打したうえ、ビニール袋で顔を覆い窒息させ、死体を国道脇に遺棄した。リチャードの住んでいた寮からは多数の証拠が見つかったが、リチャードの主張した正当防衛が認められ、大方の予想を覆して、不起訴となった。リチャードが警察の追及をかわすことに成功した最初の事件だ。

三十八歳の時には、バーで知り合った男性をアパートに連れ帰り、飲み物に薬物を入れ昏倒させ、結束バンドで体を拘束した。目を覚ました男性には、再び薬品を投与し意識を失わせた。翌朝、どうにか自宅に辿りついた男性が警察に駆け込み、ロジャースは逮捕されたが、ベンチトライアル（裁判員制度を用いず、裁判官のみで審理を行う裁判）で無罪となった。ロジャースが警察の追及を免れた二件目の事件だった。

逮捕されながらも無罪判決を得るという経験を二度も積んだロジャースが、大胆な手口で次々と殺人事件に手を染めたのは、一九九一年から九三年の二年間で、後に彼が「ラストコールの殺人鬼」と呼ばれるようになった連続殺人死体遺棄事件がそれにあたる。マンハッタンにあるピアノバーの客、四名が犠牲となった。全員がゲイ、あるいはバイセクシュアルだった。

リチャードがようやく逮捕されたのは二〇〇一年五月。裁判は二〇〇五年十月に始まり、検察側からは司法取引がもちかけられた。リチャードはそれを「検討する」としたが、最終的に拒否した。裁判では黙秘を貫き、何も語らなかった。終身刑を言い渡されても表情ひとつ変えず、壁を見つめているだけだったそうだ。ある捜査関係者は、「最後まで動機は解明できないままだった」と証言している。

このように、リチャード・W・ロジャースは改悛の情を一切見せぬまま、淡々と服役生活を送っている。友人に宛てた手紙では、自分の無実を訴えたり、警察への不満を吐露したり、感謝祭のときに提供された食事が美味しかったという感想を書いたりしている。本書についてもその出版の事実は知っているようで、こちらも友人に宛てた手紙で、著者を皮肉った言葉を並べている。本当に反省していないのか、それとも自らの無罪を信じ切っているのか、ロジャースの本心は一切わからないが、自己顕示欲の強さだけは明白だ。

　これまで連続殺人鬼に関する書籍をたくさん読み、また翻訳も何冊か担当してきたが、ロジャースほど殺人鬼らしくない、およそ殺人鬼に見えない犯人は、あまりお目にかかったことがない。看護師としての仕事を完璧にこなす、社会的信用はむしろ高い人物だった。殺害方法の残忍さと、市井に紛れ込む適応能力の高さが、ロジャースという存在の邪悪さを表しているだろう。それだけに、学生時代に起こした事件や、後に男性を監禁した際に、警察が彼を確実に捕まえられなかったことが悔やまれる。あまりに反省を見せないロジャースの態度に、被害者遺族の無念は消えないだろう。

　リチャード・W・ロジャースは自らゲイであるにもかかわらず、ゲイやバイセクシュアルの男性を狙って殺害を繰り返した。彼の屈折した内面が透けて見えるような犯行の数々だ。また、遺体の切断方法は、看護師という職業柄か、警察関係者や検死官がその手際の良さに驚くほどだった。遺体にはほとんど血液が残っておらず、切り口も鮮やかだったとされる。

著者は犯行の残忍さや、リチャード・W・ロジャースという殺人鬼の卑劣な人間性のみに焦点を当てるのではなく、被害者に関する記述に多くのページを割き、その人生を詳細に、時に豊かに描いている。古きよき時代のニューヨークの哀愁が濃厚に漂っている。この日本語版には原書のペーパーバック版に収められた本編執筆後の後日談も収録した。著者がどれだけこの事件に没頭し、描ききったのかがよくわかる内容となっている。

エイズが猛威を振るう当時のニューヨークで、差別を受けながらも懸命に生きていた人たちの忘れられた死に、深い同情をこめてスポットを当てた力作である。二〇二一年に発表された本書は、二〇二二年度のエドガー賞（最優秀ファクト・クライム部門）を受賞し、HBOでドキュメンタリー映画も制作されている。

村井理子

出典

第一章　身元不明

8暖かい日曜の午後二時五十分頃：二〇〇五年十一月三日、ジョン・シリアニアによる法廷での証言。本書に記された事件詳細の多くは裁判記録から引用されている。元オーシャン郡検察官ウィリアム・ハイズラー氏より提供された。ペンシルバニア州の天候はhttp://www.climate.psu.edu/data/city_information/index.php?city=mdt&page=cwa&type=big7 を参照（現在は情報提供を行っていない）

8プラスチックのごみ袋を引っ張ったが：二〇一八年八月一日、著者によるジョン・シリアーニア氏へのインタビュー。

9「トイレの便座からエイズは感染する可能性がある」：一九八八年五月十九日発行のワシントン・ポスト紙『エイズ委員会、大衆を誤った方向に導いたのはマスターズとジョンソン氏』サンドラ・G・ブードマン記者。

9この前年には、ペンシルバニア州で一一五六人がこの病気で命を落としていた。：二〇〇九年のペンシルバニア州保健省発行の資料。https://www.health.pa.gov/topics/Documents/Programs/HIV/HIV-AIDS%20Surveillance%20Annual%20Summary%20-%20December%202009.pdf

9「エイズという感染症の正体と、その感染経路について誰もが学ぶべきである」：インテリジェンサー・ジャーナル誌社説『ジョン・ホワイトからのメッセージ』。

9エイズはランカスター郡ウェスト・オレンジ通りにある「タリー・ホー・ターバン」（レストラン＆バー）の壁から滴り落ちていると噂されていた。：二〇一九年六月二十日、著者によるナンシー・ヘルムズへのインタビュー。

10町のクイア専門書店「クロゼット」は、この年の夏、二度爆破された。：二〇一六年一月十六日発行の『LGBT Center of Central PA History Project. Dickinson College Archives and Special Collections』（www.archives.dickinson.edu/sites/all/files/files_document/LGBT_interview_Helm_Nancy_047.pdf）参照。

11ジェイ・マサーは、前髪を額で切り揃えた、初々しい表情が印象に残る長身の警察官だった。：二〇一八年九月二十日、著者によるジェイ・マサー氏へのインタビュー。

11この事件以前に警察の注意を引いたのは、十三年前に起きたミルトン・シャップ知事の速度違反だけだ。：一九七八年一月二十四日発行のタイムス・リーダー誌の記事『Governor's Car Clocked at 90 mph』を引用。

11ＡＰ通信の記事によると、カークウッドと呼ばれる小さな農村に住む中年男性が：一九八八年十月一日発行のフィラデルフィア・デイリー・ニュース紙の記事『Amish' Hat Bandit' Case Cracked in Lancaster』を参照。

11一九九〇年、十三件の殺人事件が発生していたのだ。：二〇一一年四月三日発行のランカスター・ニュース・エラ紙のメアリー・ベス・シュワイガート記者による『Homicide Statistics』を参照。

12「ここはマフィアが死体を捨てるようなニュージャージーとは違う」：二〇一八年八月三十一日、著者によるカール・ハーニッシュへのインタビュー。

12犯罪捜査班所属七年目のマサーは、この遺体以外では、たった一度しか死体を目撃したことがなかった：二〇一八年八月二日、著者によるジェイ・マサーへのインタビュー。

13仕事以外の時間にはクリスマスツリーを育てている地元生まれのこの男は、用心深く、思慮深かった。：二〇一八年九月二十日、著者によるカール・ハーニッシュへのインタビュー。

14数ヶ所に死斑：二〇〇五年十一月三日、イシドール・ミハラキスによる法廷証言。

14十一時と五時を指す角度：同右。

14「騎手の可能性がある」：ランカスター・ニュー・エラ紙のジョン・M・フーバー記者による『Police Wonder Whether Dead Man Was a Jockey』を参照。

15一方で、州警察の潜在指紋鑑識官が八枚のごみ袋を渡されていた。：

二〇〇五年十一月九日、デニス・ルーズによる法廷証言。

15他の手がかりは好奇心をそそる行き止まりと言ったところだった。：ピーター・スティックニー・アンダーソンの死に関する一九九一年の捜査に関しては、カール・ハーニッシュの手書きのメモをベースとしている。

16マサー捜査官自身は、ほとんどの情報が無意味だと考えていた。：二〇一九年五月二十二日、著者によるジェイ・マサー氏へのインタビュー。

16中には、ソックスが数足――アーガイル柄とピンクと青：二〇〇五年十一月三日、ジェイ・マサーによる法廷証言。

第二章　銀行家

18「紳士が集う狩猟小屋のラウンジといったところ」：二〇一八年八月十四日、著者によるスティーブン・キャプスートへのインタビュー。

19彼の愛されたステージの特徴だった。：同右。

19ピーター・アンダーソンも、そんな常連客のひとりだった。：二〇〇五年十一月一日、ジョセフ・ゲルッチオによる法廷証言。

19「断酒会に行くべき人がマイケル・オグボーンの周囲にはたくさんいた。僕もその一人だ」：二〇一八年十月、著者によるコニー・フリーマンへのインタビュー。

19「ミートマーケットではなかった」。：二〇一八年十二月六日、著者によるデビッド・ディッドマンへのインタビュー。

20その人物はピーターとそこまで親しかったわけではなかった：二〇一八年九月二十八日、著者によるウィリアム・ジョーダンへのインタビュー。

20マサー捜査官は、この事件を「樽に入った銀行家」と呼ぶようになった。：二〇一八年九月二十日、著者によるカール・ハーニッシュへのインタビュー。

20一九三七年三月十四日ウィスコンシン州ミルウォーキーで、ベッツィー・ブルックとセールスマンのジャイルズ・アンダーソンの間に生まれたピーター。：一九三六―二〇〇七年の『社会保障番号の申請と請求インデックス』を参照。

20妹が一九四〇年に誕生している。：国税調査を参照。

20卒業記念アルバム：一九五九年発行の『The Ivy』二四ページ。

21一九五九年五月、スタッフとして参加していた学生新聞ザ・トリニティ・トリポッド紙上に、ヨットレースでハーバード大学に次いで五位になったとの記載がある。：一九五六年五月二日発行のトリニティ・トリポッド紙を参照。

21フットボールの試合の二日前に：一九五九年十一月二日発行のトリニティ・トリポッド紙の『The Notorious Trinity Gentleman』を参照。

21「大学に入ってしまえば、そこからは怠惰に暮らしただけだったよ」：二〇一八年五月十八日、著者によるディクソン・ハリスへのインタビュー。

22「優雅な暮らしを送る、私学の男子学生連中の集まりですよ」：二〇一八年五月十八日、著者によるフレッド・ギグノックスへのインタビュー。

22社交クラブを『アニマル・ハウス』のようなものだったと説明した。：二〇一八年五月二十日、著者によるW・クロフト・ジェニングスへのインタビュー。

22「サイ・アップシルトン」の結束：一九六二年六月二十四日発行のデモクラット・アンド・クロニクル紙の『Ann Richmond Married to Law Student』を参照。

22社交クラブメンバーのガールフレンドだった女性は、ピーターの孤独を記憶していた。：二〇一八年五月十八日、著者によるストラザース・ジヌーへのインタビュー。

23有望な候補者と目されていた：一九九一年五月七日発行のフィラデルフィア・デイリー・ニュース紙の社説『Good Candidates on Both Tickets』を参照。

23若かりし日のブルックスは、政治家と聖職者を夢見ていた。：二〇一六年八月十日発行のシチズンズ・ボイス紙の『Openly Gay Councilman Shares Experience in Support of Ordinance』を参照。www.citizensvoice.com/news/openly-gay-councilman-shares-experience-in-support-of-ordinance-1.2076566

23社会から求められるままジムに通い、一八七センチメートルほどある体に筋肉をつけ、逞しい男とホモセクシュアルを結びつける人はいないはずと信じた。：二〇一六年八月九日発行のタイムス・レーダー誌『Brooks Offers

Coming Out Story to Help Wilkes-Barre Council Vote on LGBT Law』を参照。www.timesleader.com/news/573998/coming-out-story-of-tony-brooks-offered-to-help-wilkes-barre-council-vote-on-ordinance

24 二十四時間勤務のドアマンとフィットネスクラブ：一九八八年五月八日発行のフィラデルフィア・インクワイアラー紙を参照。

25 そこから九十年の間に、有力者たちがこの地に集まった。：二〇一九年九月十八日発行のCurbedの『The Lost Mansions of Rittenhouse Square』を参照。https://philly.curbed.com/2018/1/17/16896748/rittenhouse-square-philadelphia-historic-photos

25 カミングアウトすることと同じ意味だった。：二〇〇四年、テンプル大学プレスによって出版されたマーク・ステイン著『City of Sisterly and Brotherly Loves』八八ページ。

26 アッティラ・ザ・フンが、ホモ野郎だと教えてやるから：一九七五年十月七日発行のフィラデルフィア・デイリー・ニュース紙のチャック・ストーン記者による『Rizzo Cares' All Right—for Certain People』を参照。

26 彼が執拗にこだわったのは、リッテンハウスから数ブロック西のサンソム通りにある「フューモレスク・コーヒーショップ」：一九五九年十二月十日発行のフィラデルフィア・インクワイアラー紙の『Judge Clears Police Raids on Coffee Shops』を参照。

26 七エーカーの広さのあるオープンエアーで開放的なクラブで、数百人の客が楽しむことができた。：マーク・ステイン著『City of Sisterly and Brotherly Loves』八八ページ。

26 一般の人々：一九六六年九月十一日発行のフィラデルフィア・インクワイアラー紙のローズ・デウォルフによる『Who 'Owns' Rittenhouse Sq.?』を参照。

27「しかし、もう少し片付けてもいいという印象だった」：二〇一八年十月十七日、著者によるケヴィン・ダイクスへのインタビュー。

27 天井には血が飛び散っていた：二〇一八年八月三十一日、著者によるカール・ハーニッシュへのインタビュー。

28 彼が前年に取引した家のなかには、ジャーナリストのジェラルド・リベラ氏のペントハウスもあった。：一九九〇年二月二十日発行のデイリー・ニュース紙の『Geraldo's Reel Life in Suburbia』を参照。

28 それはブラウンが主宰した初めての資金調達だった：二〇一八年九月七日、著者によるロバート・ブラウンへのインタビュー。

29 ゲイのブリガドゥーン：二〇一三年五月二十二日発行のニューヨーク・タイムズ紙ガイ・トリーベイ記者による『The Architecture of Seduction』を参照。

29 参加者の半分がエイズの合併症で命を落とした。：二〇一八年九月七日、著者によるピーター・リプリーへのインタビュー。

29 ピーター・アンダーソンは入り口近くに立ち：二〇一八年九月七日、著者によるピーター・リプリーへのインタビュー。

29 ホイトは自分の思ったことを記憶している。：二〇一八年七月三十一日、著者によるアンソニー・ホイトのインタビュー。

30 ドアマンのいる建物ではあったが：同右。

32 ゲイとレズビアンを国務省から排斥した。：一九九四年六月二十六日発行のニューヨーク・タイムズ紙ジョージ・チャウンシー記者による『A Gay World, Vibrant and Forgotten』を参照。

33 創刊号は一九七六年に発売され：一九九一年七月三十日発行のロサンゼルス・タイムス紙のアラン・シトロン記者による『California, 2 Other Magazines Folding: Victims of Slump』を参照。

33「トニーはそれなりの人物だったとは思いますが、飛び抜けて優秀というわけでもなかったですね。それなりにやってくれました」：二〇一八年八月四日、著者によるミルトン・グレイサーへのインタビュー。

34「私のことを上流階級だとか、重要人物と考えているようだったわ」：二〇一八年七月三十一日、著者によるイーディス・ブレイクへのインタビュー。

35 紙面に掲載された花嫁の写真には注釈がついている。：一九七〇年八月十二日、ニューヨーク・タイムズ紙の『Edith Sands Blake Married to Peter Stickney Anderson』を参照。

35ピーターとサンディはボストンから四十五分ほど離れたマサチューセッツ州デダムに居を構えた。：一九七三年二月発行のトリニティ・リポーターを参照。

37サンディは結婚を後悔しているわけではない。：二〇一九年一月二十三日、著者によるイーディス・メインフェルダーへのインタビュー。

37一九七九年、ピーターは再婚した。：二〇〇五年十一月一日のシンシア・アンダーソンによる法廷証言。

37「浮気している男の話なんて、しないものだからね」：一九九三年八月八日発行のニューヨーク・タイムズ紙のイアン・フィッシャー記者による『Do Threads of Five Lives Lead to One Serial Killer?』を参照。

37一九七五年にピーターは、フィラデルフィアのジラード・トラスト・カンパニーに雇われた：二〇一八年九月二十八日、著者によるウィリアム・ジョーダンへのインタビュー。

37一八一一年、南3番通りにジラード銀行として創設されたこの銀行は、一八一二年に起きた米英戦争に必要だった費用の多くを負担し：二〇一六年三月三日発行フィラデルフィア・マガジン誌の『12 Things You Might Not Know About Stephen Girard』を参照。

37一九八五年、彼はフィラデルフィア証券業協会の理事に選出された。：一九八五年四月八日発行のフィラデルフィア・インクワイアラー紙のテリー・ビヴェンズとクレイグ・ストックによる『She'll Design Sales Program to Revive Franklin Computer』を参照。

38ピーターは、少なくともフィラデルフィア・インクワイアラー紙の社交欄で話題になる程度には、注目される人物だった。：一九八九年七月四日発行のフィラデルフィア・インクワイアラー紙の『Freely Celebrating the Fourth. and Parties Fit for the Bard』を参照。

38「彼は正統派のジェントルマンだった」：一九九三年八月六日発行のフィラデルフィア・デイリー・ニュース紙のキャシー・ブレナン記者による『Gay Slaying Victim Linked to N.Y. Deaths』を参照。

38「歓迎している隊員も多かったでしょう。全員とは言いませんが」：二〇一九年一月二十三日、著者によるストックトン・イルローウェイへのインタビュー。

38部隊は当時まだ冷戦モードにあり：『History of the First Troop Philadelphia City Cavalry』を参照。https://www.firsttroop.com/history

38時には武器を使い、戦車に乗って訓練することもあった。：二〇一八年九月二十八日、著者による元第一騎兵隊隊員へのインタビュー。

39ピーターが祖先を辿ってみると、大陸軍の兵士アサ・スティックニーに辿りついたという。：一九九一年六月十日発行のフィラデルフィア・インクワイアラー紙のレイド・カナリー記者による『Slain Phila. Socialite Had Become A Lost Soul』を参照。

39編集部に宛てた手紙：一九九〇年二月十二日発行のピープル誌の『Mail』に掲載されたピーター・スティックニー・アンダーソン本人の文章を参照。

40まるで野戦の兵士みたいに飲みましたよ：二〇一七年三月九日、著者によるビル・ブキャナンへのインタビュー。

40「ちゃんと機能するアルコール依存症だった」：二〇一八年八月三十日、著者によるシニヤ・イサエフへのインタビュー。

40「性的な目的で来ており、それは女性ではなかった」：二〇〇五年十一月一日、シンシア・アンダーソンによる法廷証言。

40一九八七年、フィラデルフィア・インクワイアラー紙は、252号線を乱暴に運転していた「フィラデルフィア在住ピーター・S・アンダーソンが飲酒運転で逮捕され、起訴された」と報じた。：一九八七年五月五日発行のフィラデルフィア・インクワイアラー紙のマーレーン・A・プロストとフランク・ランジット記者による『Police report』を参照。

41叔母から四十万ドルを相続したが：二〇〇五年九月二十二日、ジェイ・マサーによる法廷証言。

41ピーターは第一騎兵隊のイベントに参加し：一九九〇年二月二十日発行のフィラデルフィア・インクワイアラー紙のデビッド・アイムス記者による

『Fetes for George Washington and Some Other Local Notables』を参照。

41昼食会にフラスコ瓶を持って現れ：フィラデルフィア・インクワイアラー紙に掲載されたレイド・カナリー記者による『Slain Phila. Socialite』を参照。

41数ヶ月後の五月一日、ピーターは、その夜最後のピアノ演奏が始まった「ブルー・パロット」に姿を現した。：二〇〇五年十一月一日、ジョセフ・ゲルシオによる法廷証言。

41ピーターとシンシアが最後に会話したのは、五月二日の午後のことだった。：二〇〇五年十一月三日、アンソニー・ホイトによる法廷証言。

43ピーターは蝶ネクタイ姿で：二〇〇五年十一月三日、フランク・タオーミナの法廷証言。

44一週間後、フィラデルフィアの中心地から数十キロ離れた郊外のブリンマーで葬儀が執り行われた。：フィラデルフィア・インクワイアラー紙に掲載されたレイド・カナリー記者による『Slain Phila. Socialite』を参照。

45数年後、ニュージャージー州の刑事が、酷似する事件を見つけたときの気持ちを問われた際の回答はこうだった。：二〇〇九年十二月、ドキュメンタリー番組『Forensic Files』内での、マシュー・キューン刑事の発言を参照。

第三章　良い人物

46ウェイン・ルーカーとセオドア・"ピーウィー"・ドイル：二〇〇五年十月二十七日、ウェイン・ルーカーの法廷証言。

48数時間後、二人の清掃作業員がニュージャージー州を縦断する景観整備道路ガーデン・ステート・パークウェイにある別の休憩所で、同様の作業を行っていた。：二〇〇五年十月二十七日、レオン・ヴァレンティノの法廷証言。

48二人の娘とニュートン湖の静かな環境で、アヒルやカモメに餌をあげるこ

49に喜びを感じるような男だった。：一九八九年二月十三日発行のクーリエ・ポストの『Mel Time』を参照。キューンと彼の娘の写真を撮影したのは、アル・シュウェル。

49最初に見つかったのは頭だった：二〇〇五年十月二十八日、ライラ・ペレッツによる法廷証言。

49モップのような白髪が散らばったような状態だった：警察関係者から提供された写真を参照。

49バラバラにされた遺体の他に、「お買い上げありがとうございます」と印刷された茶色いポリ袋を刑事は見つけた。：二〇〇五年十月二十五日、マシュー・キューンによる法廷証言。

50刑事の一人は考えた。：二〇一八年七月二日、著者によるジャック・ラプシャへのインタビュー。

50キューンにとっては、まったく驚きではなかった。：二〇〇九年十二月に放映されたドキュメンタリー番組『Forensic Files』内でのマシュー・キューン刑事の発言を参照。

50女性の頭部がニュージャージー州にあるゴルフコースの七番ホールで見つかったことがあるからだ。：二〇一三年三月二十九日付けのハフポストの記事『Heidi Balch Identified: Severed Head Found on Golf Course Was Serial Killer Joel Rifkin's First Victim』を参照。https://www.huffpost.com/entry/heidi-balch-head-golf-course-joel-rifkin_n_2965531

50今回の犠牲者の解剖は、ニューアークの少し肌寒い部屋で行われた。：二〇一八年十一月、著者へのメールで。

50普通のキッチンとは違い：二〇〇五年七月十四日発行のアトランティック誌のレイチェル・ウィルキンソン記者による記事『The Doctors Whose Patients Are Already Dead』を参照。

51検死官は、被害者の死因は、心臓、肺、腸間膜、そして胃に到達する胸部と腹腔への刺し傷だと結論づけた。：二〇〇五年十月二十八日、ライラ・ペレッツによる法廷証言。

52キューンはトムの手首、足首、そして膝に残された索痕に気づいていた：二〇〇九年十二月に放映されたドキュメンタリー番組『Forensic Files』内でのマシュー・キューン刑事の発言を参考にした。

52これは二人の刑事がニューヨーク州コムストックにある重警備刑務所に行

き：同右。

52男は死体をバスルームまで引きずっていき、そこで解体作業をした。：同右。

52「紙コップ一杯分の血も残っていなかった」：二〇一七年四月二十六日、著者によるジョン・ハリデイへのインタビュー。

52ベテラン刑事はその正確さに衝撃を受けた。：二〇一八年六月十四日、著者によるニコラス・セオドスへのインタビュー。

53加害者の潔癖さが、血の凍るような別の推測を導き出していた。：二〇〇九年十二月に放映されたドキュメンタリー番組『Forensic Files』内でのトーマス・マコーレーの発言を参考にした。

53マーガレット・マルケイヒーは不安だった。：二〇〇五年十月二十六日、マーガレット・マルケイヒーによる法廷証言。

55十八歳の娘トレイシーは理解しがたい行動に出た。：二〇〇五年十月、トレイシー・マルケイヒーの法廷証言。

55トレイシーは詳細を地元紙の報道で知った。：同右。

55マサチューセッツ州ビレリカのコンピュータ会社「ブル・HN・インフォーメーション・システム」に一九六〇年から勤務していた。：一九九二年七月十五日発行のアズベリー・パーク・プレス紙のボブ・ミューラー記者による『Police Retracing Slain Man's Steps』を参照。

55一九六八年発行の大学のニュースレターには、彼が国際部門のトップに昇進したと記されている。：一九六八年九月発行の『Almni News』を参照。https://archive.org/stream/alumninewssept1968bost/alumninewssept1968bost_djvu.txt

55過去十五年は、国外での販売に力を入れ、パリのグローバル拠点を含む遠方への出張も多かった。：一九九二年七月十四日発行のボストン・グローブ紙のトム・コークリー記者とドリーン・イウディカ記者による『Sudbury Man Was Last Seen Alive in NYC』を参照。

56「彼は、すべてが偉大で、すべてが素晴らしいという人生観を持っていましたね。典型的な、前向きなタイプのアメリカ人でした」：二〇一八年十一月十七日、著者によるイーヴィス・レロウックスへのインタビュー。

56子どもたちに対してはあっさりとした態度だった：二〇一八年十月五日、著者によるトレイシー・マルケイヒーへのインタビュー。

56「普通の隣人だった」：一九九三年八月八日発行のニューヨーク・タイムズ紙のイアン・フィッシャー記者による『Do Threads of Five Lives Lead to One Serial Killer?』を参照。

56一年前、彼の衣類をクリーニングに出そうとしたマーガレットは、ポケットのなかにあったゲイバーの広告を見つけていたのだ。：二〇〇五年十月二十六日、マーガレット・マルケイヒーの法廷証言。

56これは二人が結婚生活についてのカウンセリングに赴いた際の話題となっていた。：二〇一八年十月五日、著者によるトレイシー・マルケイヒーへのインタビュー。

57トムが発見されると、マーガレットはニュージャージー州の刑事たちに直接会いたいと申し出た。：二〇〇九年十二月に放映されたドキュメンタリー番組『Forensic Files』内でのマシュー・キューン刑事の発言を参照。

58ローガンからフィラデルフィア国際空港までやってきて、州警察がゲートで彼女を出迎えた。：二〇〇九年十二月に放映されたドキュメンタリー番組『Forensic Files』内でのトーマス・マコーレー刑事の発言を参照。

58トムの母親のメアリーは一九二〇年にアイルランドからボストンに移民としてやってきた。：一九三七年九月十六日、帰化申請。

58一人でトムを育てながら、家から家、家族から家族へと渡り歩くような生活だった。：二〇一八年十月五日、著者によるトレイシー・マルケイヒーへのインタビュー。

59この年の一月に、パトリック・キャンティという名の老人が、走行中の車から放り出され、死亡するという事件が発生している。：一九四八年一月十五日発行のボストン・グローブ紙『Man. 60, Killed in Toss from Speeding Auto』を参照。

59四月には、十七歳のアーサー・マクギバリーがコーニング通りにある自宅アパート内でドロシー・ブレナンを口論の末、刺殺した。：一九四八年四月二十三日発行のボストン・グローブ紙『Youth. Man. Held in So. End Knife Murder』を参照。

59「荒涼とした場所」：二〇一八年十月二十五日、著者によるウィリアム・バークへのインタビュー。

59一九五〇年、サウスエンドから抜け出そうと、学校は未開発エリアにあるドーチェスターの建物に移転した。：デビッド・J・ローフタスによって一九八四年に発行された『B.C. High 1863-1983』の二二一ページを参照。

59「イエズス会による教育の現場に、心の弱い人間の居場所はない」：二〇〇二年に出版されたジャック・トラバースによる『The price of Love』六二ページ参照。

60結果、生徒の中から司教、大学の学長、判事、アメリカ軍最高司令官まで輩出するようになった。：二〇一二年四月一日発行のボストン・グローブ紙イボン・アブラハム記者による『The Overachievers of the Class of '52』を参照。https://www3.bostonglobe.com/metro/2012/03/31/overachievers-class/UZ9w8VKYsOQBfu8Kdp9dGN/story.html?arc404=true

60クラスの中で最も明るいジム：一九五二年発行のルネッサンス・ブックス参照。

60「ジム」とは、ジェイムス・ポーターのことで、一九五九年に司祭として叙階：一九九三年八月発行のボストン・グローブ紙リンダ・マッカン記者による『Town secret』を参照。http://archive.boston.com/globe/spotlight/abuse/archives/082993_porter.htm

60彼はパウロ六世に手紙をしたためた。：BishopAccountability.orgの『Father James Porter's 1973 Letter to Pope Seeking Laicization』を参照。http://www.bishop-accountability.org/news2013/05_06/2013_06_25_Fraga_FatherJames.htm

61ボストン・カレッジの彼の同窓生が枢機卿バーナード・ロウを訪ねると、彼は不祥事を起こしたポーターを「異常者だ」と呼んだ。：ボストン・グローブ紙の『The Boston Area's First Predator Priest Case』を参照。http://archive.boston.com/globe/spotlight/abuse/extras/porter_archive.htm

61苦情が殺到している：二〇〇三年一月九日発行のボストン・グローブ紙マイケル・レゼンデスとステファン・カークジャン記者による『Bishop Tells of Shielding Priests』を参照。http://archive.boston.com/globe/spotlight/abuse/stories4/010903_mccormack.htm

61マーガレット・マルケイヒー（ケイシー）に出会うまで教会に嫌気が差して離れていたトムとは、ボストン・カレッジの同級生だった。：二〇一八年十月二十三日、著者によるビル・マッキーニーのインタビュー。

62サウスボストンにあるアパートの三階：二〇一三年ランダムハウス社より出版された、ディック・ラーとジェラルド・オニールによる『Whitey』の二十九ページを参照。

62「クラスと教師を必ず笑わせる男」：一九五二年発行のルネッサンス・ブックス参照。

62「トムは本当にいい人ですよ。好意的に思っています」：二〇一八年十月二十二日の著者によるウィリアムとメアリー・バルジャー夫妻のインタビュー。

62二〇一八年十月、兄が刑務所で暴行を受け死亡する一週間前にバルジャーは語っている。：二〇一八年十月三十一日発行のニューヨーク・タイムズ紙キャスリン・Q・シーリー、ウィリアム・K・ラッシュバウム、ダニエル・アイボリー記者による『Whitey Bulger's Fatal Prison Beating: He Was Unrecognizable』を参照。https://www.nytimes.com/2018/10/31/us/who-killed-whitey-bulger.html

63一九六〇年代中盤まで、公衆トイレは「地下鉄野郎共」と呼ばれた彼らにとって、出会いの場所だった。：一九九一年ビーコン・プレス社によって発行された、ヒストリー・プロジェクトによる『Improper Bostonians』の一五〇ページ参照。

64一九四五年三月、バックベイで行われていたハウスパーティーに警察が駆けつけた。：同右、一五四ページ。

64サウスエンドのタブロイド紙ミッド・タウン・ジャーナル：同右、一四八ページ。

64「ブッチの狂乱が警察を混乱」：一九九一年にコロンビア大学プレスが発行した、リリアン・フェダーマンによる『Odd Girls and Twilight Lovers』の一六六ページ参照。

64ボストン・カトリック教会は、このタブロイド紙を廃刊に追い込もうとし、失敗している。：二〇一八年十二月七日、著者によるリビー・ブーバーのインタビュー。

64十九歳のジョージ・マンスールがベイヴィレッジで開かれたパーティーに行った。：二〇〇三年五月六日発行のボストン・フェニックス紙マイケル・ブロンスキ記者による『Drag Lad Tells All』を参照。https://www.glapn.org/sodomylaws/usa/massachusetts/manews018.htm
65「マッシュポテトよりちんぽを食べたほうがいい」：二〇一八年十二月五日、著者のジョージ・マンスールへのインタビュー。

65英語とラテン語の作文で八十点から九十点を取ることもあった：二〇一八年十月に、ボストン・カレッジ・ハイスクールのアーカイヴィストのランス・ハッチンソンより、トムの成績は著者に提供された。

66トムは心理学を専攻した。：一九五六年ボストン大学発行の年鑑『Sub Turri』の一三六ページ参照。

66同性愛を「反社会性パーソナリティー障害」と定義した。：一九五二年にアメリカ精神医学会によって発行された『Diagnostic and Statistical Manual of Mental Disorders』の三九ページ参照。http://www.turkpsikiyatri.org/arsiv/dsm-1952.pdf
66一九六八年に出版された第二版では、同性愛を「性的逸脱」と再定義した。：一九六八年にアメリカ精神医学会によって発行された『Diagnostic and Statistical Manual』の四四ページを参照。https://www.madinamerica.com/wp-content/uploads/2015/08/DSM-II.pdf
66「不適切な接近に対する新療法」：J・R・カウテラによる一九六七年発行の『Covert Sensitization』内『Psychological Reports 20 no. 2』の四五九ページから六八ページ。http://doi.org/10.2466/pr0.1967.20.2.459
66「あの時代、とんでもない汚名でしたよ」：二〇一八年十月二十五日、著者によるウィリアム・バークのインタビュー。

67街のゲイの男性たちは、後にアルバート・デザルボが犯人とされた悪名高き絞殺事件への反応として、理由もなく標的にされたのだ：二〇〇六年コモンウェルス・エディションズが発行した、『The Boston Strangler』の二四ページ参照。

67時給七十セントの安定した仕事：二〇一八年十月、ボストン・シティ・アーカイブのマルタ・クリリーにより、当時のトムの給料が判明し、著者に伝えられた。

67キャンパスから数ブロックの場所に居を構えた：大学院時代のトムのニューヨークでの暮らしの詳細は（ストークスクラブでの勤務時代も含む）、彼の生涯の親友から二〇一八年十一月に著者に伝えられた。親友は氏名の公表を望んでいない。

68オーナーのシャーマン・ブリングスレーは、反ユダヤ主義者で、以前は酒の密造をしていた人物だった。：二〇〇〇年三月七日発行のニューヨーク・タイムズ紙ピート・ハミル記者による『The 'In' Crowd』を参照。

68労働組合が従業員を組織化しようとした。：一九五二年四月一日発行のワシントン・アフロアメリカン紙の『Winchell and Billingsley』を参照。

68一九五八年十月十一日、付き合って数年後に二人は結婚した。：一九五八年十月十一日発行のボストン・グローブ紙マージョリー・W・シャーマン記者による『Sanders Theater Thronged by Boston Shakespeare Fans』を参照。

69急成長を遂げるコンピュータ関連企業がひしめくエリアだった：二〇一九年一月三十日、著者によるアラン・アールズのインタビュー。

70一九九二年七月八日水曜日の朝：二〇〇五年十月二十七日、ウィリアム・オブライエンの法廷証言。

70ワールド・トレード・センター第一ビル九十二階：一九九三年三月九日発

行のニューヨーク・タイムズ紙トーマス・J・ルック記者による『Back to Work Amid Soot and Stress』を参照。

70「へべれけに酔っ払った」：二〇〇五年十月二十八日、マシュー・キューンによる法廷証言。

71「ホモセクシュアルのコミュニティは、私生活を語ることを避けていましたね」：二〇〇五年十一月九日、マシュー・キューンの法廷証言。

71ブロンドの髪と青い瞳。ブルックス・ブラザーズのスーツを着こなす二十代のギブソン：二〇一八年九月十四日、著者によるダグラス・ギブソンへのインタビュー。

72トムとギブソンはこの日の夜に共通の友人によって引き合わされた。：二〇〇五年十月二十七日、ダグラス・ギブソンによる法廷証言。

74彼女は、つい最近出会ったばかりのセラピストのもとに子どもたちを向かわせた。：二〇一八年十月五日、著者によるトレイシー・マルケイヒーのインタビュー。

74トムがアトランティック・シティーに行った可能性がある：一九九二年七月十五日発行のアズベリー・パーク・プレス紙のボブ・ミューラー記者による『Police Retracing Slain Man's Steps』を参照。

74ギャンブルの借金が理由でトムが殺されたと刑事らは推理したのだ。：一九九二年七月十七日発行のボストン・グローブ紙のトム・コークリー記者による『Police Seeking Motives In Dismemberment』を参照。

75ボストンで上演された『シアーマッドネス』を彼が観たことを同僚が記憶していた：二〇一八年十一月十七日、著者によるイーヴィス・レロウックスへのインタビュー。

75マルケイヒー家による葬儀が執り行われた。：一九九二年七月十七日発行のボストン・グローブ紙トム・コークリー記者による『Friends. Family Gather to Mourn Sudbury Man』を参照。

76「死体がばらばらにされていたこともあって、犯人を怒らせた可能性は感じていたけれど」：二〇〇九年十二月ドキュメンタリー番組『Forensic Files』内でのマシュー・キューンの発言を引用。

76州の犯罪科学捜査研究所ではなく、移動式のユニット内で行われたのだ。：二〇〇九年十二月ドキュメンタリー番組『Forensic Files』内でのアレン・ポラードの発言を引用。

76気密性を高く保つはずの部屋はそうではなかった：二〇〇九年十二月ドキュメンタリー番組『Forensic Files』内でのトーマス・マコーレーの発言を引用。

77一九八四年から一九八五年の八ヶ月にわたって「J・C・ペニー」や「メイシーズ」といった店舗で販売されていた。：二〇〇五年十月二十七日、マシュー・キューンの法廷証言。

78ノコギリに張られたステッカーは、ホームヤンターのペルガメント社に行き着いた。：二〇〇五年十月二十七日、ポール・カーペンターの法廷証言。

78「この時点で、シリアル・キラーの可能性を考えました」：二〇〇九年十二月ドキュメンタリー番組『Forensic Files』内でのマシュー・キューンの発言を引用。

第四章　リック

78リックは二十一歳で、カリブ海のセント・マーチン島のリゾートとアイスクリームパーラーでピアノの演奏をしながら：二〇一七年、二〇一八年の著者によるリック・アンターバーグへのインタビュー。

79ホイットニー美術館が彼の絵画を一〇〇万ドルで購入し：一九八〇年九月二十七日発行のニューヨーク・タイムズ紙グレース・グルック記者による『Painting by Jasper Johns Sold for Million, a Record』を参照。

80一九八一年一月十五日、ある男性が病院のベッドで眠る恋人を見守っていた。：一九八七年に出版されたランディー・シルツ著『And the Band Played On』五三ページから引用。

81五ヶ月あまり後になって：一九八一年六月四日発行の『疫病率・死亡率週報（MMWR）』を参照。

81七四年のユール・コンサート出演：一九七四年十二月十二日発行のタイムズ紙に掲載された『Yule Concerts Sunday』を参照。

81七五年秋の『毒薬と老嬢』製作：一九七五年十一月十二日発行のタイムズ紙『Fall Play Scheduled』を参照。

81「ルイーズ・ネヴェルソンが当時島にいたことは記憶しているが、リック・ウンターバーグとのランチも、その日付も記憶していない」：二〇一九年十二月三日、ジャスパー・ジョーンズから著者に届いたメールから引用。

83七六年の声楽賞：一九七六年三月二十八日発行のタイムズ紙に掲載された『Thornridge Musicians Get Honors』を参照。

83一九八八年一月、ポート・カナヴェラルに停泊していた：一九八九年一月九日発行のフロリダ・トゥデイ紙エイミー・クラーク記者による『Starship Shines at Renaming Fete』を参照。

83プールデッキにある居心地の良いラウンジ：一九八九九年一月九日発行のフロリダ・トゥデイ紙に掲載された広告を参照。

83保険会社は契約者にエイズの検査を義務づけることができた：一九八九年八月七日発行のニューヨーク・タイムズ紙ブルース・ランバート記者による『AIDS Insurance Coverage Is Increasingly Hard to Get』を参照。

84「ハンティングの絵が飾られ、クラブチェアが設置され」：二〇一三年一月三十一日、ウェブサイト『The Date Lounge』に掲載された『Memories of extinct NYC gay bars』から引用。https://www.datalounge.com/thread/12412505-memories-of-extinct-nyc-gay-bars

85ガルッチォは、ただの腹いせに近所にピアノバーを作った：二〇一八年十月二十四日発行のニューヨーク・タイムズ紙マイケル・ムストー記者による『Still Clubing at 82』を参照。https://www.nytimes.com/2018/10/24/style/paul-galluccio-townhouse-gay-piano-bar.html

86ブロードウェイの曲を一〇〇〇曲ほど覚え：二〇〇二年一月二十九日発行のヴィレッジ・ヴォイス誌デビッド・フィンケル記者による『Listings』を参照。https://www.villagevoice.com/2002/01/29/listings-115/

86年末までには二〇〇〇件以上の殺人事件が発生し：The Disaster Center発行『New York Crime Rates 1960-2018』を参照。http://www.disastercenter.com/crime/nycrime.htm

86犯罪被害者となり、それを記事にしてもらいたい場合：二〇一九年二月二十六日、著者によるダンカン・オズボーンへのインタビュー。

86一九九二年には、ニューヨーク市内で一万八百人がエイズと診断された。：二〇一四年発行のHIV Epidemiology and Field Services Programによる『New York City HIV/AIDS Annual Surveillance Statistics 2014』を参照。https://www1.nyc.gov/assets/doh/downloads/pdf/ah/surveillance2014-trend-tables.pdf

86タイタニック号からの生存者の治療を経験した由緒ある聖ヴィンセント病院：二〇一〇年四月十日発行のデイリー・ニュース紙マイケル・デイリー記者による『St. Vincent's Hospital Leaving Legacy of Titanic Rescue. Reunion』を参照。https://www.nydailynews.com/new-york/st-vincent-hospital-leaving-legacy-titanic-rescue-reunion-article-1.165554

87ストレッチャーが壁沿いに隙間無く並んでいた。：二〇〇八年十二月二十五日に『Villeger』に掲載されたダンカン・オズボーンによる『20 Years Later, H.I.V. Center Still Has Its Doors Open』を参照。https://www.thevillager.com/2008/12/20-years-later-h-i-v-center-still-has-its-doors-open/

87いつものように冷たいスコッチを注文すると：二〇〇六年一月二十七日に発行されたニューヨーク・タイムズ紙ダミアン・ケイヴ記者による『As Killer Faces Sentencing. His Motive Remains Elusive』参照。https://www.nytimes.com/2006/01/27/nyregion/as-killer-faces-sentencing-his-motive-remains-elusive.html

87流行の波に乗った店だった：musicals101.comのジョン・ケンリックによる『Special Feature: Piano Bars』を参照。http://www.musicals101.com/gay11.htm

88「ショービズを狙うやつらのバミューダトライアングル」：一九九三年七月

九日発行のデイリー・ニュース紙のマイケル・ムストー記者による『Musto Gusto』を参照。
88地下のクラブは、ゲイの男性のための、まさに〝アンダーグラウンドな〟バーとなっていた：二〇一二年Globe Pequot Pressから発行されたトム・オグデン著『Haunted Greenwich Villege』の九二ページ参照。
89「私たちの店は、安全で、そして健全な選択だったんですよ」：二〇一〇年六月二十九日発行『Queerty』のQueertyスタッフによる『A Gay Bar Owner's Last Lament Before Closing the Doors Forever』を参照。https://www.queerty.com/a-gay-bar-owners-last-lament-before-closing-the-doors-forever-20100629
89「ランブル」は、かつてゲイが痛めつけられたことがある：一九七八年七月二十四日発行『New York』のダグ・アイルランド記者による『Rendezvous in the Ramble』を参照。
89トルーマン・カポーティやバレエダンサーのルドルフ・ヌレエフ：一九九七年にHoughton Mifflinより発行されたチャールズ・カイザーによる『Gay Metropolis』の一二〇ページを参照。
89九人の男性が「エヴェラード・バス」で焼死した。：二〇一七年六月十七日付のバズフィード・ニュースのドリー・シャフリール記者による『The Gay Bathhouse Fire of 1977』を参照。
89禁酒時代にはもぐりの酒場だったとの噂があった。：二〇一九年一月十八日、著者によるミッチ・カーンへのインタビュー。
通りと歩道の間に十三段の階段があり：二〇一七年三月二十三日、著者によるリサ・ホールへのインタビュー。
89歩いて店に入ると：二〇一七年八月五日、トーマス・リーガンがファイブ・オークスの簡単な見取り図を著者に見せてくれた。
90頭を軽く揺らしながら演奏をする。：一九九三年二月にyoutubeにアップロードされた『Marie Blake Sings 'Down in the Depths' at Five Oaks』を参照。https://www.youtube.com/watch?reload=9&v=wviEykwmTNs
90「歌うときは、演技も必要。聴く人たちに届けるためにね」：一九九三年十二月八日発行のニューヨーク・タイムズ紙リチャード・D・ライオンズ記者による『Marie Blake, 74, Jazz Singer and Pianist in Village for 40 Years』
90ライザ・ミネリ、シャーリー・マクレーンが訪れ：二〇一七年三月二十六日、著者によるトーマス・リーガンへのインタビュー。
90演出家のハロルド・プリンス：二〇一九年三月二十日、トーマス・リーガンから著者に送られたメールから引用。
90作曲家のスティーブン・ソンドハイムは「ファイブ・オークス」を「ヴィレッジになくてはならない場所」だと回想している：二〇一七年六月十五日、スティーブン・ソンドハイムから著者へのメールから引用。
90「二五〇人以上は数えるのをやめたわ」：二〇一七年三月二十三日、著者によるリサ・ホールへのインタビュー。
91「名前の通りの胸くそ悪い場所だ」：二〇〇八年四月二十五日のニューヨーク誌にサム・アンダーソンが書いた『The Memory Addict』を参照。https://nymag.com/arts/books/features/46475/index1.html
91ゲイのための店が集中していた：二〇〇一年六月十一日発行のニューヨーク・タイムズ紙マルシア・ビーダーマン記者による『Journey to an Overlooked Past』を参照。https://www.nytimes.com/2000/06/11/nyregion/journey-to-an-overlooked-past.html
91かつてマタシン協会が「シップイン」を行ったこともある：二〇一六年四月二十日発行のニューヨーク・タイムズ紙ジム・ファーバー記者による『Before the Stonewall Uprising, There Was the 'Sip-In'』を参照。https://www.nytimes.com/2000/06/11/nyregion/journey-to-an-overlooked-past.html
91革製品を愛する黒人男性だ。：二〇一九年にシカゴ大学出版が発行したフィオナ・アンダーソン著『Cruising the Dead River』の二一ページを参照。
92彼の屋敷があったというこの帯状の地域：二〇〇〇年オックスフォード大学出版が発行したエドウィン・G・バローズとマイク・ウォレスによる『Gotham』の五七八ページ参照。

92ろくに歩道もないような場所だった：二〇一七年七月十七日、著者によるリチャード・ラーマーへのインタビュー。

92日没から日の出までの間は、8番街より西を歩かない。：一九九七年七月六日に発行された『LGNY』のマイケル・シャーノフによる『Early Gay Activism in Chelsea: Building a Queer Neighborhood』を参照。http://8th-14th.northwestern.edu/chelsea/Gay%208th%20Ave/gay_history.htm

92サラ・ジェシカ・パーカー曰く：二〇〇八年五月十二日発行のニューヨーク誌エミリー・ナスバウムによる『Sarah Jessica Parker Would Like a Few Words with Carrie Bradshaw』を参照。

93まずは若い世代が移住し：一九九四年四月十日発行のニューヨーク・タイムズ紙マーヴィン・ハウ記者による『Gay Businesses Follow Influx of Gay People』を参照。

93年配者は様々な理由でヴィレッジに留まった。：二〇一七年七月十七日、著者によるリチャード・ラーマーのインタビュー。

93九〇〇ドルでスタジオを借りることができた：一九八四年十月十四日発行のニューヨーク・タイムズ紙カーク・ジョンソン記者による『Chelsea』を参照。

93今となっては最初のゲイ向けレストラン：一九八八年十一月四日発行のニューヨーク・タイムズ紙ブライアン・ミラー記者による『Rogers & Barbero』を参照。

93共同住宅への入居を申し込んだとしても、十年以上待つことになるかもしれなかった。：一九八四年十月十四日発行のニューヨーク・タイムズ紙カーク・ジョンソン記者による『Chelsea』を参照。

94チェルシー地区の礎となったのは、重厚な雰囲気を持つレザーバーの存在だ。：本章の大部分を占める、特にマンハッタン地区内のクイアのためのバーやクラブに関する記載は、HXの創設者であるマシュー・バンクへの複数回のインタビューによって構成されている。

94スプラッシュ・ダンサーズと呼ばれる筋肉質の美しい男たちが、まるでシャワーを浴びるように水を浴びていた。：二〇一二年九月 ZeitGayst ブログのロブ・フライドルウィックによる『The Rise & Fall of Popular New York Bar, 'Splash' (1991-2013)』を参照。https://thestarryeye.typepad.com/gay/2012/09/splash-bar-celebrates-its-21st-anniversary-september-25-1990.html

94筋肉質のバーテンダー：同右。

95「半透明のシャワー室で、筋肉質でほぼ裸の男性が踊っていた」：二〇一三年七月三十一日発行のニューヨーク・タイムズ紙ティム・マーフィー記者による『Turn the Showers Off. Splash Is Closing』を参照。https://www.nytimes.com/2013/08/01/fashion/turn-the-showers-off-splash-is-closing.html

95小説『もう一つの国』を出版する直前のジェイムス・ボールドウィン：NYC LGBT Historic Sites Project による『James Baldwin Residence』を参照。https://www.nyclgbtsites.org/site/james-baldwin-residence/

95「八〇年代に開店したバーはなかった」：二〇一七年五月三十日、著者によるマシュー・バンクへのインタビュー。

95ローカルの面々がバーテンダーと会話している様子を見て、場違いだなって思ってしまう。：二〇〇九年ウィスコンシン大学出版発行のアラン・ヘルムス著『Gay American Autobiography』二三七ページ参照。

96「狭い場所には騒がしすぎるし、煩わしい」：The Gay Sixtiesによる『Love and Marriage』を参照。http://www.nycnotkansas.com/GaySixties.htm

ニューヨーク州酒類管理局が一時的にバーを閉鎖した。：二〇一五年六月二十三日発行のニューヨークプレス誌のローガン・ヘンドリックス記者による『Candle bar goes dark』を参照。www.nypress.com/local-news/二〇一五〇六二三/candle-bar-goes-dark

96トランス女性や異性装者にとっては魅力的な場所：二〇一六年七月二十七日発行の『Paper』にマイケル・ムストーが寄稿した『10 Trans Nightlife Staples from New York City's Past』を参照。https://www.papermag.com/trans-nightlife-new-york-city-history-1946986169.html

96 派手な『妖精たち（多くは厚化粧）』：カイザー著『Gay Metropolice』の一二ページ。

97 SF作家のサミュエル・ディレイニーは、「オンブレス」の常連客の一人だった。：一九九六年二月十一日発行のニューヨーク・タイムズ紙キャリー・ゴールドバーグ記者による『Mr. Delany's Cosmic Neighborhood』を参照。

97 勤務中のセックスワーカーがバーの下でペニスを露出し：二〇一七年七月二十日、著者によるサミュエル・ディレイニーへのインタビュー。

97 客の一人は、「なんて恐ろしいんだ。あそこは悪の巣窟だった」：二〇一三年二月二日『Data Lounge』に掲載された『Memories of Extinct NYC Gay Bars』を参照。 https://www.datalounge.com/thread/12412505-memories-of-extinct-nyc-gay-bars

97「本当に、本当に最悪の場所」：二〇一七年七月十七日、著者によるリチャード・ラーマンへのインタビュー。

第五章　エディー・マレーロのトライアウト

98 午前七時三十分：二〇〇五年七月十七日、ドナルド・ギバーソンの法廷証言。「到着すると、ギバーソン氏は私のところまでやってきて、体の一部がこの先にあると証言した」：一九九三年五月十日発行の事故報告書。

99 殺害事件捜査は過去に七十五件担当し：一九九二年十一月三十日発行のアズベリー・パーク・プレス紙のフランク・アルゴフレイヤー記者の『His Work Begins When a Life Ends』を参照。

99 レイクウッドの伝統的なユダヤ人家族で育ち：二〇一九年一月七日、著者によるマイケル・モーへのインタビュー。

99 大量の血液などを目撃しても怯むことがなかった。：二〇一九年三月八日の著者によるマーク・ウッドフィールドへのインタビュー。

100 マイアミで潜入捜査官として一年間勤務したあと：二〇一九年三月八日、著者によるマーク・ウッドフィールドのインタビュー。

100 血まみれで、汚れた左腕が道路に遺棄された状態だった。：ある捜査官によって事件現場の写真が提供された。

100 腹部を水平に切断し二分割された胴体：二〇〇五年九月二十二日、アン・ナタラジャンによる法廷証言。

101 頭部はスーパーマーケットのアクメ社の袋に入っていて：二〇〇五年十月二十七日、マーク・ウッドフィールドの法廷証言。

101 死体は洗浄されたようで：二〇〇五年九月二十二日、マーク・ウッドフィールドの法廷証言。

101 右手の人差し指から親指にＬＩＮＤＡ：二〇〇五年十月二十七日、ジョージ・シゴの法廷証言。

101 左脚には細い筆記体でＦＡＳＴ　ＥＤＤＩＥ：一九九三年三月十三日発行のフィラデルフィア・インクワイアラー紙のジョン・ウェイ・ジェニングスとラリー・ルイス記者による『Could Brutal Slayings Somehow Be Linked?』を参照。

101 指紋を入手した犯罪現場捜査官は：二〇〇五年十月二十七日、ジョージ・シゴによる法廷証言。

102「マンモス郡も関係しているかもしれない」：一九九三年三月十二日発行のアズベリー・パーク・プレス紙のウィリアム・K・ハイン記者による『Police ID Body of Dismembered Man』を参照。

102「ほとんど何もわかっていないのです」：一九九三年三月十二日にＡＰ通信が報道した『Body Found by the Road Is Identified』を参照。

102 マレーロが行方不明になっていると警察に通報した人物はいなかった：ウィリアム・K・ハイン記者による『Police ID Body of Dismembered Man』を参照。

102 一九四九年五月二日にプエルトリコで生まれた：一九九三年発行の『New Jersey Death Index』参照。

102 フィラデルフィアを転々としていた：ジョン・ウェイ・ジェニングスとラリー・ルイス記者による『Could Brutal Slayings Somehow Be Linked?』を参照

103 社会保障番号は一年後に誕生した女性のものだった：二〇一九年十一月一

日に著者によるマイケル・モーへのインタビュー。

103 フェラチオをしてほしいかと聞いてきたのだ。：二〇一九年一月七日、著者によるマイケル・モーへのインタビュー。

104 この場所は様々なセックスワークの中心地だったのだ。：一九六七年八月二十七日発行のデイリー・ニュース紙フレッド・ロレッタール記者による『Court Reaps & Rejects a Bumper Crop of Prosties』を参照。

104「売春婦を集める磁石」：二〇〇四年十二月十二日発行のニューヨーク・タイムズ紙ジョナサン・ミラー記者による『For Commuters, It's Not Love at First Sight』を参照。

104「ミネソタ・ストリップ」：一九九七年六月二十日発行のニューヨーク・タイムズ紙トーマス・J・ルック記者による『A Seedy Strip Slowly Gives Way to Assaults of the Squeaky Clean』を参照。

104 ウォジナロビッチは日記のなかで：一九九七年グローブ・プレス社から発行されたデビッド・ウォジナロビッチ『The water front journals』のこと。

104 三十年にわたり、マンハッタンのミッドタウン西側は歓楽街としての役割を果たしていた。：二〇一三年にマンスリー・レビュー・プレスより発行されたジョセフ・ヴァルガ著『Hell's Kitchen and the Battle for Urban Space』を参照。

105「艦隊が街にやってくると、舐められたい水兵がタイムズ・スクエアに大挙して押し寄せてきやがる」：一九九五年ベイシック・ブックスにより発行されたジョージ・チャウンシーの『Gay New York』六六ページ。

105 豆粒ほど小さなクラックの三ドルのために：一九八九年二月二十日発行のデイリー・ニュース紙デビッド・J・クラジセック記者の『Where Chicken Hawks Get Their Prey』を参照。

105「あの時代、ニューヨーク市警察のやつらにとって、実際に逮捕して起訴するよりは、泳がせた方が都合がよかった」：二〇一八年十二月に著者がニューヨーク市警察の元幹部をインタビュー。公正さを保つため匿名を希望した。

105 バスターミナルの二階にはトイレがあった。：二〇〇一年三月三十日発行のニューヨーク・タイムズ紙トーマス・J・ルック記者による『Possible Break in Killing of Gay Men』を参照。

106 西40番通りに住んでいるアンソニーの友達：二〇〇五年十一月一日、カルロス・サンチアゴの法廷証言。

106 その辺りにはゲイバーがないので：二〇一九年一月十九日、著者によるマシュー・バンクへのインタビュー。

106「若い起業家が年配の投資家に出会う店」：一九九三年四月七日発行のゲイ雑誌「HXマガジン」参照。

106「フロアの売り上げはどうだい?」：タウンハウスでエピローグを執筆中の二〇二〇年一月十八日、ある男性がこの話を教えてくれた。彼は匿名を希望している。

107 売る側の男たちはバーの横に待機：二〇一九年一月二十四日、著者によるデール・コルヴィノへのインタビュー。

107 二人は友人として六年の付き合いがあり：二〇〇五年十一月一日、カルロス・サンチアゴの法廷証言。

108 コネチカット州ハムデンに住む男性：二〇一九年一月十五日、著者によるトーマス・ヘイズへのインタビュー。

109 しかしルイスは違った。メモを取るウッドフィールドに、自分が知っていることをすべて話していった。：二〇一九年三月八日、著者によるマーク・ウッドフィールドへのインタビュー。

110「死体は雄弁よ」：一九九四年一月五日発行のアズベリー・パーク・プレス紙のジョン・ハッセル記者による『Her Job Is to Shed Light on Death's Dark Mystery』を参照。

110 両足首には死後発生したと考えられる索痕がある。：二〇〇五年九月二十二日、ジータ・アン・ナタラジャンの法廷証言。

110 妻に臭いを感じさせないように、ガレージでスーツを脱いだそうだ。：二〇一九年三月十二日、著者によるトーマス・ヘイズのインタビュー。

111「同じやつに決まってる」：二〇一九年一月十五日、著者によるマーク・ウッドフィールドへのインタビュー。

111刑事らは捜査の初期段階で二人が顔見知りである可能性を考えた：ジョン・ウェイ・ジェニングスとラリー・ルイス記者による『Could Brutal Slayings Somehow Be Linked?』を参照。

112リストは長かった。：二〇〇五年十月二十七日のマーク・ウッドフィールドの法廷証言。

ヒスパニック系セックスワーカーをスカウトしていた：同右。

113「シリアル・キラーがいるというのに、一度も逮捕されていないのか？ そんなことが許されるのか」：二〇一九年六月十日、著者によるマーク・ウッドフィールドへのインタビュー。

115フィリーズの代理人によると、アンソニーのトライアウトの記録はないとのこと。：二〇一七年二月二十一日、ロブ・ホリデイから著者へのメールより引用。

第六章　ぶん殴られていいはずがない

116ライフルで頭部を二発銃撃された。：一九八五年三月二十二日にAP通信のマーリーン・エイグ記者による『Arrest Made in Bizarre Slaying of Modeling Student』を参照。https://apnews.com/d7b4658f49590a3f55d00dddac44528e

116オープニングナイトはアンディ・ウォーホルが主宰するパーティーだ。：二〇一六年十一月三十日発行の『Curbed』のプライヤ・クリシャナによる『From House of Worship to House of Sin: The History of Chelsea's Limelight Building』を参照。https://ny.curbed.com/2016/11/30/13769350/limelight-building-chelsea-nyc-history

116それはマンハッタン在住アート・ディーラーのアンドリュー・クリスポという小太りで巻き毛の男の影響だったと証言した。：一九八五年五月十七日のGetty imageでのロバート・ロザミリオ撮影の「アンドリュー・クリスポ」を参照。https://www.gettyimages.co.uk/detail/news-photo/andrew-crispo-in-custody-after-he-surrendered-to-face-news-photo/141769944

116クイア・コミュニティ内でサディストとして知られていた：二〇一九年一月十四日、著者によるレベッカ・ポーパーへのインタビュー。

116殺害容疑での起訴は免れたものの、翌年には脱税の罪で刑務所に送られることになった。：一九八六年二月十一日発行のユナイテッド・プレス・インターナショナル紙の『Crispo Sentenced to 7 Years for Evasion of Income Taxes』を参照。

117不安を抱えた若者は、地方検事補リンダ・フェアスタインに紹介されることになった。：二〇一九年一月十四日、著者によるレベッカ・ポーパーへのインタビュー。

117十年以上にわたって性犯罪捜査チームを率いた経験がある。：一九九〇年二月二十五日発行のニューヨーク・タイムズ・マガジンのキャスリーン・ボートン記者の『Linda Fairstein vs. Rape』を参照。

117この時もクリスポは無罪を言い渡された。：一九八八年十月十七日AP通信のサミュエル・モウル記者による『Jury Clears Art Dealer in Attack』を参照。

117「私たちにとっての成功とは、誰かが事件を真面目に取り上げてくれることだったから」：二〇一八年六月十一日に行われた、著者によるビー・ハンソンのインタビュー。

118一九八〇年三月、チェルシー在住の三人の男性が白人の子どもたちにバットで襲われた。：一九九七年プレイガー・パブリッシャーズによって発行された、アーサー・D・カーン著『The Many Faces of Gay』一七四－七五ページを参照。

118「裁判になったとしても、ゲイだとバレたら、弁護士なんて敵になる」：一九八〇年十二月二十四日発行デイリー・ニュース紙のリンジー・ヴァン・ゲルダー記者による『Alarmed Gays Finding Police a Quiet Ally』を参照。

118ピート・ハミルは、この前年に、サスペンス映画『クルージング』への抗議者たちについて書き：一九七九年八月一日、デイリー・ニュース紙に掲載されたピート・ハミルによる『It's Rough When You're Cruising' on a Censorship』を参照。

119 一九八五年から一九八九年のあいだに、地元団体によるクイアを狙った事件の報告数は、二〇四二件から七〇三一件にまで増えている。：一九九一年にセージ・パブリケーションズから発行されたグレゴリー・エム・ヘレックとケビン・T・ベリル著『Hate Crimes』の三六ページ参照。

119「このタイプの殺害事件の大多数に存在する顕著な特徴は、陰惨で、凶暴な性質である」：一九八〇年発行のB・ミラーとL・ハンフリーによる『Lifestyles and violence: Homosexual victims of assault and murder』一六九一八五ページを参照。https://doi.org/10.1007/bf00987134

120「その必要はない」と拒否した。：アーサー・D・カーン著『The Many Faces of Gay』一七五ページを参照。

120 近隣住民が共に考えます：レズビアン・ゲイ・バイセクシュアル、そしてトランスジェンダーコミュニティー・センター図書館で保管されていた、チェルシー地区ゲイアソシエーションのチラシに印刷されていた文言。

121「献身的で、あらゆる意味においてカップル」：二〇一九年三月十六日、著者によるパトリシア・クリースのインタビュー。

121「ボランティアのなかには、州や市の組織に詳しくなったメンバーもいて、一部は警察や地方検事、政府機関の職員によく知られる存在になったのです」：一九八九年十一月十六日発行の『Now Project』に掲載されたトーマス・ヴァン・フォスターによる『The Antiviolence Hotline』を参照。

121 ホットラインに過大な負荷がかかっているため、新たなボランティアが必要だとネイティブ誌が報じた。：一九八二年九月十三日発行のニューヨーク・ネイティブ紙の『Entrapment Reported Widespread in Riis Park: Hotline Looking for New Volunteers』を参照。

122 州上院議員デュエインの支援のもと：一九八三年四月十日発行のデイリー・ニュース紙のアレックス・ミシェリン記者による『Safety for Gays』参照。

122 プレスリリースでは、新しい名称と次なる野望が発表された。：一九五二年十一月十五日発行のレズビアン・ゲイ・バイセクシュアル、そしてトランスジェンダーコミュニティー・センター図書館のプレリリース内を参照。

122 週に十件以上のクイアに対する暴力事件の報告を受けるようになった。：アレックス・ミシェリン記者による『Safety for Gays』参照。

122「怒鳴りつける以外に、やり方を知らなかったんでしょう」：二〇一九年一月十四日、著者によるレベッカ・ポーパーへのインタビュー。

122 警察への働きかけは警察管区レベルからスタート：マイケル・シャーノフによる『Early Gay Activism in Chelsea: Building a Queer Neighborhood』を参照。

123 最前列に座っていた警察官：二〇一九年、著者によるデビッド・ワーザイマーへの複数回のインタビュー。

123 当時、警察はゲイから教わりたいとは考えていませんでした。：二〇一九年一月十四日、レベッカ・ポーパーとのインタビュー。この前後の証言はすべて彼女からのもの。

124 何年もの間、警官たちはグリニッジ・ヴィレッジの第六区を「ブルースの砦」と呼んでいた。：カナダのブリティッシュコロンビアにある出版社、デリ・レイ・リテラリー・プレスにより二〇一三年に出版された、ジャック・エンゲルハードによる『The Days of the Bitter End』の二〇ページ参照。

124 ゲイ・コミュニティを皮肉ってそう呼んでいたのです。：二〇一九年三月十八日、著者によるカール・ジッテルへのインタビュー。

124 警察官らの多くが、バー、クラブ、売春宿から賄賂を受け取っていると告発されていたのだ。：一九八三年一月二十二日発行のニューヨーク・タイムズ紙レオナルド・ビューダーによる『Change Pledged in Precinct Cited in Investigation』を参照。

124 ネイティブ誌の記事によると、逮捕の代替手段として：一九八三年三月二十三日発行のニューヨーク・ネイティブ紙スティーブン・C・アーヴァネッティによる『Police and Gays Talk It Out』を参照。

125 エドワード・コッチ市長事務所は、レズビアンとゲイ問題対策審議会を立ち上げた。：一九八六年十月九日に開催された、『Anti-Gay Violence: Hearing Before the Subcommittee on Criminal Justice』での発言から。https://www.ncjrs.gov/pdffiles1/Digitization/120033NCJRS.pdf

125 ＡＣＴ ＵＰの初めての抗議行動では、部下にメンバー十七人を逮捕させた。：ACT UP Historical Archiveの『ACTUP Capsule History 1987』を参照。https://actupny.org/documents/cron-87.html

125 警察がそうする場合もあったという。：二〇一九年一月九日、著者によるデビッド・ワーザイマーへのインタビュー。

126 若い女性のジャクリーン・シーファーは：二〇一九年二月一日、マンハッタン地区検察局のシアが年のスタッフに匿名を条件に様々な話を聞いた。

126 年に五〇〇件以上の性犯罪を取り扱う事務所を統括する：キャスリーン・ボートン記者の『Linda Fairstein vs. Rape』を参照。

126「刑事裁判に呼ばれた目撃者に対する取り扱いが不適切なケースが多かった」：二〇一九年三月七日、著者によるリンダ・フェアスタインへのインタビュー。

127 実際は正反対だった。：二〇一九年三月七日、著者によるアン・ノースロップへのインタビュー。

127 弁護理論には三つのパターンがあり：二〇一六年ウィリアムズ・インスティテュートのジョーダン・ブレアウッズ、ブラッド・シアーズ、クリスティ・マローリーによって発行された『Model Legislation for Eliminating the Gay and Trans Panic Defense』を参照。https://williamsinstitute.law.ucla.edu/wp-content/uploads/二〇一六-Model-GayTransPanic-Ban-Laws-final.pdf

128「下らない言い訳」：二〇一九年一月三十一日、著者によるロバート・モーゲンソーへのインタビュー。

128 あんたらなんにもわかっちゃいねえ。やられるまえにやるんだよ：一九九九年六月二十二日発行のロサンゼルス・タイムス紙ジョー・モジンゴ記者による『Man Who Killed 5 L.A. Gays in 1980s Gets Life Sentence』を参照。https://www.latimes.com/archives/la-xpm-1999-jun-22-me-48900-story.html

130 六十代中頃の上品な男性：二〇一六年ヴィンテージ・ブックス発行デビッド・フランス著『How to survive a plague』の六九ページ参照。

131 ケネディは無罪評決を勝ち取った。：二〇一九年三月一日、著者によるデビット・ワートハイマーへのインタビュー。

131 イェール大学神学科で講師を務めていたデビッド・ワートハイマー：一九八五年十月二十八日発行のニューヨーク・ネイティブ紙の『Anti-Violence Project Hires New Executive Director』を参照。

131 同性間によるドメスティック・バイオレンス・プログラム：一九八六年十一月一日発行のニューヨーク・ネイティブ紙の『Gay Domestic Violence Program Announced』を参照。

131 一九八六年の最初の七ヶ月間：『Anti-Gay Violence: Hearing Before the Subcommittee on Criminal Justice』での発言から。

132 アメリカ全土でゲイとして成長している若者：一九八六年七月五日ＡＰ通信が伝えた『Sodomy Ruling Spurs New York Rally』を参照。

132 コニャーズがゲイ・コミュニティを代表する活動家だとは思わないけれど：二〇一九年三月二十一日、著者によるケビン・ベリルへのインタビュー。

132 メイン州に住んでいたのは、ロバートだった。：『Anti-Gay Violence: Hearing Before the Subcommittee on Criminal Justice』での発言から。

135 同性愛者に対する攻撃は、彼らが市民権を求めるために声を上げたこと、エイズの蔓延が広く認知されたことにより、過去三年において国内で急激な増加傾向にある。：一九八六年十一月二十三日発行のニューヨーク・タイムズ紙ウィリアム・グリアー記者による『Violence Against Homosexuals Rising, Groups Seeking Wider Protection Say』を参照。

135 九月に法曹協会が：一九八七年九月七日発行のニューヨーク・ネイティブ紙の『American Bar Association Condemns Anti-Gay Violence』を参照。

135「警察内に同性愛者はいらないし、地域社会にも必要ない」：一九八七年三月二十日に発行されたデイリー・ニュース紙のラリー・セローナとルース・リンダ記者による『Cop Units Hit Gay Recruitment』を参照。

135「悪意と偏見に満ちた言葉による暴力行為である」：一九八七年五月二十日発行のデイリー・ニュース紙ルーベン・ロサリオ記者による『Gays Hit Recruitment Critics』を参照。

136「薄汚れたエイズ野郎」、「ホモ野郎」：一九八七年九月二十六日発行のユナイテッド・プレス・インターナショナルの『Anti-Gay Violence Escalates』を参照。

136暴力が一気に急増するきっかけになったとされる：一九九一年コロンビア大学出版発行のゲイリー・デイビッド・コムストック著『Violence Against Lesbians and Gay Men』の二一八ページ参照。

136マイケル・グリフィスという名の二十三歳の黒人男性：一九八八年六月二十三日発行のニューヨーク・タイムズ紙ジョセフ・P・フライドによる『Howard Beach Defendant Given Maximum Term of 10 to 30 Years』を参照。

136反同性愛暴力の容認になってしまう：一九八七年七月一日デイリー・ニュース紙アダム・ナゴーニー記者による『Crime Bill Stalls』を参照。

137ベトナム戦争帰還兵ジェイムズ・ザッパロルティ殺害事件：二〇一四年十一月八日発行のスタテン・アイランド・アドバンス、ジム・スミス記者の『Killed for Being Gay: Jimmy Zappalorti's Death. Nearly 25 Years Later』参照。https://www.silive.com/gaylesbianlife/2014/12/killed_for_being_gay_jimmy_zap.html

137真面目なゲイで、変質者ではなかった。：一九九〇年一月二十六日発行のデイリー・ニュース紙のメアリ・エンゲルスとデビッド・J・クラジセックによる『Rage over S.I. Slaying』を参照。

137フォアマンは一九九〇年一月に採用され：一九九〇年十一月十五日発行のニューヨーク・ネイティブ紙の『Anti-Violence Project Announces New Director』を参照。

138この年の七月、二十九歳でゲイのプエルトリコ人、フリオ・リベラが三人の男に襲われ：一九九〇年十一月十四日発行のニューヨーク・タイムズ紙ジェームス・バロン記者の『2 Charged in Slaying of Gay Man』を参照。

138「フェラチオ野郎を殺した」：一九九一年四月八日発行のニューヨーク誌エリック・プーリー記者による『With Extreme Prejudice』を参照。

138「これほど典型的な、ゲイを敵視した事件もないでしょうね」：一九九一年十一月三十日フィラデルフィア・インクワイアラーのアンドリュー・マイクス記者による『Rising Tide of Anti-Gay Violence』を参照。

139我々のコミュニティに対する義務だと感じていたわけです：二〇一九年三月二十日、著者によるビー・ハンソンへのインタビュー。

139トーマス・マルケイヒー殺害事件後：オズボーンによる『too little』参照。

140パイがあったとしよう。八等分に分けられていて：二〇一八年十一月十九日、著者のスティーブン・コラントニオへのインタビュー。

140カーリーヘアで首の太い捕食者：二〇〇四年四月二十八日発行のゲイ・シティー・ニュース紙のアーサー・S・レオナルド記者の『AVP Wins a Round with Bowen』参照。https://www.gaycitynews.com/avp-wins-a-round-with-bowen/

140二人は簡単なターゲットだったはずです：二〇一七年六月十一日、著者によるマット・フォアマンへのインタビュー。

141秘められた憎悪：二〇一八年六月十一日、著者によるビー・ハンソンへのインタビュー。

第七章　また会おう

142午後十時半、大勢の常連客が誕生パーティーのために集まっていた。：パーティーの詳細は一九九三年八月十一日に記録された警察の報告書を参考にした。

142「大騒ぎだったよ」：二〇一九年二月二十二日、著者によるグレゴリー・フェンホールドへのインタビュー。

142「本物の味覚の喜び」：一九五二年三月二十三日発行のブルックリン・デイリー・イーグル誌のアル・サレーノによる『Night Life』参照。

143ニーナ・シモンが客を連れてやってきて：一九七六年十一月九日発行のデイリー・ニュース紙のアルトン・スレイグル記者による『Suburbia Slowly

Erodes All Those Savings』を参照。

143 一九七六年、ノーマンドは「ファイブ・オークス」を常連に近い客三人に売却した。：二〇一七年三月二十六日、トーマス・レーガンによって「ファイブ・オークス」の歴史が著者に伝えられた。

144 午後十一時三十分、ホールは数曲歌い：二〇一九年四月七日、著者によるリサ・ホールへのインタビュー。

144 月曜以外：一九九三年八月十一日の警察による報告書を参照。

145 私以上に彼と時間を過ごしている人間はいなかった：二〇〇五年九月二十一日、リサ・ホールによる法廷証言。

146 茶色いガラスのような目：一九九三年八月十一日の警察による報告書を参照。

146 他の常連客たちもその男とバーで会ったことがあり：二〇〇五年九月二十一日のトーマス・オブライエンによる法廷証言。

147 ニューヨーク・タイムズ紙の編集者：二〇〇五年九月二十一日、ドナルド・パーソンズによる法廷証言。

148 ホールとマリー・ブレイクは「ファイブ・オークス」を出て、一緒にタクシーに乗った。：二〇〇五年九月二十一日、リサ・ホールの法廷証言。

149 わずか一日後の七月三十一日の午前七時：二〇〇五年九月二十一日、スティーブン・コラントニオの法廷証言

149 男はそれを持ち帰ろうと考えたが：二〇〇五年九月二十一日、スティーブン・コラントニオの法廷証言。

149 その日の朝、彼はコーヒーを飲むためにトラックを停め：一九九三年十月七日、ロナルド・コランドリアからの事情聴取を参照。

149 コランドリア一家は一九四三年からその場所でホットドッグを売っていた。：一九七二年八月二十七日発行のロックランド・ジャーナル・ニュース紙ジョン・ダルマス記者による『Frankly Speaking. He's a Hot Dog Man』を参照。

150 自分のごみ箱を勝手に使った人物の残したごみを芝生の上に捨ててやろうと考えたのだ：二〇一八年七月十四日、著者によるニコラス・セオドスへのインタビュー。

150 それらも二重の袋に入れられていた。：二〇〇九年十二月、ドキュメンタリー番組『Forensic Files』内での、マシュー・キューン刑事の発言を参照。

150「とてもきれいに、均等に切られていた。牛肉を処理するみたいに」：一九九三年八月十一日に発行のロックランド・ジャーナル・ニュース紙ヘンリー・フレドリック記者による『Body Parts Found in Haverstraw』を参照。

150 本件自体、彼らの担当ではなかった：二〇一九年二月二十七日、著者によるスティーブン・コラントニオへのインタビュー。二〇一八年から二〇一九年のあいだに、コラントニオは著者による電話や対面でのインタビューに何度も応じてくれた。彼の記憶が八章と九章の執筆の土台となった。

151 十三キロしか離れていないナニュエットに住んでいたからだ。：一九八八年四月十四日発行のジャーナル・ニュース紙の『Engagement/Wedding』欄参照。

151 刑事司法で学士号を取得：一九八九年六月十五日発行のジャーナル・ニュース紙の『Long Island University: Candidates for Graduation』を参照。

151 何年も空手を学び：一九九〇年五月九日発行のジャーナル・ニュース紙ヘンリー・フレドリック記者の『Karate Expert a Champ with Students, Too』を参照。

151「前の晩に捨てられたはずですよ」：一九九三年八月十一日発行のロックランド・ジャーナル・ニュース紙ヘンリー・フレドリック記者による『Body Parts Found in Haverstraw』を参照。

152 マイケルは七ヶ月前まで男性と同棲していた：一九九三年八月十一日発行のロックランド・ジャーナル・ニュース紙ヘンリー・フレドリック記者による『Body Parts Found in Haverstraw』を参照。

153「逆回しに調べるんだ」：二〇一九年三月二十八日、著者によるスティーブン・コラントニオへのインタビュー。

153 マイケルはオハイオ州ヤングスタウンに一九三七年九月十九日に生まれた。：Ohio Department of Health State Vital Statistics Unit発行の『Index to Annual Births, 1968-1998』参照。

153 マイケルが生まれて数年後に購入した家だった。：一九四〇年五月二十六日にサカラ家が家を購入したという記録が、マホーニング郡の記録に残っている。

154 工作機械を取り扱っていた。：一九九四年六月三十日発行のヴィンデケーター紙の『Michael Sakara 87年』を参照。

154 強盗の罪で収監されていた：一九二七年十二月八日発行のマンスフィールド・ニュースの『Reformatory Arrivals Boost Population』を参照。

154 着ていく服がなくて恥ずかしかったことも、学校を辞めた理由のひとつだった。：二〇一九年五月十日、著者によるマリリン・サカラへのインタビュー。

154「ドメスティック・バイオレンスに加担したことがある」：二〇一七年から二〇一九年の間に、マリリン・サカラは何度も著者のインタビューに応じてくれた。本章におけるマリリンの発言はすべてインタビューの内容から引用している。

155「不機嫌なクソ親父」：二〇一九年二月二十二日、著者によるリチャード・ジョンスコへのインタビュー。

155 ヤングスタウンでは黒人居住区がブルドーザーで破壊：二〇一三年六月十八日発行のハンプトン・インスティテュートのショーン・ポージー記者による『America's Fastest Shrinking City: The Story of Youngstown, Ohio』を参照。https://www.hamptoninstitution.org/youngstown.html#.XmajdZNKjOR

155 彼はとっても脚が長かった。：二〇一七年八月八日、マリリン・サカラの発言。

156 彼は、彼の母によると「ハンサムな男」だったからだ。：二〇〇二年六月二日発行のスター・レッジャー紙マーク・ミュラー記者による『Five Slayings, a Suspect, and a Long Search for Proof』を参照。

156 マイケルはサウス高校のアカペラ合唱団と演劇部に入っていた。：サウス高校年鑑一九五四年の七七、七八、七九ページ。

157「肝が据わっていた」：二〇一九年六月十九日、著者によるマーク・ジゴリスへのインタビュー。

157 マイケルが普通の男性ではないと気づいていたんです：二〇一九年三月二十九日、著者によるロジャー・ダンチーズへのインタビュー。

158 実際に、サタデー・イブニング・ポスト誌はこの町を「犯罪の町USA」と名付けたほどで：二〇〇〇年一月十日発行のニュー・リパブリック紙のデービッド・グラン記者による『Crimetown USA』を参照。

158「ブラック・ヤングスタウン」：ポージーによる『America's Fastest Shrinking City』参照。

158 当然のように、ヘテロセクシュアル以外の人間の住む場所はなかった。：二〇一九年五月一日、著者によるショーン・ポージーへのインタビュー。

158「繁栄する小さなメトロポリス」：二〇一九年四月十五日、著者によるダール・チンタンへのインタビュー。

159「デイトンの同性愛者の人口は増加傾向にある」：一九六五年三月三十一日発行のジャーナル・ヘラルド紙ジェシー・ドナヒュー記者による『Dayton Population of Homosexuals Reported Rising』を参照。

160 町で初めて営業許可を得たゲイバーだった。：二〇一九年五月二十四日、著者によるダール・チンタンへのインタビュー。

160「本当によくある安酒場という感じでした」：二〇一九年五月二十四日、著者によるマイク・リプスキーへのインタビュー。

161 パトロール警察官二名が銃撃された。：二〇〇八年四月六日発行のヴィンディケーター紙のパトリシア・ミーデ記者による『Remembering the Rage』参照。https://www.vindy.com/news/2008/apr/06/remembering-the-rage/

161 翌年には、白人の店主が妊娠した黒人女性を殴ったと追及され、暴動が起きた。：二〇一六年三月七日発行のビジネス・ジャーナル誌ジョシュ・ミード記者による『Flashback: Remembering Jim Crow in Youngstown』参照。https://businessjournaldaily.com/flashback-remembering-jim-crow-in-youngstown/

162 暴力が蔓延し始める：同右。

162ヒルマンの住民たちは逃げ、商店は閉まった。：二〇一九年三月二十四日、著者によるショーン・ポージーへのインタビュー。

162一九一七年に完成したダム湖である。：二〇一三年三月十四日発行のマホーニング・ヴァリー・ヒストリカル・ソサイエティーの『The Flood of 1913』を参照。

163「彼はヤングスタウンには大きすぎたんだ」：二〇一九年三月二十九日、著者によるロジャー・ダンチーズへのインタビュー。

164「分限免職」で除隊した：二〇一九年三月に著者にthe National Archives and Records Administrationより提供された、マイケル・サカラの軍歴を参考にした。

164ゲイの男性は脅迫を受けやすく、それ故、国家安全上の脅威と見なされていた。：二〇〇九年発行のジャーナル・オブ・ホモセクシュアリティ誌（56. no. 6）に掲載されたG・ディーン・シンクレアによる『Homosexuality and the Military: A Review of the Literature.）』の七〇一－一八ページ。https://doi.org/10.1080/00918360903054137

164「分限免職」は、しばしばクイアを意味した。：二〇一六年十一月十九日発行のワシントン・ブレードのクリス・ジョンソン記者による『91-Year-Old Gay Veteran Sues to Update Discharge to 'Honorable'』を参照。。https://www.washingtonblade.com/2016/11/19/91-year-old-gay-veteran-sue-to-update-discharge-to-honorable/

164その月、彼は詳細不明の「わいせつ行為」で逮捕された：二〇一九年三月二十八日に捜査官から機密文書の提供があり、確認した。

164一九八〇年にその建物がコープアパートになったとき：二〇一九年四月十二日、ブレント・コックスから著者にメールが送られ、確認。

165私たちの出会いはとても居心地が悪くて、緊張したものだった：ブログ『ハグフィッシュ・クロニクル』二〇〇六年十二月十三日のエントリ。アン・マレーによる『Michael J. Sakara, One of an Endangered Species』を参照。http://hagfishchronicles.blogspot.com/2006/12/michael-j-sakara-one-of-endangered.html　マレーのブログは二〇〇四年九月九日から二〇一三年三月十四日まで八年以上にわたってポストが続いていた。

167二〇一六年、アンはホスピスで亡くなっている。：二〇一六年九月二日発行のシッペンスバーグ・ニュース・クロニクルの『Obituary: Ann Murray』を参照。https://www.shipnc.com/obituaries/article_f9558d10-705b-11e6-9d49-af227aa05d44.html

168「マイケルが現れると、パーティーが始まるんだ」：二〇一九年三月二十九日、著者によるロジャー・ダンチーズへのインタビュー。

169一九八四年なかばに保険福祉省が発表した死者数は：一九八四年七月十七日発行のヴィンディケーターの『N.Y. Victim of AIDS Treated at Hospital』を参照。

169英雄も存在した：二〇一九年、著者によるショーン・ポージーへのインタビュー。

170一週間後、困惑したバフィンはデイリー・ニュース紙に無実を訴えた。：一九九三年八月六日発行のデイリー・ニュース紙のリンダ・イグレシアス記者の『Slain Gay's Ex a Suspect』を参照。

171エヴァ・プライヤー：元警察官のスティーブン・コラントニオのメモ書きを参照。

172誰とでも話すことができましたからね：二〇一七年四月七日、著者によるジョン・ゴーマンへのインタビュー。

172彼はタイプライターに似た装置を使って仕事をしていた。：二〇一九年四月三日、著者によるフランク・ロマーノへのインタビュー。

173「思想家であり、哲学について議論するような男性」：ある捜査官の日付なしのメモ書きにあった、マイケルの同僚の言葉。

173マリリンはごみが山積みとなっていく様子を目撃した。：二〇一五年七月十三日発行のタイム誌ジェニファー・ラトソン記者による『Why the 1977 Blackout Was One of New York's Darkest Hours』を参照。https://time.com/3949986/1977-blackout-new-york-history/

174「私たちの出会いは、二時間もなかったと思うわ」：二〇一七年八月八日、著者によるカレン・ゲイロードへのインタビュー。

174しかし、内容があまりにも強烈なものだったため、馴染めなかった。：二〇一九年四月七日、著者によるリサ・ホールへのインタビュー。

177地元で育ち、一九四六年にハーバーストロー高校を卒業したズギベは：ジャーナル・ニュース紙の『Frederick T. Zugibe Ph.D., M.D.』を参照。https://obits.lohud.com/obituaries/lohud/obituary.aspx?n=frederick-t-zugibe&pid=166840542&fhid=17075

177数年後の証言でズギベは、頭蓋骨が複数に砕けている様子を、卵を割った時の状態に喩えて説明している。：二〇〇五年九月二十一日、フレデリック・ズギベの法廷証言。

178ジャーナル・ニュース紙に検死官が語ったところによると：一九九三年八月三日発行のジャーナル・ニュース紙スティーブン・ブリトン記者の『Man Beaten Before Butchering』を参照。

第八章　ラストコールの殺人鬼

179マイケル・サカラ殺人事件の捜査が始まって三日が経過していた。：二〇一八年から二〇一九年の間に、著者はスティーブン・コラントニオに複数回のインタビューを行った。そこで、サカラ事件捜査の記憶を呼び起こす作業を行った。

179どこで殺害されていてもおかしくない：一九九三年八月三日発行のニューズデイ紙のラッセル・ベン・アリとウィリアム・K・ラッシュバウム記者による『Grisly Slayings Linked? Body Parts Found in Trash』を参照。

180一九八一年の年間最優秀州警察官：ニュージャージー州警察による資料。https://www.njsp.org/trooper-of-year/1980s.shtml

180ハイタイムズ誌は：二〇一八年から二〇一九年にかけて、著者はニコラス・セオドスのインタビューを四回に分けて行った。

180ニュージャージー州イーストオレンジで発生した連続強姦魔の逮捕にも関わっている。：一九九二年四月十四日発行のニューヨーク・タイムズ紙チャールズ・ストラム記者による『Paroled Rapist Charged with Killing 5 Women in New Jersey』を参照。

181例えばハーバーストロー郡の捜査官は一年しか経験がなかった。：フランク・アレッシオのLinkedIn: https://www.linkedin.com/in/frank-alessio-6a123245/

181あるグループはマルケイヒーとサカラが関連しているのではと言った：二〇一九年三月三十一日、著者によるスティーブン・コラントニオへのインタビュー。

182「俺のなかでは、それはまったく疑いようもないことでしたよ」：二〇一九年六月十日、著者によるマーク・ウッドフィールドのインタビュー。

182フィラデルフィアで目撃されたというピーターの幻影：二〇一八年七月十四日、著者によるニコラス・セオドスへのインタビュー。

183八月四日、捜査本部は捜査を開始した。：本章の詳細は、ニコラス・セオドスによって連日、記された捜査日誌からの引用がほとんどである。

183本部にはプッシュホン、食べかけの食事：一九九三年十月二十四日発行のジャーナル・ニュース紙ジェームス・ウォルシュ記者の『Tracking a Killer』を参照。

183数週間で犯人を拘束できるだろうと思っていました。：二〇一九年五月二十日、著者によるニコラス・セオドスへのインタビュー。

183犯人はミスを犯してもいた。：二〇一九年七月十日、著者によるマーク・ウッドフィールドへのインタビュー。

183黒いTシャツと黒いパンツを穿いたマイケルが、ブリーフケースを小脇に抱え、「ファイブ・オークス」から男性とともに出てきた場面を目撃していたのだ。：一九九三年八月五日、捜査本部によるユージーン・ウィリアムスへの事情聴取。

183看護師で、名前はマークだとリサは証言した。：二〇〇五年九月二十一日、リサ・ホールの法廷証言。

183興味深く、信頼できる証言：二〇一九年七月十八日、著者によるジャック・レプシャへのインタビュー。

183その日の早朝、彼とウィリアムスを含む複数の仲間が、「ファイブ・オークス」の前でたむろしていた。：一九九三年八月七日、捜査本部によるロバート・スミスへの事情聴取。

185クソ野郎を捕まえたいだけ：二〇一九年三月十四日、著者によるドナ・マルケンゾスへのインタビュー。

186セックスワーカーは最高の証言者だ。：二〇一九年六月十一日、著者によるドナ・マルケンゾスへのインタビュー。

186腐敗臭だ。：二〇〇五年十一月二日、ジェームス・ベニンソンによる法廷証言。

187本事件で最も注目される記事が掲載された。：フィッシャーによる『Threads』を参照。

187当時若手だった記者が：二〇一九年六月十三日、著者によるイアン・フィッシャーへのインタビュー。

187ゲイの男性とレズビアンはそれまでもずっと殺害されてきていましたが：一九九三年八月七日発行のフィラデルフィア・インクワイアラー紙のテレンス・サミュエル記者による『Threat of Serial Killer Stirs Anger in Gay Community』を参照。

188「楽しい時間を過ごしたい？」：一九九三年八月九日発行のデイリー・ニュース紙のマイク・マッカーリー記者による『He's the Last Call Killer』を参照。

190赤いペンキに漬けた人形：二〇一九年九月十三日、マット・フォアマンから著者へのメールから参照。

190フォアマン、ケリー署長、ディンキンス市長：一九九三年八月十日にAP通信のカレン・マシューズ記者が配信した『Gay Community Concerned. Not Panicked. by Serial Murder Reports with AM-Gay Stalker-List』を参照。https://apnews.com/badd8f2c997a012d569c9f0874c99ec8

190ゲイのシリアル・キラー：一九九三年八月九日発行のニュースデイ紙のウィリアム・K・ラッシュバウムによる『2 Recall Man in Gay Bars' Killer Hunt』を参照。

191君の名は『ラストコールの殺人鬼』だ。：マッカリーの『Last call Killer』を参照。

191地下鉄で誰かがデイリー・ニュース紙を読んでいた。その姿を見た「ファイブ・オークス」のリサ・ホールは泣き崩れた。：二〇一九年七月二十七日に放映された『Mark of the Killer』のシーズン一、エピソード二『The Last call Killer』を参照。

192曖昧で不気味な脅威：二〇一九年十月五日、著者によるマット・コラギウリへのインタビュー。

192「誰もが怖がっていた」：一九九三年八月十日発行のサンフランシスコ・イグザミナー紙のグレッグ・B・スミス記者による『N.Y. Gays Help Cops Track Serial Killer』を参照。

192こんなことは決して起きなかったから：一九九三年八月十一日発行のシカゴ・トリビューン紙のリサ・アンダーソン記者による『Grisly Deaths of Gays Raise Fear of Stalker』を参照。

192我々が袋を二重にするのは、同じ理由からだ：二〇〇五年九月二十一日、フレデリック・ズギベによる法廷証言。

194ナット医師のオープンなやり方に慣れていて：二〇一九年六月十八日、著者によるジャック・ラプシャへのインタビュー。

194「なぜ情報開示が必要なんだ？」：二〇一九年三月二十日、著者によるニコラス・セオドスへのインタビュー。

194セオドス刑事はロックランド郡刑事部長のピーター・モダッフェリに救いを求めた。：二〇一七年六月九日発行のジャーナル・ニュース紙のスティーブ・リーバーマン記者による『Rockland's Chief Detective Retiring After 45 Years Investigating Murders, Corruption』を参照。https://www.lohud.com/story/news/local/rockland/2017/06/09/rocklands-chief-detective-retiring-after-45-years-investigating-murders-corruption/373344001/

195モダッフェリは笑わなかったが、苦労してその笑いをかみ殺さねばならなかった。：二〇一九年六月五日、著者によるピーター・モダッフェリへのインタビュー。

195ズギベはニューヨーク・タイムズ紙が太腿に巻き付けられているのを見つけた。：二〇〇五年九月二十一日、フレデリック・ズギベによる法廷証言。

197新聞は「知的で、洗練された詐欺師。被害者を死へと誘うためなら数時間も語り合う」というイメージを作り上げた。：一九九三年八月二十一日発行のニュースデイ紙ウィリアム・K・ラッシュバウム記者による『Serial Slayer's Profile Killer Preying on Gays Called Smart, Cunning』を参照。

197「風変わりな人物だった」：二〇一九年八月二十一日、著者によるジャック・ラプシャへのインタビュー。

199子どもたちと一緒に、犯人の似顔絵を封筒に入れる作業をした。：二〇〇九年十二月、ドキュメンタリー番組『Forensic Files』内でのマシュー・キューン刑事の発言を参照。

199「『ファイブ・オークス』で、私を題材とした曲が演奏されていたのを覚えていますよ」：二〇一九年六月十日、著者によるマーク・ウッドフィールドへのインタビュー。

200「テクニカルアドバイザーのような存在でしたね」：二〇一八年六月二日、著者によるジャック・ラプシャへのインタビュー。

200「タウンハウス」と「ファイブ・オークス」には来店したと噂されていた。：二〇〇九年十二月、ドキュメンタリー番組『Forensic Files』内での、マシュー・キューン刑事の発言を参照。

201ピアースの読みだった。：二〇一八年六月十八日、著者によるレイモンド・ピアーズへのインタビュー。

201一定量の心的ストレスを与えることで：二〇一九年六月二十一日、著者によるレイモンド・ピアーズへのインタビュー。

202「人間は奇妙な理由で奇妙なことをする生き物だからですよ」：同右。

取り調べを担当していた捜査官の一人は：二〇一九年六月十八日、著者によるジャック・ラプシャへのインタビュー。

203デビッド・バーコウィッツの存在は、誰の記憶にも鮮明だったようだ：二〇一五年八月十日発行のタイム誌リリー・ロスマン記者による『How the Son of Sam Serial Killer Was Finally Caught』を参照。https://time.com/3979004/son-of-sam-caught/

204「（ホランドを）除外するために、できることはすべてやった」：二〇〇九年十二月、ドキュメンタリー番組『Forensic Files』内でのマシュー・キューン刑事の発言を参照。

204「僕の人生のなかでも、奇妙な時期でしたね」：二〇一九年六月二十四日、著者によるトニー・プラザへのインタビュー。

207「髪型が似てると思う」：二〇〇五年十一月二日、リサ・ホールによる法廷証言。

207ウッドフィールドには謎に満ちた加害者について確信していることがあった。：二〇一九年六月十日、著者によるマーク・ウッドフィールドへのインタビュー。

208結論に飛びつきたくはないですよ：二〇一九年六月十八日、著者によるジャック・ラプシャへのインタビュー。

209「自分で描いたほうがマシだったわ」：二〇〇五年九月二十一日、リサ・ホールによる法廷証言。

210病気で倒れてしまったマリー・ブレイクと交互に演奏していた。：二〇一九年二月二十三日、著者によるケビン・フォックスへのインタビュー。

212「この殺人者の特徴は、遺体遺棄が巧妙だということです」：二〇〇九年十二月、ドキュメンタリー番組『Forensic Files』内でのマシュー・キューン刑事の発言を参照。

第九章　看護師

213君も付き合う人は選んだ方がいいよ：二〇〇五年十月二十八日、マシュー・キューンによる法廷証言。

213 ブリットは、この男をとても気に入り、交際がはじまったという。：二〇一九年にイギリス人看護師は著者によるインタビューを受けてくれたが、匿名を希望している。

214 由緒あるこの病院が、三〇〇人の看護師を新規雇用しはじめた時期：二〇〇一年フェニックス・パブリッシングより発行された、マージョリー・グラ・ルイスとシルヴィア・バーカーによる『The Sinai Nurse』一三四ページを参照。

214 勤務しはじめた年、五月に一度病欠し：リチャード・ロジャースの生活に関する詳細は、裁判に向けて捜査官らが準備した書類を参考にしている。この資料はロジャースの個人的なカレンダー、仕事用カレンダー、クレジットカードの使用歴、休暇を記録したスライドなどを基に制作された。

215 十年ぶりの同窓会だったのだ：二〇〇四年一月二十日にオーシャン郡検事局事務所からホン・ジェイムス・チッタに送られた書簡を参照。

216 リチャード・ウェストール・ロジャース・ジュニアはマサチューセッツ州プリマスで一九五〇年六月十六日に生まれた。：Department of Public Health. Registry of Vital Records and Statistics. Massachusetts Vital Records Index to Births [1916-1970]を参照。

216 父は五十代後半のロブスター漁師で：二〇〇一年六月三日発行のデイリー・ニュース紙のリチャード・ウィアーとアリス・マッカラン記者による『Putting Together Puzzle of Polite Nurse as Slayer』を参照。https://www.nydailynews.com/archives/news/putting-puzzle-polite-nurse-slayer-article-1.901577

216「とにかく普通の目立たない人だった」：二〇一七年三月五日、著者によるジョン・フィルブラウンへのインタビュー。

216 シャワー室に閉じ込められて水を浴びせられたことがあった。：二〇一七年四月二十六日、著者によるスティーブ・ヘイズへのインタビュー。

216 ゲイの子どもは、「迫害」されていた：二〇一七年四月二十六日、著者によるジョアン・リーグへのインタビュー。

216 フレンチ・クラブに属する数少ない男子：一九六八年発行の『Palm Echo』一二六ページ。

217 リチャードが男子学生寮「ウォフォード・ホール」に入居したときは：二〇二〇年一月三十日、ドウリング・ワットフォードからのメールから引用。

217 彼はいつも一人で：二〇一九年七月三日、著者によるリチャード・ブレスフォードへのインタビュー。

218 そこから追放された形の学生：二〇一九年八月十四日、著者によるドウリング・ワットフォードへのインタビュー。

218 統一メソジスト教会がキャンパスで年次会議を開いた：一九六九年六月四日に発行されたセント・ピッツバーグ・タイムスの『Methodists. Both Black and White. Join Hands』を参照。

218 リチャードは変わり者だったが、他の生徒からつまはじきにされることはなかった。：二〇一九年八月十三日、著者によるダイアン・バウムへのインタビュー。

218「僕だって孤独は身に覚えがあるよ。それにしたってさ……」：二〇一七年二月十七日、著者によるジェフリー・クラインのインタビュー。

218 最初のルームメイトはニュージャージー出身のドナルド・カバリー。：二〇一九年一月二十八日、著者によるドナルド・カバリーへのインタビュー。

220 リチャードは一九七二年にフランス語の学士号を取得して大学を卒業した：一九七二年発行の『Interlachen』を参照。

220「大学とは自分が本来の自分になれる場所」：二〇一八年秋に発行のサザン・ニュース『Mapping the future』参照。

220 魅力ある人物でしたよ：二〇一九年八月十九日、著者によるリン・デニスへのインタビュー。

220 イベントを主宰することにも意欲的だったから：二〇〇一年六月三日発行のスター・レジャーのジョナサン・カシーノとマーク・ミューラー記者による『The Friendly Man and the Frightening Crimes』参照。

220 デイトナ・ビーチのゲイバーで最後に目撃された若い男性：一九八二年四

月二十一日発行のオーランド・センティネル紙『Police Seek Help to Identify Body』参照。

220 二十二歳のピエーロは元妻に会いに行く途中だった。：同右。

221 死亡する数週間前、公園のベンチで寝ていたこと、大麻を所持していたことで警察の記録にわずかに残っている。：一九八二年十二月二日発行のオーランド・センチネル紙レスリー・ケンプ記者による『Murder Victim Identified as Man Who Helped Start Center for Teens』を参照。

221 この事件は解決に至っていない：二〇一九年十一月二十二日、マシュー・シーファー警部補から著者へのメールの内容から。

221 心臓手術から回復中の子どものケアをする六人の看護師の一人となった。：二〇一九年八月二十二日、著者によるランドール・グリッペへのインタビュー。

223 部屋からは掃除機の音が常に聞こえてきていた。：ウィアーとマッカラン記者の『Putting together puzzle』参照。

223 そこには年配の客が多く：一九九一年十二月二十六日発行の『HX』を参照。

223 まさにリチャード好みの店だった。：二〇〇五年十一月三日、トーマス・オブライエンの法廷証言。

223 当時景気のよかった：二〇〇九年七月三十一日のCNNMony.comのアレクサンダー・ツイン記者による『Dow Ends Best July in 20 Years』を参照。https://money.cnn.com/2009/07/31/markets/markets_newyork/index.htm

226「愉快な人でしたよ」：二〇〇五年十一月三日、リック・ウンターバーグの法廷証言。

227 セカンドキャリアが投資銀行：二〇二〇年初頭、サンディ・ハローと著者は何度か会話を交わしている。当時、彼はアッパーイーストにあるリハビリ施設にいた。七十代後半になると、著者に対して、銀行の前職は牧師だったと告白した。

227「その年の、最も暑い一日でした」：この夜のことと、裁判の内容については、訴訟事件一覧表8R0085036より引用している。

233「まるで自由な楽園でしたよ」：二〇一九年九月十二日、著者によるジョン・マーフィーへのインタビュー。

242 翌日、裁判官は判決を下した。：二〇一九年九月、ローズ・マクブレイン裁判官は著者に、この裁判のことは記憶にないと言った。

243 大人の患者を担架に担ぎ上げることができる：二〇一八年九月十七日、著者によるマイケル・モーのインタビュー。

245「厳しい状態だった」：二〇一九年六月二十四日、著者によるトニー・プラザへのインタビュー。

245 マウント・サイナイ病院でマリー・ブレイクが亡くなった：リチャード・D・ライオンズ記者による『マリー・ブレイク』参照。

246「人は私を伝説と呼ぶけれど、自分でもそうかもしれないって思いはじめているの」：一九九三年六月十七日発行のデイリー・ニュース紙ワイマン・ウォン記者による『She's the Village's Long-Playing Pianist』を参照。

246 ニュージャージー州の教師が行方不明になったとき：一九九四年三月九日発行のフィラデルフィア・インクワイアラーのジョン・ウェイ・ジェニングス記者の『Teacher's Disappearance Stirs Attention of Police Investigators』参照。

246 二十四歳のジェイムス・ルーテンバーグ：二〇一九年七月二十五日、著者によるジェームス・ルーテンバーグのインタビュー。

247 半径五から六ブロック内にある：一九九四年九月四日発行のニューヨーク・タイムズ紙ブルース・ランバート記者の『Gay Bar Shut in Loop』参照。

248 写真の上には「ＴＨＥ ＳＴＡＬＫＥＲ」の文字が配置されていた。：一九九四年三月十日発行のマンハッタン・スピリットのジェムス・ルーテンバーグ記者の『Will the Gay Slayer Strike Again?』参照。

250 一方、「ファイブ・オークス」は閉店した。：一九九六年三月十二日、ニューヨーク・タイムズ紙アンドリュー・ジェイコブ記者の『Five Oaks Faces Swan Song』を参照。

250 入り口に南京錠がかけられているのを見た。：二〇一七年三月二十三日、著者によるリサ・ホールへのインタビュー。

250サーバーとバーテンダーがストリッパーのふりをして踊ったものだった。：二〇一九年八月二十六日、著者によるリサ・ホールへのインタビュー。

251一九九七年五月のはじめ：一九九七年七月二十五日発行のニューヨーク・タイムズ紙ソマーニ・セングプタ記者による『Receipts Offer Hints of a Manhattan Visit』を参照。

251この一ヶ月程度で少し太ったようだったが：一九九七年三月十五日発行のデイリー・ニュース紙のヘレン・ケネディ記者による『Double Life of the Party Boy a Dark Side Foretold Years Ago』を参照。

251仕事にも就いている様子はあったが：二〇一九年八月二十四日、著者によるマイケル・フェラーリへのインタビュー。

252一九九八年秋のある夜、リチャードは東53丁目にあるピアノバー「リージェンツ」を訪れた。：二〇〇四年九月二十六日発行のニューヨーク・タイムズ紙デビッド・マセーロ記者による『Time, Gentlemen』を参照。

252そこで白髪で口ひげを蓄えた校正者のジョー・ギャラガーと出会った。：二〇一九年八月二十一日、著者によるリック・ウンターバーグのインタビュー。

252リチャードとギャラガーには親交があったようだ。：二〇一八年八月二十一日、著者のジョー・ギャラガーへのインタビュー。

254マーガレット・マルケイヒーに雇われたこの探偵が、彼女の夫の殺害事件について調べていたのだ。：二〇〇九年十二月、ドキュメンタリー番組『Forensic Files』内での、マシュー・キューン刑事の発言を参照。

254そしてマルケイヒー夫人自らキューンに連絡を入れてきた。：二〇〇五年十月二十八日、マシュー・キューンによる法廷証言。

255プラスチックの表面から古い指紋を検出する際に特に有効だとされていた。：二〇一八年十二月十九日、ステファニー・ハワードから著者に送られたメールの内容から引用。

255この地球上のすべての人物を排除したうえで、特定の人間が残した指紋だと犯罪学者が法廷で証言できるのだ。：二〇一九年七月三日、著者によるェフリー・スコッツファーブへのインタビュー。

256セオドスはメモを取った。：二〇一九年七月三日、ニコラス・セオドスがメモを著者に提供してくれた。

第十章　ゴールドダスト

257ニコラス・セオドス刑事はマシュー・キューン刑事にテレビで見たことを話した。：二〇〇五年十月二十七日、マシュー・キューンによる法廷証言。

257アメリカの警察から持ち込まれた事件を十件以上解決に導いていた。：一九九六年八月三十一日発行のバンクーバー・サン紙のシェリ・デイビスバロン記者による『RCMP Team Helps Solve World's Most Baffling Murders』を参照。

258トロント警察は北米の法執行機関のために無料で証拠を検証するとポラードは答えた。：二〇〇五年十一月二日、アレン・ポラードの法廷証言。

258最後の殺人事件から七年後の二〇〇〇年七月：二〇〇五年九月二十一日、スティーブン・コラントニオの法廷証言。

258証拠品が入ったバッグが四十個以上積みこまれていた：二〇〇五年十一月二日、アレン・ポラードの法廷証言。

258透明のプラスチック袋に念入りに密閉されていた。：二〇一九年九月十六日、著者によるステーブン・コラントニオのインタビュー。

258州警察のロゴが入ったスウェットシャツ：二〇〇九年十二月、ドキュメンタリー番組『Forensic Files』内での、マシュー・キューン刑事の発言を参照。

259「法医科学における検査技術の進歩」：二〇〇〇年三月一日、マシュー・キューンの提案書から引用。

259キューンによって指揮され：二〇〇〇年四月十七日にAP通信が配信した『Probe Resumes into Killings Involving Gay Men』参照。

259「新技術です」：二〇〇〇年四月六日、レズビアン&ゲイニューヨーク紙のダンカン・オズボーンによる『Police Renew Focus on Murders of Gay Men Last Seen in Manhattan』を参照。

259同時に経験豊かな撮影技師：二〇一九年十月十七日、著者によるアレン・

ポラードのインタビュー。

260最近十万カナダドルで購入した高価な真空蒸着システムもあった。：二〇〇一年六月三日、バッファロー・ニュース紙バリー・ブラウン記者の『Toronto Police Find Prints in N.Y. City Killings』を参照。

260二人の刑事は、集められた証拠をまるで未処理の状態で扱い：二〇〇九年十二月、ドキュメンタリー番組『Forensic Files』内での、アラン・ポラードの発言を参照。

261一二〇センチの高さで、奥行きも一二〇センチ：二〇〇五年十一月二日、アレン・ポラードの法廷証言。

262「ほとんど宇宙空間のようになる」：二〇〇九年十二月、ドキュメンタリー番組『Forensic Files』内での、アラン・ポラードの発言を参照。

263そしてマシュー・キューンに電話をした。：二〇〇九年十二月、ドキュメンタリー番組『Forensic Files』内での、アラン・ポラードの発言を参照。

263ポラードはキューンに十五枚の指紋のコピーを送り：二〇〇五年十一月九日、マシュー・キューンによる法廷証言。

263潜在指紋のコピーを七十五部作成した。：二〇〇五年十月二十八日、マシュー・キューンの法廷証言。

263様々な州の犯罪研究所に連絡を取った。：二〇一九年九月十九日、著者によるスティーブン・コラントニオのインタビュー。

264法医学者キンバリー・スティーブンス：二〇〇九年十二月、ドキュメンタリー番組『Forensic Files』に出演したキンバリー・スティーブンス。

264御担当者様：この手紙はフランク・M・シモネッタによって署名され、二〇〇一年五月二日に郵送された。これは犯罪研究所の事件ファイルに含まれている。

265二十九歳のスティーブンス：二〇一九年九月二十六日、著者によるキンバリー・ジェームス（旧姓スティーブンス）へのインタビュー。

266地域の自動指紋識別システムに依存している外部機関のために多くの検索作業が与えられた。：二〇一七年四月四日、著者によるキンバリー・ジェームスへのインタビュー。

266パトロール警察官や保安官は専門知識がなく：二〇一九年十月一日、著者によるキンバリー・ジェームスのインタビュー。

271「指紋の持ち主の名前は」と、彼女は言った。「リチャード・ロジャースです」：二〇一九年十月三日、著者によるキンバリー・ジェームスへのインタビュー。

第十一章　森の外れ

272月曜日、ジェイソン・マンチェスター（仮名）は洗濯をした。：二〇一九年九月八日、著者によるジェイソン・マンチェスターへのインタビュー。

272金曜の夜、ドイツ語クラブで上映された『カリガリ博士』と『吸血鬼ノスフェラトゥ』を三人で観に行っていた。：マンチェスターはこの時期メモを書いていて、この章のなかで描かれた出来事はそれを参考にしている。

273教室に座りテープを聴かなければならない。：二〇一九年十月二十五日、著者によるジェイソン・マンチェスターへのインタビュー。

274リチャードはおかしなやつだなとマンチェスターは考えた。：二〇一九年十月二十五日、著者によるジェームス・ハーランへのインタビュー。

278バンガー・デイリー紙の記者が：二〇一九年七月十六日、著者によるポール・マコーレーのインタビュー。

278この半世紀で最悪の洪水：一九七三年三月二日発行のペノブスコット・タイムス紙『Area Hit by Worst Flood in 50 Years』参照。

278この日の午後早い時間に、二人の自転車乗りが：一九七三年三月二日発行のバンガー・デイリー・ニュース紙の『Bicycles Come upon Bloody Body』を参照。

278緑色のキャンバス地に似たテントに包まれていた。：一九七三年三月二日、W・ローレンス・ホールの『Affidavit and Request for Search Warrant』を参照。

278鍵はオロノ郵便局の私書箱のもので：一九七三年三月二日、バンガー・デイリー・ニュース紙ポール・マコーレー記者の『Key Leads Police to Suspect』

を参照。
279 ミシガン大学で出会った。：イブニング・サン紙の『Obituary: Louise Spencer』参照。https://www.evesun.com/obituary/4402
279 一九四六年にボストンに引っ越したあと：イブニング・サン紙の『Obituary: Claude F Spencer』参照。https://www.evesun.com/obituary/20221
279 息子のフレッドは一九五〇年五月十三日に誕生した。：一九九三年三月三日発行のプレス・アンド・サン=ブリティン紙のジム・ライトによる『Service Is Saturday for Slain Collegian』を参照。
279 この地域は反戦感情や公民権運動とは無関係だった。：二〇一九年十一月五日、著者によるジム・ハリスのインタビュー。
279 ノーウィッチで分断があるとすれば：著者は二〇一九年十月三十日にパトリシア・E・エバンスにインタビューを行った。シェナンゴ郡の歴史家である彼女と話をしたことで、ノーウィッチや周辺地域についての様子がよくわかった。
279 ファーマシーは数千人を雇用した。：二〇一〇年九月十七日発行のイブニング・サン紙ブライアン・ゴールデン記者による『Historical Society Unveils Norwich Pharmacal Exhibit』を参照。https://www.evesun.com/news/stories/2010-09-17/10487/Historical-Society-unveils-Norwich-Pharmacal-exhibit
280「とても行儀の良い、品行方正で聡明な学生だった」：二〇一九年九月二十九日、著者によるジョセフ・スチュワートへのインタビュー。
280 最終学年では、アメリカ化学学会から賞を与えられた。：アーカイブ（一九六八年）
281 二人は大学三年のときにクラスで出会った。：二〇一九年十月、ジェニー・ライリー（仮名）が著者に語ってくれた。
281 大きな貝殻のなかに：二〇一九年十一月五日、著者によるジム・ハリスのインタビュー。
282 彼はミシガン大学に進学した。：ミシガン大学『Proceedings of the Board of Regents (1969–1972)』参照。https://quod.lib.umich.edu/u/umregproc/ACW7513.1969.001/1621
283 五月一日火曜日：ホールの『Affidavit and Request for Search Warrant.』参照。
283 玄関と裏口をノックした。：二〇一七年四月二十四日から二〇一九年三月九日までの間に、著者はウィリアム・マゼロールに複数回のインタビューを行った。
284 ニューマン・センター教会のフォークグループで歌っていた。：二〇一七年三月九日、著者によるロクサーヌ・ソーサーへのインタビュー。
285 暴力的な人格矯正療法のシーンでは目を覆っていた。：二〇一九年九月八日、著者によるジェイソン・マンチェスターへのインタビュー。
285 優秀な成績とリサーチ・サイエンティストとしての約束された未来に基づき：二〇〇一年六月二十二日発行のバンガー・デイリー・ニュース紙デビッド・E・レオナルドの『Spencer Remembered』参照。https://archive.bangordailynews.com/2001/06/22/spencer-remembered/
286 スポンジのようなものが廊下に置かれているのを発見した。：ホールの『Affidavit and Request for Search Warrant.』参照。
286 フレッド殺害を自供した：二〇〇一年三月三十一日、AP通信が『Murder Suspect Fights Extradition』と報じた。
286 フレッドの遺体が故郷であるノーウィッチに送られた：ライトによる『Service Is Saturday for Slain Collegian』を参照。
286 リチャードは罪状認否を求められ：一九七三年三月三日、AP通信が『Arraigned in Murder of Norwich Youth』と報道。
288「なんだか気まずかったわ」：二〇一七年三月九日、著者によるロクサーヌ・ソーサーへのインタビュー。
288 十月二十九日月曜日：一九七三年十月三十日発行のバンガー・デイリー・ニュース紙の『9 Jurors Picked in Murder Case』を参照。
289 人々の注目を集める事件を担当していた。：一九七九年十月十五日発行のバンガー・デイリー・ニュース紙『Tractor Accident Kills Bangor Lawyer Paine』を参照。

289 公判前手続きに関する準備をしないタイプだった。：二〇一七年四月二十六日、著者によるウィリアム・コーヘンのインタビュー。

289 何も持たずに連邦裁判所にやってきたこともあったそうだ：二〇一七年四月二十六日、著者によるウィリアム・コーヘンのインタビュー。

289「ごみのポイ捨てですね」：二〇一七年三月一日、著者によるドナルド・トンプソンへのインタビュー。トンプソンに関する情報は（裁判中の様子を含め）、このインタビュー時にとりまとめたもの。

289「頭部に加えられた複数の外傷」：一九七三年十一月一日発行のバンガー・デイリー・ニュースの『Court Told Student Died of Head Injuries』を参照。

290 教授は質疑の内容を「馬鹿げている」と言った。：二〇〇一年六月二十二日発行のバンガー・デイリー・ニュース紙デビッド・E・レオナルド記者による『Spencer Remembered』を参照。https://archive.bangordailynews.com/2001/06/22/spencer-remembered/

290 ペインは殺人罪から故殺罪への減刑を申し立てた。：一九七三年三月三日発行のプレス・アンド・サン・ブレティンのライオネル・ローゼンブラット記者による『Jury Finds Student Not Guilty』を参照。

291 ロジャースはスペンサーともみ合いになりハンマーを奪うと：同右。

291 スペンサーの顔をビニール袋で覆った：二〇一七年四月二十六日、著者によるピーター・ウェザービーへのインタビュー。

291「ぼんやりとした」記憶のなかで：ライオネル・ローゼンブラット記者による『Jury Finds Student Not Guilty』を参照。

291 フレッドの遺体を一九六八年産ダッジ・ダートに乗せ：ホールの『Affidavit and Request for Search Warrant』参照。

292 リチャードにとって、この場所は辺鄙な場所に思えた。：二〇一九年九月二十五日、著者によるボブ・ノーマンへのインタビュー。

292 しかし、一人の傍聴人が陪審員に影響を与えたかもしれないことがらを記憶していた。：二〇一九年十月三十一日、著者によるポール・ピアーソンへのインタビュー。

292「噂が飛び交っていましたね」：二〇一九年七月九日、著者によるテレサ・モローへのインタビュー。

293 感謝してもしきれません：ライオネル・ローゼンブラット記者による『Jury Finds Student Not Guilty』を参照。

第十二章　疑う余地のない証拠

296 その日、マシュー・キューンは彼の二十五回目の結婚記念日を祝っているところで：二〇〇九年十二月、ドキュメンタリー番組『Forensic Files』内での、マシュー・キューン刑事の発言を参照。

296 できれば邪魔をしないほうがいいと周囲からは言われたのだ。：二〇一九年十一月十一日、著者によるスティーブン・コラントニオへのインタビュー。

297 でもそれは仕方がないことだ。：二〇一九年十一月十四日、著者によるトーマス・ヘイズへのインタビュー。

298 控え目に近づくのです。：二〇一九年十一月十四日、著者によるジャック・ラプシャへのインタビュー。

299 三日前にある容疑者を釈放したところ、男を殺害して遺体を解体したのだという。：二〇〇一年三月三十日発行のニューヨーク・ポスト紙のローラ・イタリーノ記者による『Bronx Cops: We Were Conned by Body-Part Killer』参照。https://nypost.com/二〇〇一/〇五/三〇/bronx-cops-we-were-conned-by-body-part-killer

300「こんなこと、でたらめだ」：二〇一九年十一月十五日、著者によるマイケル・モーへのインタビュー。

300 彼の母のヘレンが五月二十一日からマウント・サイナイ病院に入院していたというのだ。：二〇〇一年三月二十二日発行のニューヨーク・タイムズ紙、エリザベス・ビューミラー記者による『Judge Orders Mayor's Friend Barred from Gracie Mansion』を参照。https://www.nytimes.com/2001/05/22/

nyregion/judge-orders-mayor-s-friend-barred-from-gracie-mansion.html

300 意味がわかりませんね。：二〇一九年十月十日、著者によるバーナード・ケリクへのインタビュー。

301 ロジャースを追いかけてきた特別捜査班のメンバーは：二〇〇一年六月六日発行のデイリー・ニュース紙のジョン・マズーリー記者による『Cops Slam Gay-Slay Arrest』を参照。

303 落ちついて論理的に尋問する者：二〇一九年十一月十四日、著者によるジャック・ラプシャへのインタビュー。

303「あいつはシリアルキラーだが、馬鹿じゃない」：二〇一九年十一月十五日、著者によるマイケル・モーへのインタビュー。

303 小さな机と、椅子が数脚：ロジャーへの質問の内容の多くは、二〇〇五年十月二十八日に行われたデビッド・ダーリンプルの法廷証言に基づいている。また、同年十一月九日のトーマス・ヘイズによる法廷証言に基づいている。

303 ピンク色のオックスフォード・シャツと、カーキ色のパンツを穿き：二〇一九年十一月十四日の著者によるトーマス・ヘイズへのインタビュー。

304 サンディ、あるいはフレッドだったか：二〇〇五年十月二十八日、デビッド・ダーリンプルの法廷証言。

305 リチャードはメイン大学時代のことに触れなかった。：二〇〇五年十一月九日のトーマス・ヘイズの法廷証言。

309 捜査令状の申請書に強調していた。：二〇〇五年十一月九日、マシュー・キューンの法廷証言。

309 捜索が始まるまえに：二〇一九年十一月二十日、著者によるジョン・ハリデイへのインタビュー。

310 リモコンがきっちりと等間隔に並べられていた。：捜索時にジョン・ハリデイにより撮影された写真が著者に提供された。

310 ナイトスタンドにはヘブライ語の聖書が置いてあり：二〇〇五年十月二十八日、マシュー・キューンによる法廷証言。

311 二ミリグラムのモルヒネの瓶をカウチの下から発見した：二〇一九年十一月二十日、著者によるジョン・ハリデイへのインタビュー。

312 ニューヨーク市警の捜査官が中を調べると：二〇一九年十一月十五日、著者によるマイケル・モーへのインタビュー。

312 十五個におよぶ大きな段ボール箱：二〇〇一年六月一日発行のデイリー・ニュース紙のリチャード・ウィアー、ジョー・ウィリアムス、アリス・マッカラン記者による『Gay-Slayer Suspect on Suicide Row』を参照。

313 自殺しないよう監視下に置かれた。：同右。

313 リチャードはニュージャージー州への身柄引き渡しを拒んでいた。：二〇〇一年三月三十一日、AP通信が報道した『Suspect in Dismemberments Fighting Extradition from N.Y.』を参照。

313 数ヶ月後、彼は身柄を引き渡されることになった。：二〇〇一年九月十一日、AP通信により配信された『Suspect in Slayings of Dismembered Men Will Be Extradited to N.J.』を参照。

313 何年も抱えてきた痛みを、新たに感じているだけです：二〇〇一年六月一日発行のデイリー・ニュース紙の『Mounties Help ID Prints in Gay Killings』を参照。https://archive.bangordailynews.com/2001/06/01/mounties-help-id-prints-in-gay-killings/

313 答えが見つかったことはなによりです。安心しました：二〇〇一年六月一日発行のデイリー・ニュース紙のエイプリル・アダムソン記者による『Break in Gruesome Death of Local Banker』を参照。

314「逮捕は喜ばしいことです」：二〇〇一年三月三十一日発行のボストン・グローブ紙のジョン・エレメント記者による『Links Sought to Other Grisly Murders』を参照。

314 報復なんて考えちゃいない。：二〇〇二年六月二日発行のスター・レジャー紙、マーク・ミュラーによる『Five Slayings. a Suspect. and a Long Search for Proof』を参照。

第十三章　彼をここから連れ出して

315常連客など「数十人」から事情を聞いた：二〇〇三年一月二十二日発行のスター・レジャー紙メアリーアン・スポート記者による『New York Man Indicted in Grisly Killings』を参照。

315珍しいことではなかった：二〇二〇年一月、著者によるウィリアム・ヘイスラーへのインタビュー。

316リチャードは死刑を免れた。：二〇〇三年二月十五日発行のアズベリー・パーク・プレス紙のキャロル・ゴルガ・ウィリアムス記者による『Death Penalty Ruled Out』を参照。

316二〇〇五年十月、リチャードは司法取引を提示された。：二〇〇五年十月十八日、ジェイムス・チッタ検事による罪状の申し立て。

316被害者から検出されたDNAは私のものと一致しない。：二〇〇五年二月十三日、リチャード・ロジャースからダイアン・バウムへの手紙。

316公判前審問が行われるといいな。：二〇〇五年二月十三日、リチャード・ロジャースからダイアン・バウムへの手紙。

316「公平で公正な判断を妨げるバイアスや偏見がないか知りたいのです」：二〇〇五年十月十九日、ジェイムス・チッタ検事による予備尋問。

トーマス・マルケイヒーは九本の指による合計十六個の指紋。：二〇〇五年十月二十六日、ウィリアム・ヘイズラーによる冒頭陳述。

317まるでネズミみたいに従順で：二〇一七年八月二十八日、著者によるスーザン・ケリーへのインタビュー。

318「強い印象はありませんでしたね」：二〇一九年十一月十八日、著者によるドナ・メレッツへのインタビュー。

318陪審員の一人が彼女の手を握っていた。：二〇〇五年十一月十一日発行のアズベリー・パーク・プレス紙のキャスリーン・ホプキンズ記者による『Ex-Nurse Convicted in 2 Decapitation Murders』を参照。

318起訴状の第一訴因について：二〇〇五年十月十九日、ジェイムス・チッタ検事による判決。

319トレイシー・マルケイヒーが語る姿を見ていた。：二〇〇六年一月二十七日、トレイシー・マルケイヒーによる判決手続きでの発言。

エピローグ

322「命を落とした五人の隠された人生を調べる」：一九四一年ペンギン・ブックスより発行された、ソーントン・ワイルダー著『The Bridge of San Luis Rey』九ページを参照。

323仮釈放の申請は二〇六六年九月十八日以降に可能になる。：ニュージャージー・ステート・プリズン。

324「エレガントで、まるで葬儀場みたいだろ」：二〇一七年三月二日、著者によるマイケル・ムストーへのインタビュー。

325「ほとんど変わっていないよ」：二〇二〇年一月十八日、著者によるミッチ・カーンへのインタビュー。

327夕べ、俺のことをダディと呼んだやつがいて：二〇二〇年一月十八日、著者によるリック・ウンターバーグへのインタビュー。

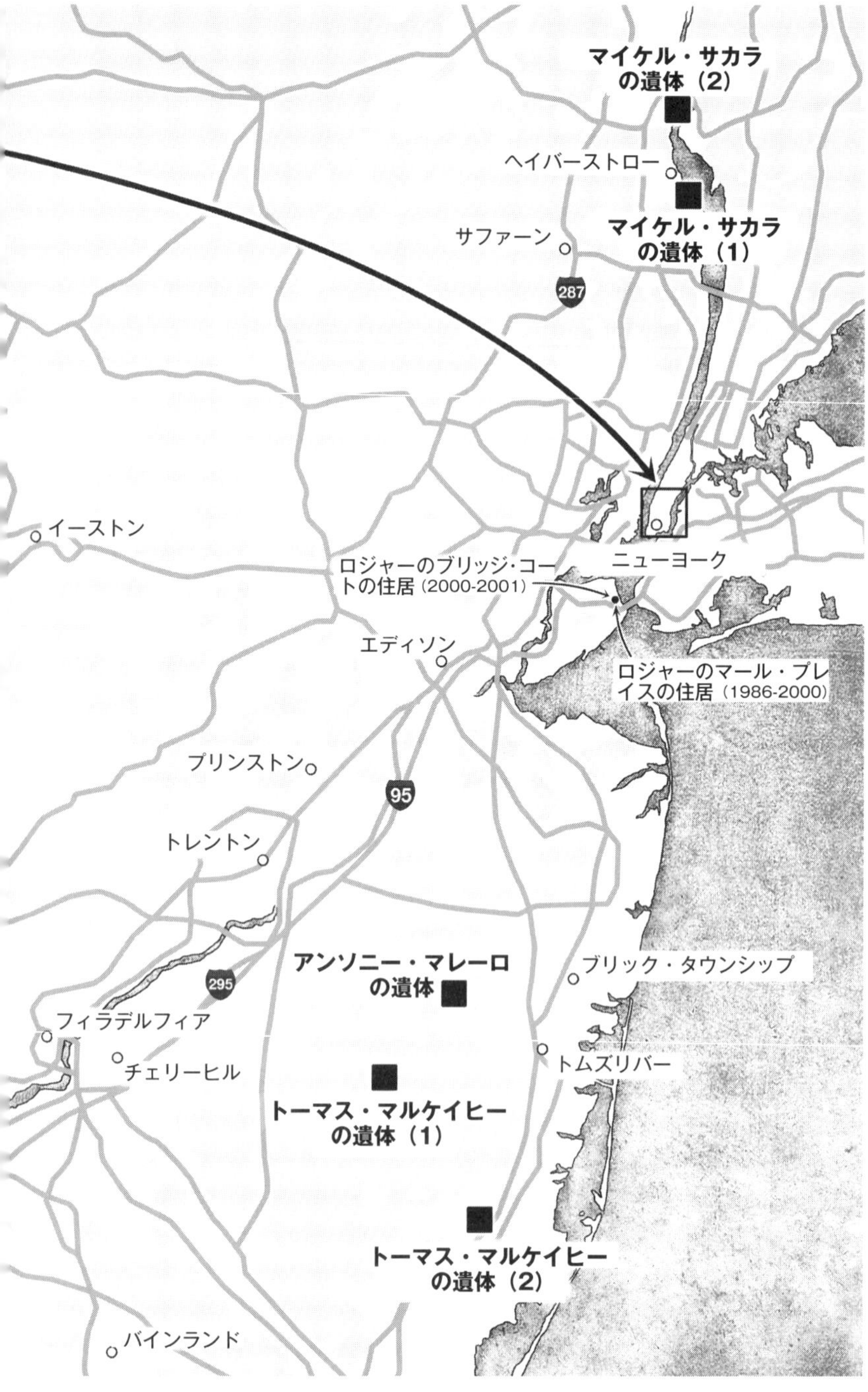
マイケル・サカラ
の遺体（2）
ヘイバーストロー
マイケル・サカラ
の遺体（1）
サファーン
287
イーストン
ニューヨーク
ロジャーのブリッジ・コー
トの住居（2000-2001）
エディソン
ロジャーのマール・プレ
イスの住居（1986-2000）
プリンストン
95
トレントン
アンソニー・マレーロ
の遺体
ブリック・タウンシップ
295
フィラデルフィア
チェリーヒル
トムズリバー
トーマス・マルケイヒー
の遺体（1）
トーマス・マルケイヒー
の遺体（2）
バインランド

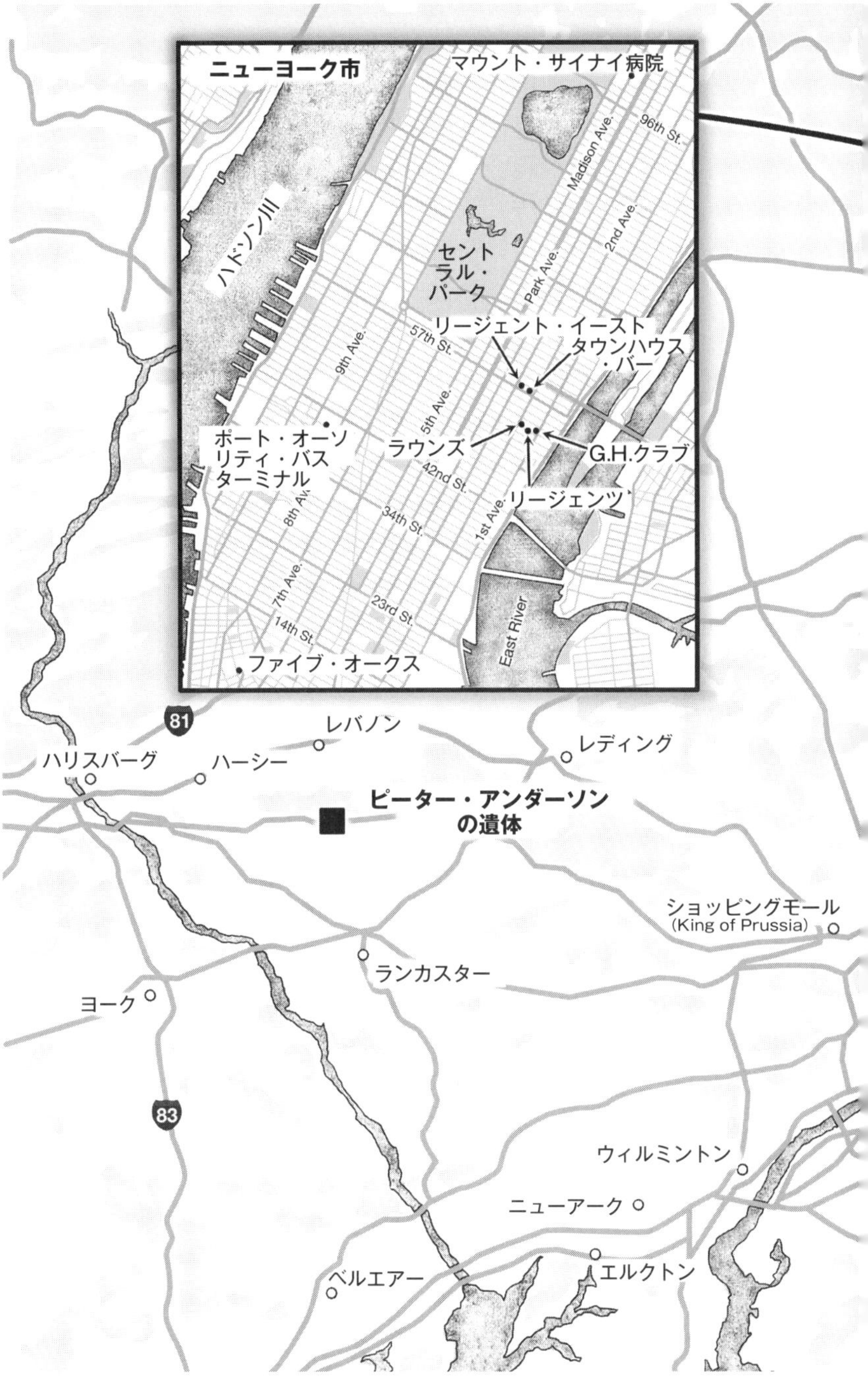
ニューヨーク市
マウント・サイナイ病院
96th St.
Madison Ave.
2nd Ave.
Park Ave.
ハドソン川
セントラル・パーク
リージェント・イースト
タウンハウス・バー
57th St.
9th Ave.
5th Ave.
ポート・オーソリティ・バスターミナル
ラウンズ
G.H.クラブ
42nd St.
リージェンツ
8th Ave.
34th St.
1st Ave.
7th Ave.
23rd St.
14th St.
East River
ファイブ・オークス
81
レバノン
レディング
ハリスバーグ
ハーシー
ピーター・アンダーソンの遺体
ショッピングモール
(King of Prussia)
ランカスター
ヨーク
83
ウィルミントン
ニューアーク
ベルエアー
エルクトン

イーロン・グリーン Elon Green

「ニューヨーク・タイムズ・マガジン」「アトランティック」「ニューヨーカー」に寄稿するジャーナリスト。サラ・ワインマンの実録犯罪アンソロジー「Unspeakable Acts」にも登場している。初の著書となる本書で、エドガー賞最優秀ファクト・クライム賞を受賞。

村井理子（むらい・りこ）

翻訳家・エッセイスト。静岡県生まれ。滋賀県在住。訳書に『ヘンテコピープルUSA』（中央公論新社）、『ゼロからトースターを作ってみた結果』『人間をお休みしてヤギになってみた結果』（ともに新潮文庫）、『ダメ女たちの人生を変えた奇跡の料理教室』（きこ書房）、『エデュケーション』（ハヤカワ文庫）、『メイドの手帖』（双葉社）、『黄金州の殺人鬼』『捕食者』『消えた冒険家』（以上、亜紀書房）、『射精責任』（太田出版）など。著書に『ブッシュ妄言録』（二見文庫）、『家族』『犬（きみ）がいるから』『犬ニモマケズ』『ハリー、大きな幸せ』（以上、亜紀書房）、『全員悪人』『兄の終い』『いらねえけどありがとう』（以上、CCCメディアハウス）、『村井さんちの生活』（新潮社）、『更年期障害だと思ってたら重病だった話』（中央公論新社）、『本を読んだら散歩に行こう』『実母と義母』（ともに集英社）など多数。

LAST CALL
:A True Story of Love, Lust, and Murder in Queer New York
by ELON GREEN

亜紀書房翻訳ノンフィクション・シリーズⅣ-15

ラストコールの殺人鬼

2024年1月6日 第1版第1刷発行

著　者　イーロン・グリーン
訳　者　村井理子
発行者　株式会社亜紀書房
郵便番号 101-0051
東京都千代田区神田神保町1-32
電話 03-5280-0261
振替 00100-9-144037
https://www.akishobo.com
装　丁　國枝達也
DTP　コトモモ社
印刷・製本　株式会社トライ　https://www.try-sky.com

Printed in Japan
ISBN978-4-7505-1825-1 C0095

亜紀書房翻訳ノンフィクション・シリーズⅣ-14

美術泥棒

マイケル・フィンケル著
古屋美登里訳

四六判／296ページ／2860円（税込）

〈稀代の窃盗狂か、恐るべき審美家か？〉ヨーロッパ各地から盗んだ美術品、実勢3000億円。若くして手を染めた美術品窃盗の道。使う道具はスイス製アーミー・ナイフ、ただ一本。欧州を股にかけ恋人と盗みに盗んだ、輝くような日々。屋根裏部屋に飾っては眺め、撫で、愛し、また盗む。その先に待ち受ける想像を超えた結末とは……。そのあまりに華麗な手口と狂気的な美への執着を暴く、第一級の美術犯罪ノンフィクション。

男性の繊細で気高くてやさしい「お気持ち」を傷つけずに女性がひっそりと成功する方法

サラ・クーパー著
渡辺由佳里訳

A5判変型／204ページ／2178円（税込）

【推薦】竹田ダニエルさん（Z世代ライター・研究者）
「男社会がバカバカしいと感じるのは、自分だけじゃなかった」

――アホらしい世の中を生き残るための爆笑処世術
Yahoo!やGoogleで働いたあと、コメディアンとなったサラ・クーパーがつづる女性たちに贈るエール。男性が気づかない、女性の「職場あるある」を豊富なイラストで風刺。「男性社会のサバイブ術」を笑い飛ばしながら、男性社会に過剰適応するよりも「自分が目指したい生き方」を貫くことの大切さに気づかされる、女性を応援する一冊！

ロスチャイルドの女たち

ナタリー・リヴィングストン著
古屋美登里訳

四六判／648ページ／5280円（税込）

ドイツのユダヤ人ゲットーから身を立て、世界有数の金融帝国を築き上げた名門一族。その栄光の裏には、女性たちの活躍があった。株取引の天才、イギリス政治の影のフィクサー、ジャズのパトロン、テレビでも活躍した在野の昆虫学者……。多方面で活躍を見せた才女たちは、一方で家の掟や政略結婚、ユダヤ社会の慣習に悩み、叶わぬ恋や自らの生き方、夫との仲を思って煩悶する。19世紀から両大戦を経て現代に至る激動の欧米史を縦軸に、男性中心に語られてきた一族の歴史を、女性の側から描き出す感動の歴史書。解説・佐藤亜紀氏。

匂いが命を決める
――ヒト・昆虫・動植物を誘う嗅覚

ビル・S・ハンソン著
大沢章子訳

四六判／324ページ／2860円（税込）

なぜわたしたちの鼻は顔の中央、先端についているのか？

なぜ動植物は、ここぞというとき「匂い」に頼るのか？

「Eノーズ」は将来、匂いの正確な転写・伝達を可能にするか？

ヒト、昆虫、動物、魚、草木、花など多様な生物の「生命維持」と「種族繁栄」に大きな役割を果たしている嗅覚。そこに秘められた謎と、解き明かされた驚異の事実。

亜紀書房翻訳ノンフィクション・シリーズⅣ-12

死は予知できるか
——一九六〇年代のサイキック研究

サム・ナイト著
仁木めぐみ訳

四六判/272ページ/2860円(税込)

イギリスの精神科医ジョン・バーカーは災害や事故を知らせる予知夢やビジョンに興味を抱き、それらを予防に役立てる「予知調査局」を設立する。やがて国内外の事件を驚異的に的中させる二人の「知覚者」が現れるが、かれらはバーカー自身の死を予知する。夢やビジョンを読み解けば、最悪の未来を変えられるのか。人間の精神に宿る未知の働きに迫ろうとした壮大な実験とその衝撃の顛末とは——。

亜紀書房翻訳ノンフィクション・シリーズⅣ-8

消えた冒険家

ローマン・ダイアル著
村井理子訳

四六判/488ページ/2750円(税込)

雪山登山から氷河、ジャングルまで数々の冒険を共にし、興奮と喜びを味わってきた一家。だが、単身向かったコスタリカで息子は消息を絶ってしまう。無事を信じる父親による、命をかけた執念の捜索が幕を開ける。冒険旅行の魅惑と、親子の深い愛情を描くノンフィクション。